KB120516

4천원
인생

4천원 인생

안수찬 · 전종휘 · 임인택 · 임지선 지음 | 하종강 · 박권일 추천

열심히 일해도 가난한 우리 시대의 노동일기

한겨레출판

가장 본질적인 모순에 대한 생살 그대로의 기록

1

관심이 있어 이 책을 선택한 독자라면 단박에 본문으로 돌입하시기를 권한다. 본문 중 어느 에피소드든지 아니면 어느 페이지든지 열어 읽어보시기를 권한다. 책마다 늘 앞에 붙어있는 이 머리말은 사족일 뿐이다. 이 책은 〈한겨레21〉 기자들이 제 깜냥에 가장 낮은 노동의 현장으로 직접 들어가 체험한 이야기를 가장 솔직한 형식으로 풀어낸 것이다. 그저 신문 기사를 읽듯 읽으면 된다. 물론 거기에는 아직 어떤 신문도 전하지 않은, 우리 사회의 가장 누추한 삶에 대한 그리고 가장 본질적인 모순에 대한 생살 그대로의 기록이 있을 것이다. 그걸 읽으면 족하다.

2

사실은 나도 잘 모르겠더란 것. 그것이 이 기획의 시작이었던 것 같다. 기자랍시고, 이런 저런 사회 현상에 대해 입바른 소리를 하고, 나

름대로는 누구보다 팩트를 잘 안다고 큰소리치던 우리였다. 신문이며 방송이며 비정규직에 대한 기사를 쏟아내고, 마치 이 문제야말로 우리 사회가 처한 제1의 긴급 현안인 것처럼 이야기했다. 관련 통계도 줄을 이었다. 또 그 통계가 부실하다는 질타도 뒤따랐다. 우리도 그런 기사를 썼다.

기사에 따르자면, 그들은 남들처럼 일을 하는데도 월급은 상대적으로 턱없이 적다. 아무리 일해도 정상적인 생활이 어렵다. 분명 문제다. 그런데 그들의 모습이 떠오르지 않는다. 도대체 어떤 문제란 말인가?

뒤늦게 깨달았다. 우리도 정규직이었던 것이다. 비록 임금이 높은 편은 아닐지라도 이미 정규직의 혜택을 받고 있는 기자로서, 일할수록 가난해진다는 비정규직, 아무리 일해도 가난을 벗어날 수 없다는 그 워킹푸어(working poor)의 현실을 존재론적으로 체감할 수는 없었던 것이다. "비정규직은 문제야." "워킹푸어라니 말도 안돼." 더 이상 이런 주장을 펴는 데 우리는 솔직히 허기가 느껴졌다.

3

미국에 '제임스 아론슨 사회정의 언론상'이란 게 있다. 세계평화와 사회정의, 인간의 존엄성을 위해 평생 글을 쓴 〈뉴욕타임스〉 기자 출신 언론인 제임스 아론슨을 기리는 상으로, 차별·경제정의·시민적 자유 등을 둘러싼 지속적이고 구조적인 문제에 천착한 언론인에게 수여된다.

2003년 이 상의 수상자 명단에 존 도넬리, 콜린 니커슨, 데이비드 필리포브, 라자 미슈라 등이 들어 있다. 〈보스턴 글로브〉에 연재한 기사가 이들에게 수상의 영광을 안겼다. 이들은 세계보건기구(WHO)가 발표한 한 보고서에 주목했다. 전세계적으로 한 해 동안 880만 명가량이 질병에 대한 기초적인 치료·예방 조처가 이뤄지지 않는 탓에 '필요 없이' 숨져간다는 내용이었다.

숫자는 사실 무미건조하다. 흰색 종이에 검정색 잉크를 일정한 모양으로 입혀놓은 것에 불과하다. 그래서 상상력이 필요했다. 숫자 속에 숨겨진 이야기를 찾는 일이다. 4명의 기자들은 "오직 증인으로서만 말할 수 있다"고 생각했다. 이들은 WHO 보고서에 언급된 나라들을 찾아가기로 했다. 그곳에서 죽어가는 이들과 독자들의 '눈맞춤(eye contact)'을 주선하기 위해서였다.

이들이 쓴 기사에는 출산이나 사소한 질병으로도 숨져가는 캄보디아, 말라위, 러시아, 과테말라, 잠비아 등지의 여성과 어린이들이 그려진다. 허름한 병원, 도착하자마자 숨진 에이즈 환자들의 주검과 배우자를 잃은 남녀들의 울부짖음으로 가득한 모습이 그려진다. 기자가 현지 병원에서 만났던 어린이가 끝내 숨졌다는 소식은 보스턴에 돌아온 뒤 들었다고 한다.

미국 동부의 평온한 도시 보스턴에 사는 독자들은 WHO 보고서 내용을 전하는 기사에서 '880만' 명의 의미를 체감하지 못했을 수도 있다. 하지만 이 기사를 통해 숫자는 체온을 갖게 됐다(비록 곧 식어버릴 체온일지도 모르지만). 수상 이유에 나오는 것처럼 이들은 '통계에 인간의 얼굴을 입혔다.'

그런 작업에 기꺼이 뛰어들겠다는 4명의 기자들이 우리에게도 있었다. 2009년 7월이 시작이었다. 네 곳의 작업장을 선택했다. 경기 안산의 가전제품 공장, 서울의 갈빗집과 인천의 감자탕집, 경기 마석의 가구공장, 서울 강북의 대형마트. 통계 수치에 가려진 그곳 사람들의 얼굴을 확인하기 위해 차례로 현장에 들어갔다. 한 달씩 그곳에서 일했다. 고단한 몸을 버티며 하루하루 노동일기를 적어나갔다. 아픈 마음도 기록했다. 겪어보니, 바깥에서 '관찰'할 때와는 다른 통찰도 구할 수 있었다.

어찌 보면, 너무 늦은 시도였다. 정치권과 언론에서 숱한 세월 동안 추상적으로 갑론을박해온 정책들의 배경에는 역시나 수많은 아버지 · 어머니와 그 아들 · 딸들, 삶에 지친 남루한 육신들과 꿈을 잃은 시퍼런 청춘들이 그야말로 한갓 배경이 되어 매일 반복되는 고통의 하루들을 살아가고 있었다. 그들과 넉 달 동안 함께 일하고 밥 먹고 겪고 대화하고 느낀 것을 써내려간 글이 〈한겨레21〉에 연재됐고 이제 한 권의 책으로 묶였다.

감히 바라는 바는, 이 책을 통해 자신의 삶을 솔직하게 드러내준 비정규직 · 워킹푸어의 현실을 우리 사회가 있는 그대로 느끼고, 이를 개선하기 위한 진지한 논의를 다시 시작해주었으면 하는 것이다. 이 책을 관통하는 우리의 메시지처럼, 이 문제는 '그들'의 것이 아니라 우리 '모두'의 것이기 때문이다.

솔직히 덧붙이자면, 우리는 현실을 있는 그대로 드러내는 이 지점까지가 언론의 사명이라고 믿고 있다. 현실을 개선하는 과정은 우리 '모두'의 것이라는 믿음이다.

5

여기까지 사족에 불과한 머리말이었다.

쉽지 않은 기획임에도 남다른 사명감과 헌신성으로 커다란 울림의 글을 전한 안수찬·전종휘·임인택·임지선 기자에게 경의를 표한다. 일러스트레이션으로 지면을 빛내준 최규석·유승하·마영신·최호철 님과 출간에 힘써준 한겨레출판 식구들에게도 감사드린다. 누구보다 감사의 말을 전할 이들은 내보이기 힘들었을 내밀한 경험들을 솔직히 이야기해준 익명의 취재원들이다(더불어 이 책에 언급된 인물들의 이름은 모두 가명임을 밝힌다). 그리고 네 곳 현장에서 지독한 삶이자 기록돼야 할 역사인 하루하루를 묵묵히 보내고 있는 모든 노동자들께 마음 깊은 곳에서 감사와 연대의 인사를 전한다.

만리재에서
〈한겨레21〉 편집장 박용현

직접 겪은 것을 통해 얻은 깨달음

하종강 한울노동문제연구소 소장

노동자들이 잇따라 목숨을 끊는 일이 발생하자 한 방송사의 PD가 카메라를 들고 나섰다. "노동 문제에 특별히 관심이 있어서라기보다 한두 달 사이에 네 명의 노동자가 스스로 목숨을 끊는다는 것은 아무래도 보통 일이 아니라고 생각했기 때문"이라고 했다.

전국 곳곳을 다니며, 스스로 목을 매거나 자신의 몸에 불을 지른 노동자들의 삶과 주변의 모습을 100여 개의 테이프에 담았지만 도대체 내용을 어떻게 전개해야 할지 엄두가 나지 않는다고 했다. 어느 일요일 우리 연구소에서 만나 자유롭게 이야기를 나눴다. 두어 시간에 걸친 이야기가 마무리될 즈음 그 PD가 나에게 마지막 질문을 했다.

"그럼 이제 마지막으로, 분신하거나 목을 맨 그 노동자들 입장에서 한 마디 해주십시오."

그 물음에 나는 겸손하게 답했다.

"그 노동자들의 심정을 내가 어떻게 몇 분의 일이라도 짐작할 수 있겠습니까? 129일이나 골리앗 크레인 꼭대기에서 외로움을 견디다가

목을 매야했던 사람이나, 1년 반 동안이나 수배 생활을 하다가 자신의 몸에 스스로 불을 지른 사람의 심정을 내가 어떻게 몇 분의 일이라도 짐작할 수 있겠습니까?"

내 말을 들은 그 PD는 어이없다는 듯 내 얼굴을 바라보더니 푸념하듯 그러나 조금 비장한 표정으로 말했다. 솔직히 말하면 내 말에 비웃듯 내뱉었다는 것이 더 정확한 표현일 것이다.

"내가 지금 어떻게든 그걸 한번 해 보겠다고, 이렇게 돌아다니고 있는 거 아닙니까……."

아, 나는 부끄러웠다. 우리가 '제도언론'이라고 비웃는 방송사 PD조차 노동자들의 절실한 상황을 어떻게든 조금이라도 더 전하려고 애쓰고 있는데, 나는 도대체 그동안 뭘 하고 있었나? 30년 가까운 알량한 노동운동 경력이 그 PD 앞에서 단번에 무너져 내린 이유가 무엇일까?

직접 본 사람과 그렇지 못한 사람의 차이는 그렇게 컸던 것이다. 1년 반 동안이나 수배 생활을 하다가 분신한 노동자 집에 찾아가 무심코 냉장고를 열었을 때, 두터운 곰팡이가 하얗게 덮여있는 반찬들을 직접 본 사람과 그렇지 못한 사람에게는 산 것과 죽은 것만큼의 큰 차이가 있을 수밖에 없었던 것이다.

"돌아다니면서 비정규직 노동자들의 삶을 직접 보니까, 정말 말이 안 나오더군요."

쓸쓸하게 말하며 돌아가던 모습으로 내 머릿속에 각인돼 그 뒤 몇 년 동안 기억날 때마다 나를 부끄럽게 만든 그 PD가 바로 지금 이 시간(2010년 4월 14일 새벽) 권력의 방송 장악에 맞서 옹골찬 파업을 벌이고 있는 MBC 노조의 이근행 위원장이다. 그 이가 예전의 그 사람이었다는 것을 까맣게 모르고 있다가, MBC 파업 현장에서 서로 과거의 인연을 더듬어보다가 몇 년 전의 그 장면이 선명하게 되살아났다.

"아, 그때 저한테 '내가 지금 어떻게든 그걸 한번 해 보겠다고, 이렇게 돌아다니고 있는 거 아닙니까'라고 말하지 않았어요?"

"예, 그 비슷한 말을 했었습니다."

나는 또다시 부끄러웠다.

'직접 본 것'만으로도 그렇게 큰 깨달음에 이를 수 있는데 '직접 겪은 것'을 통해 기자들이 얻은 깨달음은 그 크기가 얼마나 큰 것일지 미처 가늠하기조차 어렵다. '노동 OTL' 기획 기사가 보석처럼 값지게 보이는 이유는 그 때문이다.

흔히 유능한 기자를 보고 "발로 뛴다"고 표현한다. '노동 OTL'은 기자들이 발로 뛰는 것을 넘어 직접 "몸으로 때운" 기록이다. "같이 땀냄새를 맡고, 그들의 말을 듣고, 때론 협업하면서 오감을 이용해 취재한"(전종휘) 기록이다. 때로 기자의 마음과 몸에 깊은 상처를 남기기도 했으나 우리 시대 비정규직, 빈곤 노동의 실상을 낱낱이 보여주는 귀한 기록이다.

"식당일을 마치고 신문사로 돌아오자마자 화장실 청소하고 쓰레기 치우는 용역 아주머니들이 눈에 들어왔다. '어쩔 수 없다'는 이유로 넘겨온 부분에 대해 고민하며 살아야겠다는 생각을 많이 했다"(임지선)는 고백은 십수 년 제도권 교육이 감히 가져다줄 수 없는 가르침이다.

〈한겨레21〉 기자로부터 처음 '노동 OTL' 기획에 대한 이야기를 들었을 때, 뒤통수를 한 대 크게 얻어맞은 기분이었다. 과거 '위장취업자'들이 밀물처럼 노동현장으로 몰려 들어갔던 시대가 있었다. 수도권 부근 공단 지역에서 활동했던 사람들은 정신을 차릴 수가 없을 지경이었다. 해가 바뀔 때마다 "ㅅ대 출신 40여 명이 ㅇ공단으로 들어갔다더라", "ㅇ대에서는 ㅎ를 선두로 20여 명이 일렬종대 행진하듯 ㅈ공단으로 들어갔다더라"는 말들이 무성했다. 그리고 대부분 그 말이 사실이었다. 그 수많은 위장취업 활동가들이 이미 오래전에 썰물처럼 빠져나와 현장에 흔적조차 거의 남아 있지 않은 상황에서 〈한겨레21〉의 기자들은 다시 '위장취업'을 감행하겠다는 것이었다. '아, 이래서 역시 〈한겨레〉로구나' 싶었다.

기자의 전화를 받으면서도 머릿속에는 복잡한 생각들이 가득했다. '어, 이걸 어쩐다? 노동현장에 은밀하게 연결될 만한 활동가들이 누가 있을까? 도움을 줄 만한 현장의 적당한 활동가 한 사람조차 소개할 수 없다면, 이거 체면이 말이 아닌데'라는 제 앞가림 걱정부터 앞섰다. 지금 생각해도 내가 참 못났지 싶다. 기자들은 어느 누구의 특별한 도움 없이도 능히 이 시대 가장 힘든 노동의 중심으로 뚜벅뚜벅 찾아들어갔거늘.

그렇게 현장으로 찾아들어간 기자들의 체험 속에는 우리 시대 여성노동자, 감정노동, 영세 자영업자, 할인 유통업, 이주 노동자, 작업장 유해물질, 노동재해, 인간시장 등의 문제가 고스란히 녹아 들어 있다.

"기사에 등장하는 철수와 영희 등은 기사의 재미를 위해 일부러 골라낸 사람들이 아니다. 여러 제약 조건 때문에 만날 수 있는 사람이 한정돼 있었다. 그런데 그들 모두가 정확히 기사의 대상이었다. 무척 놀랐다."(안수찬) 노동자 주변에서 노동 문제를 붙들고 살아온 지 30년쯤 된다고 은근히 자부해온 나도 놀랐다. 이래서 사람은 늙어죽을 때까지 끊임없이 배워야 한다.

문제점을 충실히 제대로 아는 것이 모든 문제를 푸는 시작이다. 구조를 분석하는 것은 그 다음의 일이다. "노동 문제를 고민하는 위정자들이 현장에서 딱 한 달만 일하면서 어느 노동자건 자유롭게 인터뷰할 수 있는 권한을 갖는다면, 구체적이고 훌륭한 정책 대안이 수없이 나올 거라고 절감했다."(임인택) 그리고 그 "문제의 해결은 노동의 '인간성'을 찾는 데서 시작되리라 믿는다."(임지선) 내가 한국 사회 노동 문제에 대해 감히 섣부르게 분석하거나 진단하는 내용으로 이 서문을 쓰지 않은 이유다.

"늘 주변에 있는데 우리 눈에서 자꾸 사라지는 사람들을 존재할 수 있도록 다시 불러내줘서 고마웠다."(최고라 독자편집위원) 내 마음이 바로 그렇다. 더불어, 수업 교재로 쓰기 위해 기사들을 모두 출력하는 수고를 다시는 하지 않을 수 있도록 책으로 묶어내니 더욱 고맙다.

이것이 우리 시대의 리얼리즘이다

박권일 《88만원 세대》 저자 · 전 월간 〈말〉 기자

가장 고통 받는 사람들의 삶을 치열하게 그려내는 것이 당대 예술의
정수라 생각하던 시절이 있었다. 이제 누구도 예술에 그런 주제넘은
요구를 하지 않는다. 문학에도, 영화에도, 음악에도. 그러나 2010년
이라는 시점에 만약 아직도 그런 감수성을 위해 비워둔 자리가 있다
면 그곳에 《4천원 인생》이 꽂혀야 한다. 이 책이야말로 우리 시대의
리얼리즘이기 때문이다.

　이 책에는 점심식사 후에 4200원짜리 카푸치노를 마시며 아이폰으
로 트위터를 하는 노동자는 나오지 않는다. 수백 명 씩 모여 머리에 빨
간 띠를 두른 채 일사불란하게 팔뚝질을 하는 노동자도 나오지 않는
다. 대신 마트에서, 갈빗집에서, 닭공장에서, 주유소에서 하루 종일 일
해 100만 원 남짓한 돈을 손에 쥐는 노동자들이 나온다. 그/녀들은 가
난하며 늘 어딘가 아프고, 그/녀들의 가족도 가난하며 늘 아프다. 그/
녀들은 너무 말랐거나 너무 뚱뚱하며, 10년 동안 휴일 없이 일하다가

자궁에 종양이 생겨서야 휴가를 얻는, 그런 노동자다. "군대 있을 때 빼면 투표한 적이 한번도 없다"고 말하는 영호 씨와 "한 달에 200(만 원)만 벌면 더 이상 소원이 없겠다"는 영희 씨는 근로계약서를 썼는지도 기억하지 못하면서 용역업체 사장을 "인간적으로 믿는다"고 말한다. 그/녀들에게 '노동조합'은 '청와대'만큼이나 현실감이 없는 단어다.

그/녀들은 서비스업종에 종사하는, 그래서 대도시에서 흔히 볼 수 있는 저임금·비정규직 노동자들이다. 이들은 우리가 필요로 하는 바로 그 순간 외에는 '투명인간' 취급받기 일쑤다. 하지만 사람들은 변기에 앉아있다 문 아래로 쑥 들어오는 대걸레에 매번 까무러치게 놀라며 화를 벌컥 내면서도 이 아주머니들이 얼마를 받고 어떤 환경에서 일하는지에 대해 별로 관심이 없다. 사람들은 피로하고 무표정한 얼굴로 그/녀들을 스쳐 지나간다. 마치 어떤 물건 하나가 거기 놓여있다는 듯이. 그런 살풍경을 어느 마트 노동자는 이렇게 썼다. "삶의 피로가 어떤 것인지 모르는 어린 아이들만 시선을 허락한다. 그들은 모자 쓰고 앞치마 두른 나를 신기한 눈으로 쳐다봤다. 5m 매대 앞을 오가는 진자 운동을 하루 종일 하다가, 나는 문득 사람의 눈길이 그리워졌다."

2000년대 이후 한국에서 노동문제의 '현장'은 많이 바뀌었다. 과거의 핵심 '현장'이 울산과 같은 지역의 대공장이었다면 지금은 수도권의 중소 규모 작업장들, 대형마트, 골프장, 초·중·고·대학교, IT업체, 프랜차이즈 음식점과 같은 서비스 영업장이다. 물론 서산의 동희오토처럼 큰 제조업 공장이 이슈로 떠오르는 경우도 있지만, '비정규직'이 워낙 급속히, 그리고 무차별적으로 확산되다보니 '현장'이라는 말 자체가 무의미할 정도로 사실상 사회 전체가 노동문제의 현장이 되어버렸다. 《4천원 인생》은 '한 집 걸러 비정규직'이 아니라, '비정규직 없는 집이 없는' 2010년 한국의 현실을 생생히 업데이트해 보여주고 있다. 책을 읽으며 과거 기자시절을 내내 반추할 수밖에 없었다. 짧다면 짧고, 길다면 긴 기자생활의 절반을 '불안노동(precarious labor)'의 현장에 있었던 까닭이다. 그 현장은 벼랑으로 내몰린 '비정규직' 노동자들이 회사 용역들과 피 흘리며 싸우는 현장이기도 했지만, 정규직 노조가 회사와 한편이 되어 비정규 노동자를 잘라내는 현장이기도 했다. 또한 말쑥하게 차려입은 자들이 가장 힘없는 사람들에게 경제위기의 책임을 전가할 법과 제도를 궁리하는 현장이기도 했다. 내가 '비정규노동'이라 하지 않고 굳이 '불안노동'이라 부르는 이유가 있다. 첫째, 정규직/비정규직이라는 구분만으로는 만성적 고용불안에 시달리는 오늘날의 노동자들의 처지를 총체적으로 표현하기 어렵다고 생각하기 때문이다. 둘째, 불안노동의 전면화를 상징하는 신조어 '프리캐리어트(precarious+proletariat 불안노동자)'가 유럽을 넘어 세계적으로 널리 통용되는 데서 알 수 있듯이 비정규노동이라는 용어보다 불안노동이라는 용어를 사용함으로써 한국의 현실을 다른 사회에도 보다 간명하게 설명할 수 있기 때문이다. 셋째, '불안노동'이라는 말이 물질적 처지 뿐 아니라 실존적 불안에 늘 시달리며 점점 황폐해지는 영혼의 상태까지 드러내주기 때문이다.

아무리 전세계적 문제라고 해도 OECD 국가 중 한국만큼 이 문제가 심각한 국가는, 단언컨대 없다. '비정규직'이 시대적 화두가 된 지도

10년이 넘었지만, 성찰과 개선은커녕 갈수록 악화일로다. 특히 생애 첫 취업을 앞둔 20대, 고졸 이하 노동자, 여성, 장애인 등 가장 약한 집단이 일방적으로 희생당해왔고 여전히 희생당하고 있다. 그 결과는 참혹하다. 한국은 OECD에서 가장 자살률이 높고 그중에서도 청년세대의 자살률이 유독 높은 나라가 됐다. 출산율 또한 세계최저수준에 머무르고 있다. 지난 개혁정권 10년과 이명박 정부 3년에 이르는 기간 동안을 한 마디로 표현하면, 국가적 차원에서의 '희생양 만들기'였다.

그러나 이 책에 이런 식의 어렵고 추상적인 이야기는 별로 등장하지 않는다. 다만 '희생양들'이 저마다의 사연을 담담히 들려줄 뿐이다. 불안노동의 현장은 그야말로 사연의 바다, 그것도 기막히고 황당한 사연들의 거대한 바다다. 그 사연들을 통해 우리는 '희생양들'이 그저 어딘가에서 고생하는 불쌍한 사람들이 아니라 자신의 처지를 객관화하다가도 때로 희화화하고, 때로 주체적으로 저항하지만 주류질서에 쉽게 굴복하기도 하는, 모순적이지만 뜨겁게 살아 숨 쉬는 인간임을 새삼스레 발견한다. 그리하여 책을 덮을 때에는 알게 될 테다. 노동의 막장에 내몰린 그/녀들만이 아니라 재벌과 가진 자들의 정부 앞에서 실은 우리 모두가 투명인간 취급을 당하고 있다는 사실을. 우리는 단지 상품을 구매하는 딱 그 순간에만 겨우 인간대접을 받을 수 있다는 사실을. 《4천원 인생》은 노동자라면, 아니 미래에 대한 불안에 시달리는 사람이라면 누구나 읽어야한다. 하지만 읽고 끝내버려서는 아무것도 변하지 않는다. 다른 누구도 아닌 '나 자신의 노동'에 대해서 이야기해야 한다. 경험을 공유하고, 문제점을 지적하고, 불평불만을 시끄럽게 늘어놓으시라. 현실을 바꾸는 건 거기서부터다.

차례

1

감자탕 노동일기

갈빗집에서 갈비를 못 먹듯, 감자탕집에선 감자탕을 못 먹는다.

식사 시간, 감자탕 국물만 줬다. "이거 먹고 힘 안 나요. 뼈다귀 하나만 줘요."

주방 언니에게 사정했지만, 그가 난처해 했다. "사장이 우리가 뼈다귀 먹는 것 싫어해."

● "1 감자탕 노동일기"에 실린 일러스트레이션은 화가 유승하 님의 작품입니다.

내 이름은 아줌마, 혹은 '파블로프의 개'

갈빗집에서 마지막 근무를 하고 퇴근하는 순간 눈물이 나도록 기뻤다.

열흘 새 입안이 헐고 발바닥에 굳은살이 박혔다. 근육과 관절이 아팠다.

이보다 더 힘든 일이란 없을 것만 같았다. 그러나 완전한 착각이었다.

앞치마 허리끈을 묶는다. 주황색 셔츠에 검정 바지, 검정 양말에 검정 앞치마. 머리는 단정히 반머리로 묶었다. 주황색 셔츠 두 벌과 검정 앞치마는 유니폼으로 지급받았다. 홀에서는 같은 옷을 입은 동료들이 이미 청소를 시작했다. 바쁘게 발걸음을 옮긴다. 오전 9시 50분, 하루가 시작됐다. 지금부터 12시간 동안 이곳을 벗어날 수 없다. 이곳은 서울 강서구의 'A갈빗집', 나의 일터다.

가을 한 달을 '식당 아줌마'로 살았다. 식당에서는 누구든 '식당 아줌마'인 내게 일을 시킨다. 사장일 수도, 손님일 수도, 동료일 수도 있다. 해서 일하는 내내 일에 쫓긴다. 동료들은 대부분 인생의 가을을 맞은 중년 여성이다. 누군가의 딸이고 아내고 엄마다. 시급은 4000원 안팎. 그래도 12시간씩 쌓이니 한 달에 100만 원이 넘는다. 고스란히 생계비다. 식당 아줌마들의 가을은 가난하다.

슈퍼우먼도 울고 갈 무한 노동

식당에서 중년 아줌마들은 '슈퍼우먼' 혹은 '엄마'처럼 일해야 한다. '엄마'는 시키지 않아도 이것저것 집안일을 다 하곤 한다. 식당일도 집안일처럼 해도 해도 티가 안 난다. 찾을수록 할 일은 많고 대신해줄 사람은 없다. 무한 노동이다.

갈빗집의 아침은 청소와 함께 시작된다. 오전 10시부터 밤 10시까지가 근무시간이다. 오전 9시 40분에 출근하든, 10시 정각에 도착하든 옷만 갈아입으면 바로 업무 시작이다. 이때부터 직원들은 점심시간이 다가오기 전까지 온갖 일을 찾아내 해치워야 한다. 그렇지 않으면 바쁜 시간에 허둥대 더 피곤해진다. 청소는 크게 빗자루질과 대걸레질, 손걸레질, 화장실 청소, 이렇게 네 가지로 나뉜다. 첫날, 옷을 갈아입기가 무섭게 청소에 투입됐다.

직원들과는 청소를 하면서 첫인사를 나눴다. A갈빗집은 나를 포함해 홀서빙 직원 5명, 주방 직원 4명이 일한다. 사장은 40대 중반의 여성이다. 홀서빙 직원끼리는 나이가 많은 이는 '언니'로, 어리면 이름을 부른다. 홀서빙 직원 중에 직책이 '팀장'인 이가 있지만 이마저도 편하게 '언니'라 부른다. 주방에는 담당 업무에 따라 요리 담당 '실장님', 밑반찬 담당 '찬모님', 설거지 담당 '이모님', 기타 잡무 담당 '과장님'이 있다.

가게는 넓다. 홀부터 주방까지 170평이다. 홀에는 29개 테이블이 있다. 안쪽에는 16개 테이블이 있는 방이 있다. 방 안쪽에는 또 하나의 나무 문이 있는데, 안으로 들어가면 또 작은 방이다. 이곳에서 직원들은 옷을 갈아입는다. 그 안쪽으로 식자재 창고가 있어 작은 방엔 늘 매캐한 냄새가 난다.

싸리빗자루를 잡고 홀부터 쓸기 시작한다. 내 팔뚝 굵기의 빗자루를 잡고 홀 절반을 쓸고 나면 빗자루가 천근만근이다. 빗질이 끝나면 대걸레를 들고 온다. 갈빗집 바닥에는 기름때가 많다. 대걸레를 두 손으로 꼭 쥐고 박박 문질러 닦아줘야 한다. 금세 주황색 셔츠가 땀에 젖는다. 한 번 쓴 대걸레는 락스와 주방세제를 풀어 손으로 벅벅 비벼 빨아줘야 한다. 이후 손걸레로 45개 테이블 위를 닦는다. 어린이용 놀이방, 어항, 선반 등도 닦아줘야 한다.

화장실 청소는 혼자 한다. 식당의 관습법상 막내인 내 담당이다. 플라스틱 바가지에 락스와 주방세제를 잔뜩 풀어서 거품을 낸다. 그걸 변기와 세면대에 뿌린다. 가장 고역은 남자 소변기를 닦는 일이다. 남자 소변기 아랫부분의 둥근 뚜껑을 걷어내면 하루 동안 그곳을 다녀간 이들의 흔적이 가득하다. 그곳을 수세미로 비벼 닦는다. 구역질이 난다. 락스를 너무 많이 쓰면 어느 순간 눈이 시려 뜰 수가 없다. 눈물 · 콧물 범벅이 돼서 물을 뿌린 뒤 후퇴한다.

허리를 펴고 시계를 본다. 한 시간은 지났겠지 싶은데 이제 겨우 40분 지났다. 12시간은 언제 지난단 말인가! 디저트용 커피와 요구르트를 준비하고 공기에 밥을 퍼넣는다. 한 시간 사이에 변기부터 요구르트까지 내 손을 거친다.

오전 11시는 직원들의 아침식사 시간이다. 주방 앞 테이블에 상을 차린다. 막내가 눈치껏 밥상을 차려야 한다. "애, 얼른 수저랑 물이랑 밥 놔!" 조금만 늦어도 언니들이 성화다. 수저, 물컵, 공깃밥, 앞접시를 가지런히 놓고 음식을 차린다. 내 입에 밥 넣는 것도 '일'이다. 낮 12시가 되면 손님이 물밀 듯 들어오기 때문에 얼른 먹고 치워야 한다.

어림도 없는 '한 번에 한 가지씩'

A갈빗집의 메뉴는 다양하다. 크게 식사류, 전골류, 고기류로 분류된다. 식사류는 갈비탕, 육회비빔밥, 낙지비빔밥, 된장찌개, 김치찌개, 냉면 등이다. 김치두루치기, 돼지주물럭, 버섯불고기 등 전골류도 인기 메뉴다. 고기류는 돼지왕갈비, 생삼겹, 소갈비, 한우꽃등심, 육회 등이 있다. 여기에 '점심 특선' 메뉴가 있다. 하루에 한 가지 메뉴를 정해 5000원에 제공한다.

낮 12시가 되면 기다렸다는 듯이 앞뒷문이 열린다. 문에 매달린 종이 쉴 새 없이 울린다. 직원들의 발걸음이 빨라진다. "걷지 말고 뛰어다녀!" '팀장님'이 내 옆을 지나며 말했다. 이 식당에서 1년 7개월 동안 일했다는 그는 식당일에서 베테랑이다. 한데 곧 그만둔다고 한다. 직원들 처우 문제로 사장과 다퉜다고 한다. 그 때문에 사장과 팀장은 서로 냉랭하다. "손님이 들어온다 싶으면 인사를 크게 해야지!" 어느 틈에 사장이 옆에 와서 잔소리다. 그러고는 시범을 보이듯 큰 목소리로 "어서 오세요!"를 외친다. 나도 따라 인사를 한다.

한 번에 한 가지 일만 해선 '고객 만족'이 안 된다. 주문을 받고 음식을 밀고 나가는데 또 손님이 들어오고 저쪽 테이블에서는 김치를 더 갖다달라고 한다. 커피를 타달라는 이도 있다. 점심시간에만 홀에 있는 29개 테이블의 손님이 두세 번 바뀐다. 믿을 수 없을 정도로 빨리 모든 일을 해내야 한다. 내게는 첫날이지만 손님들에겐 상관없는 일이다. 내가 굼뜨게 행동할수록 "아줌마!" "여기요!" 외치는 소리, 테이블 벨 울리는 소리는 잦아진다. 손님이 식사를 마치면 최대한 빨리 상을 치워야 다음 손님을 받을 수 있다. 쟁반운반차가 없으면 뚝배기와 도자기 그릇이 가득 든 쟁반을 손으로 날라야 한다. 무게에 팔목이 꺾인다. 그래도 그릇이 깨질까 조심조심 옮긴다.

상을 치우고 식당이 좀 조용해졌다 싶어 허리를 폈다. 시계를 보니 오후 1시 30분이다. 개수대 옆엔 우리가 닦아야 할 물컵, 맥주컵, 가위, 국자, 집게 등이 쌓였고 그 옆 얼음제조기 위에는 식수가 담겼던 물통이 쌓여 있다. 물통에 얼음과 물을 채워놓고 설거지를 한다. 아침에 해놓은 밥도 다 팔렸다. 새로 밥을 해 공기에 퍼담는다. 다시 허리를 펴면 오후 2시 30분. '언니'들이 내게 직원들 점심상을 차리라고 한다.

첫날의 '점심 특선'은 카레였다. 우리의 점심상도 카레였다. 이때부터 세 끼 연속 카레를 먹었다. 생각보다 '점심 특선'을 찾는 손님이 적어 카레가 많이 남은 까닭이다.

점심을 먹고 일어서는데 다리가 후들거렸다. 팀장 언니가 "가서 한 시간 쉬라"고 한다. 무슨 소린가 싶었는데 경희 언니가 옷 갈아입는 방으로 슥 들어간다. 경희 언니는 마흔 살, 재중동포다. 피부가 희고 얼굴이 예쁘다. 화장도 열심히 한다. 그를 따라 작은 방으로 들어갔다. 한쪽에 얇은 전기요가 깔려 있다. '팀장님'이 집에서 가져온 것이라 한다. 경희 언니는 그 위에 누웠다. 방석을 베개 삼고 발밑의 얇은 담요를 배까지 끌어올렸다. 나도 따라 누웠다. 눕자마자 잠이 들었다. 뜨거운 전기요에 노곤한 몸이 달라붙는 듯했다. 언니가 맞춰놓은 알람 소리에 놀라 깼다. 한 시간 쉬는 것도 2인1조로 2교대다. 잠을 자라고 시키니 잠을 자고 일어난다. 그러고는 잠시 동안 코드를 꽂아 충전한 기계처럼 밖으로 나간다. 이제 저녁 장사를 준비할 때다. 경희 언니는 다시 화장을 고친다.

"진짜 하루 하루 버티기 힘드네."

자고 일어나 불판을 닦았다. 주방에 들어가니 까맣게 타버린 불판 수십 개가 큰 고무 대야에 담겨 있다. 앉은뱅이 의자에 쭈그리고 앉아 철수세미로 불판을 문지른다. '찬모님'과 '이모님'이 자기들 음식하는 데 거치적거린다며 소리를 지른다. 몸집이 큰 50대 찬모님과 깡마른 60대 이모님은 둘 다 욕을 잘 한다. 어쩔 수 없이 구석으로 옮겨 마저 닦는다. 한참을 문지르다 보면 불판을 이렇게 태워먹은 손님이 원망스럽다. 도대체 누가 왜 고기를 불판에 구워먹을 생각을 해냈을까. 수십 개를 닦고 나면 무릎도 어깨도 뒤틀린다.

오후 6시께부터 저녁 손님이 든다. 골프연습장에서 운동을 마치고 혼자 온 손님부터 회식 단체 손님까지 밀려와 꾸준히 바쁘다. 고기 손님이 많아지면서 손님 시중을 드는 일도 더 많아진다. 시곗바늘은 꾸물거렸다. 배가 고팠다. 회식 손님의 삼겹살을 구워주다가 한 개 집어먹을 뻔했다. 너무도 맛있어 보였다.

식당일을 시작하면 서러운 순간이 많다. 미자 언니는 내가 실수할 때면 등짝을 짝짝 때렸다. 마흔세 살 미혼인 미자 언니는 늘 심통이 난 듯 입을 앙 다물고 있다. 예전에 우울증이 있었고 지금도 감정의 기복이 크다. 그는 늘 내게 "나 때는 울면서 일 배웠다"고 했다. 자기나 되니까 이렇게 일을 가르쳐주지, 자신이 처음 일을 시작할 때는 아무도 가르쳐주지 않았단다. 맞으면서도 영광인 줄 알아야 했다.

사장도 기선을 제압하려고 꾸준히 구박을 한다. 내게도 그랬다. 5분 지각했다가 하루 종일 '주의'를 들었다. 10초나 됐을까, 음식준비대 앞에 멍하니 서 있다가 야단을 맞기도 했다. 결정타는 화장실에서 휴대전화로 통화를 하다가 걸린 사건이다. 일을 시작한 지 나흘째 되는 날이었다. 청소를 하다가 잠시 휴대전화를 받았는데 그 모습을 사장이 목격했다. "너 지금 다른 사람 일하는데 혼자 노는 거야? 일할 생각이 있는 거야 뭐야? 일 안 할 거면 그만둬!" "죄송합니다. 앞으로 열심히 하겠습니다"라는 나의 말을 사장은 기다렸을 것이다. 하지만 전화를 하면 안 된다는 규칙은 없었다. 나는 "일을 계속 할지 어쩔지 생각해보겠다"고 말했다. 사장은 당황하는 눈치였다.

그날 저녁, 일을 그만두겠다고 말했다. 사장은 "인생에 고비를 넘기느냐 못 넘기느냐가 중요하다"며 설교를 늘어놨다. 그러더니 사람을 구할 때까지는 있으라고 했다. 돌아서며 나는 조금 우울해졌다. 과연 생계가 절박한 상황이었어도 내가 이렇게 의연히 그만두겠다고 할 수 있었을까? 알 수 없다.

간절히 바라면 이루어진다고 했던가. 퇴근 시간이다. 시곗바늘이 드디어 밤 10시를 가리킨다. 사장의 눈치를 본다. "들어가서 옷 갈아입어." 사장 말이 끝나기가 무섭게 언니들과 우르르 몰려들어가 옷을 갈

아입었다. 축축해진 앞치마를 벗어던졌다. 언니들은 유니폼을 집에 가져가 빨아오기도 하고 퇴근 직전 개수대에서 빨아 가게에 널어놓기도 한다. "아이고, 하루가 또 이렇게 갔구만." 바지를 벗던 이모님이 갑자기 한숨을 쉬었다. "그러게, 너무 힘들다." 팀장 언니가 거든다. 무뚝뚝한 찬모님까지 말을 보탠다. "진짜 하루하루 버티기가 힘드네."

식당 아줌마들이 거리로 나왔을 때는 이미 짙은 어둠이 드리워져 있었다. 12시간 만에 마시는 바깥 공기다. 허벅지, 종아리, 발목, 발바닥이 모두 아파 걷기가 괴로웠다. 그래도 "스트레스나 풀 겸 소주나 한잔하자"는 아줌마는 아무도 없다. 각자의 집으로 발길을 재촉한다. 집에 가서도 할 일이 많다. 팀장 언니는 가족과 늦은 저녁을 먹어야 한다. 이모님도 찬모님도 집에 가면 집안일이 기다린다. 나 역시 집에 오니 빨래와 설거지 거리가 쌓여 있다. 외면하고 잠이 들었다.

'달인이 아닌 자' 노여움을 살지니

식당 아줌마들은 모두 '달인'처럼 일한다. 뜨거운 물건을 마구 잡는 신공은 가장 놀라웠다. 뜨거운 공깃밥과 펄펄 끓는 누룽지 그릇을 한 손으로 태연히 잡고 나른다. 뜨거운 불판 위에서 고기를 자를 때도 평온하다. 나는 매번 "앗 뜨거"를 연발한다. 장갑 없이 공깃밥을 보관하는 온장고에 손을 넣기 힘들었다. 그러다가 얼음과 냉면 그릇, 냉장고에 있던 고추장통을 만져야 하니 손이 타올랐다가 얼어버리기를 반복한다. '공깃밥 잡기'는 훗날 감자탕집에서도 나의 숙제였다.

비법이 뭘까? 빛의 속도로 물컵 설거지를 하고 있는 팀장에게 물었다. "고무장갑도 안 끼고 하세요?" "만날 하는 건데 뭐. 내 손 만져봐. 손이 그냥 수세미야."

팀장 언니의 손등엔 주름이 가득하다. 40대 중반인데 노인의 손 같다. 손바닥도 손등만큼 거칠다. 주름이 너무 많아 손금을 구분하기 어렵다. 사람 손이 이렇게 촘촘히 거칠 수 있나 싶다. 그의 손은 이제 뜨거운 것도 더러운 것도 다 만질 수 있다. '달인'의 손이다. 락스물에 담근 내 손끝도 조금씩 트고 있었다. 언니들 말로는 그렇게 트기 시작해서 나중에 단단해진단다. 그때쯤엔 공깃밥을 너끈히 잡을 수 있을까.

홀에 켜놓은 대형 텔레비전에서는 한 번에 140장의 접시를 나르는 뷔페 직원을 '달인'이라 소개하고 있었다. 케이블 채널을 틀어놓으면 하루에도 몇 번씩 〈생활의 달인〉이 방영된다. 각종 일터의 베테랑 일꾼을 소개하는 프로그램이다. 뷔페 직원은 얼마나 많은 접시를 얼마나 빨리 날라야 했기에 손가락 사이마다 접시를 끼우게 됐을까. '달인'들과 함께 있는 나는 그들이 달인이어서 슬펐다. '노동의 달인'인 이들의 하루하루는 수세미처럼 거칠었다.

눈치도 빨라야 한다. 손님이 들어오면 언니들은 3초 안에 손님이 몇 명인지 파악해 물컵과 물수건을 쟁반에 담는다. 한꺼번에 세 팀이 들어오는 걸 보고 물컵을 챙기려고 하면 이미 한 언니가 물통 세 개와 물컵 여러 개를 들고 출동한 다음이다. 설거지도 요령껏 해야 한다. 물컵을 손으로 비벼 닦다가 혼났다. 주방세제를 묻힌 뒤 두 번만 '튕기란다'. 무슨 소린가 했더니 수도꼭지 아래에서 상하로 두 번만 흔들란 얘기다.

모두가 '달인'이니 '달인이 아닌 자'는 노여움을 살 뿐이다. 개수대에 물을 받아 깻잎을 한 장씩 씻으니 경희 언니가 소리친다. "어머,

노동의 가치, 밥의 가격

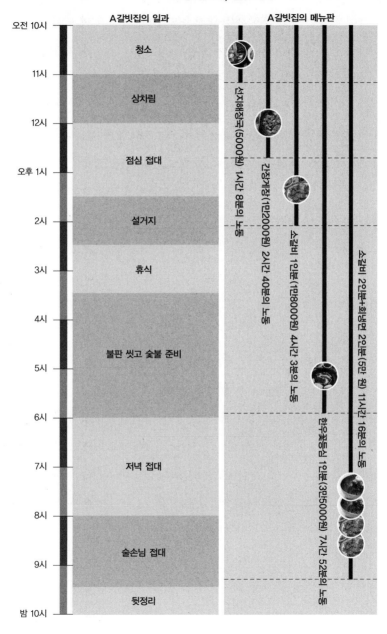

A갈빗집의 일과

시각	일과
오전 10시	청소
11시	상차림
12시	
오후 1시	점심 접대
2시	설거지
3시	휴식
4시	
5시	불판 씻고 숯불 준비
6시	
7시	저녁 접대
8시	
9시	술손님 접대
밤 10시	뒷정리

A갈빗집의 메뉴판

선지해장국(5000원) 1시간 8분의 노동

간장게장(1만2000원) 2시간 40분의 노동

소갈비 1인분(1만8000원) 4시간 3분의 노동

한우꽃등심 1인분(3만5000원) 7시간 52분의 노동

소갈비 2인분+회냉면 2인분(5만 원) 11시간 16분의 노동

얘! 그렇게 닦으면 언제 다 해!" 왼손으로 깻잎 뭉치를 잡고 수도꼭지 아래에서 오른손으로 돈 세듯 넘겨주면 된다. 물까지 탁 털어주면 깻 잎 100장을 씻는데 30초도 안 걸린다. 경희 언니는 가르쳐주다 말고 "아이고, 내가 빨리 하고 말지" 하며 자기가 마저 씻는다.

손님상, 특히 단체 손님상을 치울 때 '달인'의 면모는 빛을 발한다. 우선 가운데 불판을 치우고 환풍기 후드 아랫부분을 분리한다(이 부분 은 매번 분리해 씻어줘야 한다). 음식물 찌꺼기를 한데 모으고 수저와 컵, 채소 등을 싹 걷는다. 그릇을 크기순으로 포개고 쓰레기를 한 번에 쓱 쓸어내 담는다. 20명이 먹은 상의 불판부터 후두까지 치우는 데 10분 도 걸리지 않는다. 음식을 갖다주고, 손님이 음식을 먹고, 손님상을 치 우고, 다시 그릇을 닦아 정리해 음식을 담아 갖다주는 행위는 거대한 컨베이어벨트처럼 돌아가고 그 위에서 아줌마들의 손놀림은 빠르고 정확하다. 그래야 한다.

기술적인 면도 빼놓을 수 없다. 삼겹살부터 한우꽃등심까지 제대로 구워 제 타이밍에 잘라주지 않으면 큰일이다. 한쪽 면이 익어 핏물이 나올 때쯤 뒤집어 잘라줘야 한 번에 잘린다. 삼겹살을 자를 때는 비계 쪽부터 자른다. 한우꽃등심은 1인분에 3만5000원이다. 내 시급이 4487원꼴이니, 한우꽃등심 1인분을 사먹으려면 8시간 이상을 일해야 한다. 하다못해 5000원짜리 '점심 특선'도 내 시급보다 비싸다. 그러 니 '비싼 음식님'에게 잘해야 한다.

메뉴에 따라 준비해야 할 것들도 잘 기억해야 한다. 손님이 올 때마 다 언니들을 따라가 메뉴별 대응법을 배웠다. 비빔밥에는 고추장, 냉 면에는 겨자·식초를 함께 갖다준다. 갈비탕, 해장국, 간장게장 등에는 앞접시를 내주고 김치찌개가 2인분 이상이면 삼발이를 갖다놓아야 한다. 전골을 시키면 불판 뚜껑을 열고 삼발이를 놓은 뒤 전골냄비를 올리고 불을 강하게 켜둔다. 김치두루치기는 김칫결대로 찢어줘야 하고 버섯불고기는 절반씩만 익힌다. 고기류를 주문하면 바로 불판 뚜껑을 열고 숯과 불판을 가져다가 넣고 불을 강하게 켜야 한다. 고기가 나왔을 때 숯에 불이 붙어 있지 않으면 불호령이 떨어진다. 메뉴별 대응법만 배우는 데도 3일 이상 걸렸다.

불호령의 나날이었다. A갈빗집 일을 그만두기 사흘 전부터 갑자기 내가 마감 당번이 됐다. 마감 당번이란 다른 직원들이 밤 10시에 퇴근한 뒤에도 가게를 지키다 밤 11시에 퇴근하는 직원을 뜻한다. 갑자기 마감 당번이 됐기에 13시간 노동을 했다. 1시간만큼 돈을 더 주는 것도 아니다. 다음날부터는 오전 11시에 출근해 밤 11시에 퇴근하라고 했다. 술손님 시중을 들다가 밤 11시가 됐다. 사장이 고생한다며 자두 하나를 줬다. 허겁지겁 먹었다. 집에 가는 길에 편의점에서 빵을 사먹었다. 걷기가 힘들었다. 매일 밤 뜨거운 수건을 다리에 올려두고 자도 다리의 피로가 풀리지 않았다. 사흘 후, 마지막 근무를 하고 퇴근하는 순간에는 눈물이 나도록 기뻤다. 열흘새 입안이 헐고 발바닥에 굳은살이 박였다. 근육과 관절이 아팠다. 이보다 더 힘든 일이란 없을 것만 같았다. 그러나 완전한 착각이었다.

"감자탕 대자로 드릴까요?"

인천의 B감자탕집은 A갈빗집보다 모든 면에서 열악했다. 특히 노동

착취가 심했다. 24시간 문을 여는 감자탕집은 150평 규모에 걸맞지 않게 주방에 1명, 홀서빙에 1명의 직원만을 둔다. 아침 9시부터 밤 9시까지, 12시간씩 2교대다. 한 달에 두 번 쉴 수 있고 월급은 120만 원이다. 12시간을 균일하게 봐도 시급이 3571원에 불과하다. 덩치가 좋은 50대 남자 사장은 아침·저녁으로 수금을 위해 잠깐 들러 1시간 정도 잔소리만 하다 간다.

식당에서는 '소리'에 민감해진다. 갈빗집 출입문엔 작은 종이 매달려 있었다. 감자탕집 자동문에선 〈클레멘타인〉 노래가 나왔다. 밥 먹을 때도, 서빙을 할 때도, 반찬통을 채울 때도 '딸랑딸랑' 소리나 〈클레멘타인〉 전자음이 들리면 바로 일어나 "어서 오세요!"를 외쳐야 한다. 어느새 내 몸은 이들 소리에 '파블로프의 개'처럼 반응한다. '넓고 넓은 바닷가에 오막살이 집 한 채~' 이 노래는, '넓고 넓은 감자탕집 홀서빙은 나 혼자~'로 들린다.

몸은 어느 순간부터 자동으로 움직인다. 손님이 오면 문쪽을 보고 인사를 한 뒤 물수건과 컵을 사람 수대로 챙겨 테이블로 안내한다. 주문을 받고 카운터에 와서 선택 메뉴와 수량을 입력한 뒤 주문서를 음식준비대에 가져다준다. '딩동' 하고 테이블벨이 울리면 "네, 손님!" 하고 바로 외친 뒤 해당 테이블로 달려간다. 가는 길에 다른 손님이 뭔가를 요구하면 따로 기억해야 한다. 주방에서 "음식 나가요"란 소리가 들리면 상을 치우다가도 달려가 음식을 서빙해야 한다. 음식이 식으면 절대 안 된다. 특히 뚝배기에 담긴 음식은 보글거릴 때 내지 않으면 손님들이 불평을 한다. 다시 끓여달라는 이도 있다. "계산이오!" 소리가 들리면 카운터로 달려가야 한다. 반찬 냉장고 앞에서 카운터까지는 35

걸음이다. 이 모든 소리에 즉각적으로 반응하며 뛰어야 산다.

내 몸이 힘들어지니 음식도 더 이상 사람이 먹는 것으로 보이지 않았다. 원수 같은 물건일 뿐이다. 갈수록 반찬 재활용도 위생도 신경쓰지 않는다. 야간 홀서빙 언니에게 전수받은 상 치우는 법은 이랬다. 배추김치와 깍두기는 버리면 안 된다. 고추와 마늘, 쌈장도 딱 봐서 지저분하지 않다 싶으면 그대로 쟁반에 올린다. 밥도 깨끗하게 한쪽으로만 먹고 남겼다면 '살린다'. 나중에 볶음밥용으로 쓸 수 있다. 하다못해 감자탕의 시래기가 많이 남아 있으면 그것만 따로 담아 쟁반에 올린다. '반찬 재활용'은 갈빗집에 있을 때부터 마음에 걸렸다. A갈빗집은 김치와 마늘, 고추, 상추 등을 재활용했다. 나는 은근슬쩍 남은 반찬을 다 버리곤 했다. 하지만 바쁘면 양심의 가책을 느낄 겨를도 없다.

손님이 들어와 자리에 앉으면 "감자탕 대(大)자로 드릴까요?"라고 물어보는 것도 자동이다. 이는 사장의 특별 지시 사항이다. 감자탕은 대 2만7000원, 중 2만2000원, 소 1만7000원이고 1인분씩 나오는 뼈해장국은 5000원이다. 손님 3명이 들어와 뼈해장국 3개를 시키면 1만5000원, 감자탕 대자에 각자 공깃밥을 시켜 먹으면 3만 원이니 꼭 감자탕을 시키도록 유도하란다. 일단 '감자탕 대자'를 시키면 그 자리에서 주방을 향해 "감자탕 대자요!" 하고 소리를 지르란다. 이후에 손님이 주문을 바꾸려고 하면 "이미 음식이 나오고 있다"고 말하란다. 불륜 커플로 보이는 이들은 구석 자리를 주라는 말도 잊지 않았다. 사장이 시키는 대로 했다. 몸은 점점 자동으로 움직인다.

점심과 저녁, 바쁜 시간 사이에 틈을 내 화장실 청소를 한다. 화장실 냄새는 '24시간 업소'다웠다. 청소 첫날, 남자 화장실에서 난 잠시 숨을 멈췄다. 어떤 이가 변기에 변을 그대로 남겨두셨다. 물을 몇 번 내려봐도 내려가지 않는 굳기를 보니 적어도 한 시간 이상은 됐다. 용의선상에 몇 명을 올려본다. 변기 앞 재떨이에 담배꽁초도 여러 개다. 재떨이에 사장이 피우는 담배도 있다. 소변기도 늘 대충 닦았는지 더럽다. 식당에서 먹고 싼 이들을 생각해본다. 인간은 참 자동이다.

수술하면 당분간 일을 할 수 없으니……

B감자탕집 언니들은 지난 3개월간 하루도 쉬지 못했다. 주방과 홀에 사람이 한 명씩 있으니 대체 인력이 없는 상태다. 이렇게 직원 수를 줄인 지 3개월 됐다. 사장은 곧 한 명을 더 뽑겠다고 하지만 말뿐이다. 언니들은 눈치를 보며 누구 하나 쉰다고 말하지 못했다. "내가 쉬면 가게는 어떻게 해." 속 터지는 소리만 한다. 사장은 휴일을 모른 척한다. 쉬지 않는다고 돈을 더 받는 것도 아니다.

9월 넷째주, 나와 주방 언니는 하루 차이로 생리를 시작했다. 내가 생리통에 고통스러워하자 주방 언니는 비밀스럽게 말했다. "반찬 냉장고 앞에 잠깐 엎드려 있어. 내가 손님 오나 보고 있을게." 주방 입구의 반찬 냉장고 앞은 구석진 곳이어서 밖에선 잘 보이지 않는다. 그 더럽고 차가운 바닥에 엎드렸다. 근로기준법은 근로시간이 4시간 이상인 경우 30분 이상, 근로시간이 8시간 이상인 경우 1시간 이상 휴게시간을 주도록 규정하고 있다. 여기서 휴게시간이란 '사용자의 구속에서 완전히 벗어난 자유로운 시간'이란다. 하지만 이 기준대로라면 인천 B감자탕집에 휴게시간은 단 1분도 없다. 정식 휴일도 못 쉬는데 생리휴가가 통할 리도 없다. 손님과 사장의 눈을 벗어나 앉을 수 있는 곳은 화장실과 이 냉장고 앞뿐이다.

다음날은 주방 언니가 그 자리에 엎드렸다. 언니는 주방 문턱을 베고 방석을 덮고 누워 끙끙 앓았다. 주방 언니 자궁에는 혹이 있다. 수술을 해 자궁을 들어내야 한단다. 하지만 수술을 하면 당분간 식당일을 할 수가 없다. 그래서 주방 언니의 생리통은 극심했다. 생리 기간에는 하루에 진통제 한 통을 다 먹었다. 따뜻한 바닥에 10분만 배를 깔고 있을 수 있다면, 하고 그는 바랐다. 하지만 그는 지난 석 달을 이렇게 차가운 바닥에 엎드려 버텼다. 방석 하나를 덮어주었다.

9월 18일 금요일, 점심을 먹으려고 수저를 드는데 손이 덜덜 떨렸다. 무거운 뚝배기를 들고 오전 내내 뛰어다녔더니 팔다리의 힘이 다 빠졌다. 주방 언니를 쳐다보는데 언니도 손을 떨고 있었다. 주방 앞 준비대에 서서 밥을 먹는 참이었다. 어이가 없으니 서로 웃음이 나왔다. 식당일을 한 기간 중 이날이 가장 바빴다.

애초에 바쁘기로 예약이 된 날이었다. 이미 일주일 전부터 산악회 20명, 친목회 14명이 예약을 했다. 오전에 수영장 회원 20명 예약이 추가됐다. 모두 저녁 7~8시였다. 가뜩이나 손님이 많은 편이라는 금요일 저녁, 혼자 얼마나 뛰어다녀야 할지 걱정이 앞섰다. 아침 교대 시간부터 사람이 많았다. 점심시간에도 밀려드는 손님에 뛰어다니며 일을 했다. 뼈해장국을 나르고 있는데 손님이 들어오고 한 팀은 나가면서 "여기 계산이오!"를 외쳤다. 뜨거운 뚝배기를 아슬아슬하게 내려놓고는 새로 온 손님들에게 금방 간다고 외치고 정문 쪽에 있는 카운터로 달려가 계산을 해줘야 했다.

손님 54 대 직원 1의 전쟁터

이렇게 넓은 가게에, 손님이 몰리는 주말 식사 시간대까지 홀서빙을 단 1명만 둔다는 것이 이해가 가지 않았다. 사장은 이날도 일할 사람을 더 구해주지 않았다. 오후 5시께, 사장이 홀로 나타났다. 그러고는 주방과 홀 사이에 서서 끝도 없이 잔소리를 했다. "밥 볶을 때 성의 있게 해라" "저기 18번 주문 받아라" "음식 먼저 갖다드려라" 등등. 내가 일을 하고 있는 걸 뻔히 보면서도 계속해서 일을 시켰다. '니가 해!'라는 말이 목구멍 아래서 부글거렸다. 산악회 20명, 수영장 회원 20명, 친목회 14명은 모두 저녁 7시 30분 언저리에 몰려왔다. 가게는 전쟁터였다. 나는 전쟁터 한가운데 서서 이대로 전사할 것만 같았다. 그날 밤엔 골반이 빠지는 듯 아팠다.

주방 언니는 감자탕집에서 일한 지가 벌써 4년째다. 그 사이 그는 완전히 사장의 노예가 됐다. 사장은 그에게 식당 뒤쪽에 배추와 오리를 키우게 했다. 주방 언니는 매일 오리장 청소를 하고 오리 목욕을 시켰다. 오리를 키우기 전에는 도사견 다섯 마리를 키웠단다. 개똥을 치우고 목욕을 시키기가 너무 힘들었다고 한다. 추가 업무지만 돈을 주진 않는다.

사장의 횡포에도 주방 언니가 묵묵히 일하는 이유가 있다. 주방 언니의 남편은 직장이 불안정하다. 의자 공장을 하다 망한 뒤 자리를 잡지 못하고 있다. 언니가 이 감자탕집에서 벌어오는 돈은 귀하다. 집도 5분 거리여서 하굣길에 중학교 1학년인 아들이 가게에 들른다. 언니는 이때 아들에게 1000원짜리 지폐 한 장을 건넨다. 어떤 날은 감자를 볶아놨다가 건네며 저녁 반찬으로 먹으라고 한다. 3개월이 아니라 더 오랫동안 휴일 없이 일을 시켜도 계속 다닐 수밖에 없다. 이왕 익숙해진 일이니 다른 일을 하는 것보다 낫다고도 생각한다.

A갈빗집 팀장님도 B감자탕집 주방 언니도 1997년 외환위기 이후 남편의 사업이 망하면서 '식당 아줌마'가 됐다. 외환위기 이후는 자영업자가 급증한 시기이기도 하다. 제조공장들이 쓰러지고 음식점이 우후죽순으로 생겨난 셈이다. 몰락한 가장의 부인들은 고스란히 식당으로 떠밀려왔다.

최근 자영업의 몰락은 식당 아줌마의 위기이기도 하다. 식당 주인들은 가장 먼저 직원 수를 줄였고 식당 아줌마들은 점점 더 혹사당한다. 식당에 배달된 인천 지역 신문을 보는데 기사 하나가 눈에 들어왔다. 최근 인천 지역에서 중·장년층 여성의 취업 건수가 크게 증가했지만 그 대부분이 비정규직이라는 내용이었다. 지난 3년 새 2만4000명이 늘어 20만6000명의 중·장년층 여성이 비정규직으로 일하고 있다고 한다. 인천 하늘 아래만도 비정규직 아줌마가 이렇게나 많다.

"하루 쉬겠다"에 화들짝 놀라는 언니들

감자탕집에서 일한 지 5일째 되는 날, 난 사장에게 "사흘 뒤인 9월 23일에 쉬겠다"고 말했다. 교대 시간이라 주·야간 언니들이 함께 있다가 화들짝 놀랐다. 사장은 이유를 물었다. 애초 취업할 때 한 달에 두 번은 쉬기로 했는데 사장은 그걸 아예 잊은 듯했다(근로기준법상에는 일주일에 1회 이상 유급 휴일을 주도록 돼 있다). 개인적으로 일이 있다고 했다. 사장은 잠시 생각하더니 쉬라고 했다. 그러고는 주방 언니에게 나 대신 일할 1일 파출부를 부르라고 했다. 그때부터 언니는 "하루는 푹 자도 되니 정말 좋겠다"며 나를 부러워했다. 그러면서도 "너는 아직 미숙하니까 파출부로 대체할 수 있는 거지, 우린 못 쉰다"고 했다.

얼마 뒤 감자탕집을 그만두겠다고 했을 때 사장은 호통을 쳤다. "놀게 해줬더니 마음이 변해서 온 거 아냐! 그만둘 거면 당장 나가!" 축축한 앞치마를 벗는데 눈물이 났다. 주방 언니에게 인사를 했다. 언니는 내일도 생리통을 참고 진통제를 한 통씩 먹어가며 일을 할 것이다. 가게 문을 나섰다. 자동문이 어김없이 〈클레멘타인〉을 흐느꼈다.

"내일부터 나올 수 있느냐?"

식당 구직과 시급

구직 과정은 단순했다. 온라인 구인·구직 사이트에 접속했다. 요즘은 오프라인 생활정보지도 인터넷에 구인 정보를 올린다. 구인 사이트를 방문하면 전국의 식당 구인 정보를 확인할 수 있다. 우선 지역은 집에서 30분 거리인 강서구로 정했다. 생계를 위해서는 풀타임 직원이돼야 했다. 구인 정보를 보고 전화를 하면 다들 나이를 묻는다. '30살'이라고 하면 중국 사람이냐고 되묻는다.

'A음식점'은 오전 10시부터 밤 10시까지 일하는 홀서빙 직원을 구했다. 전화를 해 어떤 음식을 파는 곳이냐고 물으니 그냥 한식이란다. 일이 가장 힘들다는 갈빗집이 아니어서 다행이었다. 면접을 보러 갔다. 식당 앞에 도착해서 경악했다. 'A음식점'은 'A갈빗집'이었다. 면접에서 사장은 내게 일해본 경험이 있는지, 결혼을 했는지, 내일부터 일할수 있는지를 물었다.

임금은 한 달에 나흘 쉬고 140만 원이다. 고용보험을 들면 여기서보험금을 뗀다. 사장도 같은 액수만큼 내야 한다. 결국 둘 다 꺼린다. 140만 원을 한 달 근무일인 26일, 하루 12시간으로 나누면 시급이4487원이다. 12시간 중 법정 근로시간인 하루 8시간을 넘겨 일하는 4시간엔 1.5배의 임금을 받아야 한다. 이렇게 계산하면 시급이 3846원으로 최저임금인 4000원에 못 미친다. 다만 A갈빗집에선 종종 "들어가서 1시간 자라"고 했으니 그 시간을 휴게시간으로 뺀다면 추가 노동은 3시간, 시급은 4308원이다. 한 노무사에 따르면 "노동자가 외출을 할 수도 있는, 재량껏 쓸 수 있는 시간이라야 휴게시간"이다.

두 번째로 취직한 인천의 B감자탕집은 더 열악했다. 한 달에 두 번 쉬고 120만 원이다. 아침 9시부터 밤 9시까지 일한다. 한 달 28일, 하루 12시간으로 계산하면 시급이 최저임금에 못 미치는 3571원이다. 시간외수당까지 고려하면 겨우 3000원이 넘는다(3061원). 감자탕집에서는 직원들이 3개월째 하루도 쉬지 못하고 있었는데, 휴일수당도 따로 지급되지 않았다. 근로기준법은 휴일근로에 대해 통상 임금의 1.5배 이상의 가산 임금을 지급하도록 규정하고 있다. 이 점까지 감안해 계산하면 실제 시급은 더 적어지는 셈이다.

감자탕집은 면접도 사장 대신 '주방 언니'가 봤다. 그가 내게 확인한 것은 "내일 나올 수 있느냐"는 한 가지뿐이었다. 사람이 아주 급한 집이었다. 몇 달째, 일하러 온 사람마다 일주일을 못 넘겼다. 면접 당시 홀서빙은 용역회사를 통해 온 1일 파출부 아줌마가 담당했다. 150평 식당에 홀서빙이 1명뿐이다. 한 달에 두 번밖에 못 쉬는데 120만 원밖에 안 주느냐고 물으니 대답이 없었다. 그래도 별수 없다. 당장 일할 곳이 필요하다면 견뎌야 한다.

두 번째 이야기

웬만해선
식당에서 탈출할 수 없다

서울 A갈빗집과 인천 B감자탕집은 퍽 다르다.

메뉴뿐 아니라 손님의 성격과 식당 소재지도 다르다.

한데 '식당 아줌마'들의 사연은 서로 닮았다. 식당일을 시작한 까닭, 현재 가족의 경제 상황 등이 비슷했다.

"네가 먹는 것이 곧 너다." 숟가락을 드는데 이 말이 떠올랐다. 독일 철학자 포이어바흐의 말이다. 식탁 위엔 카레가 놓여 있다. 전날 '점심 특선' 메뉴였다. 앞서 얘기했듯이 A갈빗집은 매일 5000원짜리 '점심 특선'을 준비한다. 카레는 잘 안 팔렸다. 많이 남는 바람에 식당 직원들은 세 끼째 카레를 먹었다. '팔고 남은 음식'이 내 몸을 채운다. 그 덕에 배곯지 않고 일한다.

갈빗집에서 갈비를 못 먹듯, 감자탕집에선 감자탕을 못 먹는다. 식사 시간, 감자탕 국물만 줬다. "이거 먹고 힘 안 나요. 뼈다귀 하나만 줘요." 주방 언니에게 사정했다. "사장이 우리가 뼈다귀 먹는 것 싫어해." 그가 난처해했다. 이튿날 사장은 식당에 애완견을 데려왔다. 뼈다귀에서 고기만 발라 애완견에게 줬다. '먹는 것'은 철저히 계급에 따른다.

일하기 위해 먹고, 먹기 위해 일한다. 12시간 식당 노동자는 끼니를 모두 식당에서 해결한다. A갈빗집의 아침식사는 11시, 점심은 2시 30분, 저녁은 8시 30분이다. "저녁만이라도 가족과"가 목표인 팀장 언니와 "다이어트"를 외치는 경희 언니만 저녁을 건너뛴다. B감자탕집은 아침식사 9시 30분, 점심 2시 30분, 저녁은 없다. 퇴근하면 뭐든 허겁지겁 먹게 된다. 그러니 식당에서 주는 대로 잘 먹어야 한다. 그게 싫다면 출근 전, 퇴근 뒤에 사먹어야 한다. 다 돈이다.

'콩국수 사건'은 반란이었다. A갈빗집 직원들이 '팔고 남은 음식' 먹기를 거부했다. 그렇다고 전면적인 거부는 아니었다. 소심한 저항에 가까웠다. 8월 말, 콩국수가 '점심 특선'인 날이었다. 점심시간에 팔고 남은 면을 두고 직원들은 고민에 잠겼다. 아침부터 삶아놓은 면은 불을 대로 불어 있었다. "이걸 먹어야 하나." 때마침 사장이 잠시 자리를 비웠다. 직원들은 면을 새로 삶아 콩국물에 말았다.

식사 도중 사장이 돌아왔다. "누가 불은 면 안 먹겠다고 했어, 응?" 사장이 콩국수를 젓가락으로 휘적이며 눈에 불을 켰다. 국수를 먹다 말고 직원들이 고개를 숙였다. "제가 그랬는데요." 팀장 언니가 맞섰다. 사장이 그를 따로 불렀다. "진짜 네가 그랬어? 다른 애들이 그랬으면 잘라버리려고 했더니." 팀장 언니는 자신이 그만두겠다고 말했다. "돈 벌더니 사람이 변했어. 예전엔 고기도 자주 줬는데……." 팀장 언니는 A갈빗집에서 일한 지난 2년을 이렇게 회고했다.

'콩국수 사건' 열흘 뒤 팀장 언니가 그만뒀다. 9월 5일 밤 9시, 팀장 언니의 환송회가 열렸다. 사장이 돼지갈비를 내왔다. 1인분에 1만 1000원짜리다. 직원들은 두 달 만에 가게에서 고기를 먹는다. 젓가락이 바쁘다. 팀장 언니는 소주만 들이켰다. "오늘 마지막 날이라고 표정이 밝네?" 요리 담당인 '실장님'이 농을 던졌다. 팀장 언니는 발끈했다. "남은 심란해 죽겠고만! 눈알을 뽑아서 당구를 쳐버릴까보다." 설거지 담당 '이모님'과 밑반찬 담당 '찬모님'이 배를 잡고 웃었다. 직원들은 자꾸만 팀장 언니에게 술을 따라줬다.

닮은꼴 언니들

서울 A갈빗집과 인천 B감자탕집은 퍽 다르다. A갈빗집은 소갈비 전문, B감자탕집은 돼지뼈가 주재료다. 손님의 성격과 식당 소재지도 다르다. 한데 '식당 아줌마'들의 사연은 서로 닮았다. 식당일을 시작한 까닭, 현재 가족의 경제 상황 등이 비슷했다.

그곳에 1997년 외환위기 이후 몰락한 가장의 부인들이 있었다. 1990년대 말, 제조공장이 무너지고 정리해고가 횡행했다. 퇴직금으로 식당을 차린 자영업자가 늘었다. 몰락 가장의 부인들이 식당으로 떠밀려왔다.

A갈빗집 팀장 언니도 '사모님'에서 '아줌마'가 됐다. 2000년에 식당일을 시작했다. 당시엔 30대 중반이었다. 그해 겨울, 남편이 운영하던 지갑공장이 부도났다. 유명 브랜드 지갑을 외주로 생산해온 꽤 탄탄한 공장이었다. 직원도 30명이나 됐다. 외환위기가 닥치자 거래처들이 하나둘 생산공장을 중국으로 옮겼다. 일거리가 뚝뚝 끊겼다. 모든 거래처를 중국에 뺏기고야 공장을 정리했다. 남편 나이 40대 중반에 남은 것은 빚뿐이었다.

사업에 실패한 남편은 좀처럼 취직을 못했다. 40대 중반에 들어갈 수 있는 곳은 대부분 공장 비정규직이었다. 어렵게 들어갔다가도 며칠을 못 버텼다. 그들에겐 중학생 아들, 초등학생 딸이 있었다. 팀장 언니가 나서야 했다. 생활정보지를 뒤져서 식당일을 알아봤다. 서울 여의도역 근처 갈빗집과 발산역 근처 갈빗집을 거쳐 서울 강서구의 A갈빗집까지 왔다. 이제 아들은 스무 살이 넘었다. 그렇게 10년이다. 여전히 그는 식당에서 일하고, 남편은 공장 일자리를 알아본다. 아들은 지방대에 진학했다가 휴학하고 식당일을 한다.

팀장 언니는 B감자탕집 주방 언니의 '미래'다. 주방 언니 남편의 사업은 망한 지 5년이 됐다. 의자를 만드는 공장이었다. 외환위기 전후에도 쓰러질 듯 견디며 운영을 했다. 그러다가 2004년, 일이 닥쳤다. 전국에 가맹점을 둔 PC방 업체 주인이라는 사람이 고급 의자를 대량 주문했다. 물건을 넘기자 주문자가 잠적했다. 공장은 무너졌고 직원들 월급도 주지 못해 남편은 한동안 쫓기는 신세가 됐다.

주방 언니가 B감자탕집에서 일을 시작한 건 그때다. 그렇게 4년째 일하고 있다. 앞으로 몇 년이나 더 해야 할지 알 수 없다. 아직 빚은 갚을 엄두도 못 낸다. 지난 9월에도 대출금 1500만원의 만기가 돌아와 '대출상환연기신청서'를 써냈다. 남편은 부도 이후 계속 일용직으로 일한다. 일을 못하는 날이 더 많다. 아들은 이제 겨우 중학교 1학년, 딸은 초등학교 5학년이다. 적어도 아이들이 고등학교를 마칠 때 까지는 돈을 벌어야 한다.

비슷한 처지에도 '과시욕'을 드러내는 경우가 있다. 은행원이던 남편이 명예퇴직을 당했다는 40대 후반 아줌마는 직원들 사이에서 '밥맛'으로 통했다. "한 달에 쇼핑하는 데만 200만 원씩 써왔는데 120만 원을 벌어서 어디에 쓰나?" 이 말에 식당 아줌마들은 격분했다. '밥맛 아줌마'는 일주일 만에 그만뒀다. 일이 너무 힘들어 온몸이 아프다 했다. 다른 식당을 알아본다 했다.

비혼이라고 사정이 크게 다르진 않다. 팍팍한 삶에 드라마는 없다. 드라마 〈꽃보다 남자〉처럼 죽집에서 일하다 왕자님을 만난다? 어림없다. 드라마 〈찬란한 유산〉은 어떤가. 설렁탕집에서 서빙하다가 유산을 받아 사장이 된다? 꿈이다. '골드미스'도 다른 세상 이야기다.

마흔세 살 미자 언니는 생계가 절박하다. 저축은 없는데 월세부터 술값까지 나갈 돈이 많다. 예전엔 우울증을 앓았다. 지금도 술을 많이 마신다. 한번 술을 마시면 다음날 일을 나오지 않는다. A갈빗집에서도 그게 문제가 돼 그만뒀었다. 8월 말부터 다시 나오기 시작했다. 팀장 언니 환송회날도 술을 많이 마셔 인사불성이 됐다. 다음날이 휴일이어서 다행이었다.

마흔 살 경희 언니는 '중국동포'다. 취업을 목적으로 한국에 왔다. 위장결혼을 했지만 마음은 비혼이다. 그는 친구 따라 성인 나이트에 갔다가 누군가를 만났다. 오후 3시가 되면 그에게서 전화가 온다. "오빠~!" 경희 언니의 얼굴이 활짝 핀다. 언니들은 "유부남 만난다"고 수군댄다. 경희 언니는 며칠 휴가를 내고 그와 놀러가는 것이 소원이다. "지난여름에 같이 동해 바다를 갔는데 얼마나 좋았는지 몰라." 큰 자랑이다. 얼굴이 예쁘고 화장도 잘하는 그가 한국에서 좋은 사람을 만날 수 있을까.

자궁에 탈이 나도 병원행 대신 폐경기 기다려

식당 아줌마들은 언제 식당을 그만두게 될까. 절박해서 시작한 일, 그만두기 어렵다. 돈을 많이 모아 식당일에서 '탈출'하긴 쉽지 않다. 100만 원대의 월급을 받아 10만 원을 저축하기도 빠듯하다.

'낙오'만이 식당일을 벗어나는 길이다. 몸이 아프거나 사정이 생겨 일을 못하게 되면 '낙오'한다. 그렇게 식당 앞치마는 벗지만 생계는 막막하다. 식당 아줌마들은 낙오하지 않으려고 발버둥친다. 그럴수록 몸은 더 약해져간다. 악순환이다.

"여기 좀 만져봐. 딱딱한 게 있어." A갈빗집의 현숙 언니는 8월 말 어느날 동료들의 손을 자기 아랫배 쪽으로 끌어당겼다. 다음날, 병원에서 자궁의 종양을 발견했다. 자궁근종이다. 9월 초, 그는 자궁을 적출하는 수술을 받았다. 식당을 그만둘 수밖에 없었다. 자궁을 잃고서야 식당 아줌마 생활 10년 만에 식당일을 쉬게 됐다.

식당 아줌마들에겐 남 일 같지 않았다. 다들 폐경을 앞둔 나이다. 하루 날 잡아 휴게시간에 잠을 자지 않고 다 같이 병문안을 갔다. 수술은 잘됐다고 했다. 당분간 힘든 일은 하면 안 된다. 식당 아줌마들은 현숙 언니의 아들을 가게로 불렀다. "밥은 잘 먹고 다니니?" 말 없는 아이에게 밥을 차려줬다. 고등학생인 아들은 조용히 갈비탕 한 그릇을 다 비우고 갔다.

B감자탕집 주방 언니도 자궁에 혹이 있다. 남편 공장이 망하고 식당일을 시작한 뒤 발견했다. 자궁을 들어내야 한다고 했다. 그러면 당분간 일도 못한다. 돈도 든다. 주방 언니는 수술을 포기했다. 매달 생리

기간이면 골반이 뒤틀리고 출혈이 심하다. 고통을 진통제로 누른다. 차가운 바닥에 조용히 누워 눈을 감고 고통이 사그라지길 기다린다. 한 달에 두 번 있는 휴일은 생리 기간에 맞춘다. 한데 3개월 전부터는 하루도 못 쉬고 있다. 차라리 어서 폐경이 오길 기도한다. 폐경 뒤엔 여성호르몬이 줄어 종양이 작아지기도 한단다.

가난한 사람이 더 아픈 걸까? 맞다. 통계가 증명한다. 통계청의 2008 사회조사보고서를 보면, 가구소득 100만 원 미만인 인구 중 "지난 2주간 아픈 적이 있다"고 응답한 이가 34.7%다. 이들은 14일간 평균 10.2일을 아팠다. 가구소득 100만~200만 원인 경우 17.8%가 평균 8.4일간 아팠다. 가구소득이 500만~600만 원으로 올라가면 13.6%, 6.4일

로 떨어진다. 가구소득 600만 원 이상은 13.8%, 6.6일이다. 가난한 계층일수록 더 많은 사람이 더 오래 아팠다.

그런데 누워 있거나 입원해 있는 기간인 '와병 일수'는 별 차이가 없다. 2주 동안의 와병 일수는 가구소득 100만 원 이하가 0.8일, 100만~200만 원이 0.7일이다. 가구소득 600만 원 이상도 0.7일이다. 100만 원을 못 벌 경우, 열흘 아파도 하루를 못 쉰다. 아파도 아프다 하지 못하는 사람들이다.

연예 프로 · 음담패설로 허탈한 웃음

"에이, 왜 이런 거를 봐."

9월 22일, TV로 정운찬 국무총리 후보자 인사청문회를 보다가 걸렸다. "저런 놈들, 만날 저러는 거." 주방 언니는 채널을 돌렸다. A갈빗집과 B감자탕집 직원들은 다들 〈패밀리가 떴다〉〈해피선데이-1박2일〉 등 예능 프로그램을 좋아한다. "저렇게 놀러다니면서 돈을 벌 수 있으니 얼마나 좋아." 감자탕집 주방 언니가 말했다. TV를 보는 식당 아줌마에겐 매주 놀러가는 〈패밀리가 떴다〉도, 출연자들이 받는 거액의 출연료도 비현실적이다.

또 하나의 즐거움은 '음담패설'이다. 여자 넷이 모이면 음담을 나눴다. B감자탕집 교대 시간인 아침 9시, 주·야간 아줌마 넷이 모이면 누가 먼저랄 것도 없이 시작이다. "아이고, 이번 달엔 수도 요금이 왜 이렇게 많이 나왔나 몰라." "밤마다 욕조에 물 받아놓고 누구 기다린 거 아니여?" "어느 임을 맞으려고 그렇게 씻어댔다니." "아무나 오라고 문 열어놨지." 그러다가 야간 주방 언니가 "아이고, 저 가슴 큰 거 봐"라며 주간 주방 언니 가슴을 덥석 만진다. 웃음소리가 식당에 퍼진다.

하루 12시간씩 식당일을 하며 정상적인 성생활이 가능할까? 내 경우는 식당일을 시작한 뒤로 남편의 팔베개조차 귀찮아졌다. 내 몸뚱아리가 무거우니 성욕이 사라졌다. "그래도 그거 할 힘은 따로 있는 거지!" 언니들이 타박이다. "지금은 밥 먹다가도 밀어놓고 할 나이 아녀!" 다 같이 까르르 웃는다. 주말부부인 50대 야간 주방 언니가 말했다. "우리 남편은 지금도 주말마다 보약 챙겨먹듯 챙겨." 밤 9시부터 아침 9시까지 근무를 하고도 부부관계를 갖는단다. 한바탕 이런 대화를 나누고 나면 언니들이 말한다. "우리 나이 돼봐, 이런 얘기 아니면 하루 종일 웃을 일이 없어."

음담패설 없이도 크게 웃은 날이 하루 있다. 오리를 잡은 날이다. 두 달 전, 감자탕집 사장은 새끼오리 네 마리를 들고 왔다. 심심하니 식당에서 키우라고 했다. 뒷문 앞 오리장 관리는 고스란히 식당 아줌마들 몫이었다. 매일 똥을 치우고 목욕을 시켜야 했다. 그래도 악취가 심했다. "청소를 제대로 안 하니까 냄새가 나지!" 사장은 직원들에게 호통을 쳤다. 식당 아줌마들은 진심으로 오리가 죽길 바랐다. 어느 날, 꿈이 이루어졌다.

손님 중에 "오리를 잡아주겠다"고 나선 이가 있었다. 주·야간 언니들 모두가 함께 사장을 설득했다. 사흘 만에 사장이 승낙했다. 9월 22일, 오리를 잡았다. 언니들은 환호했다. 잡은 오리를 삶았다. 꼭꼭 씹어먹었다. 며칠 뒤 사장이 말했다. "오리 없으니까 할 일이 없지? 인제 뭘 갖다 키워볼까." 웃고 살기 너무 힘들다.

두툼한 덧버선 한 켤레 값도 안 되는 시급

B감자탕집은 150평 홀이 전부 '방'이다. 신발을 벗고 일해야 한다. 발뒤꿈치가 하얗게 일어나더니 딱딱해졌다. 식당 아줌마들이 덧버선을 신으라고 했다. 식당 길 건너에 있는 양말 노점에 갔다. 발바닥을 두껍게 처리한 덧버선이 반갑다. 얼마냐 물으니 5000원이란다. 시급이 3571원인데 5000원짜리 덧버선을 살 순 없다. 계속 머뭇거리자 노점 주인이 헛기침을 한다. 결국 얇은 헝겊으로 만든 덧버선을 집었다. 500원이다. 발뒤꿈치는 더 딱딱해졌다.

삶은 금세 비루해진다. A갈빗집에선 늘 배고팠다. 밤 10시에 퇴근해 집 근처 버스정류장에 내리면 10시 40분이다. 단것을 먹지 않으면 걷지 못할 듯하다. 늦게까지 문을 연 커피전문점에 들어갔다. 플레인 요구르트를 주문했다. 4800원. 후회막심이다. 다음날부터는 편의점에 갔다. 잘 찾아보면 350원짜리 과일맛 음료도 있다.

휴일에는 친구와 목욕탕에 갔다. 뜨거운 물에 몸을 담그고 싶었다. 7000원이다. 나와서 햄버거를 먹었다. '버거킹 와퍼'를 먹었다. 새로 나온 '매운맛'을 먹으니 햄버거 하나에 5300원, 세트에 6900원이다. 친구 것까지 사니 1만 원을 훌쩍 넘었다. 괜히 기분냈다. 친구한테 돈을 달라고 할까 싶다.

벌기는 어렵고 쓰기는 쉽다. 대한민국은 최저시급으로 햄버거 하나 사기 힘든 나라다. 다른 나라와 비교해 한국의 햄버거가 비싼 것도 아니다. 2009년 7월 〈이코노미스트〉가 발표한 '빅맥지수'를 보면 맥도널드 빅맥의 한국 가격은 2.59달러다. 미국이 3.57달러, 일본 3.46달러,

영국 3.69달러, 터키 3.65달러다. 스위스와 덴마크는 5달러를 웃돈다. 그런데도 햄버거 앞에 최저임금 노동자는 작아진다. 한국의 최저임금은 초라하다.

욕망은 돈이요, 괴로움이다. 멋내기 좋아하는 경희 언니는 사고 싶은 게 많다. "청바지 어디 것 입어?" 슬며시 내게 묻는다. 몇 개 브랜드를 말하니 "그거 비싼 거 아니야? 나도 청바지 하나 사고 싶은데……" 한다. 하루는 식당 아줌마들끼리 모여 화장품에 대해 애길 나눴다. 쇼핑할 시간이 없는 언니들은 주로 방문판매원을 통해 화장품을 구입했다. 국산 중저가 브랜드인 경우가 많다. 아이크림은 뭐가 좋다, 영양크림은 어느 브랜드가 최고다 한참 수다를 떨었다. "화장품도 떨어졌는데……. 아이고 돈 들 데는 왜 이리 많냐." 팀장 언니가 기지개를 펴며 말했다.

자녀를 공부시켜 가난을 벗을까

식당 아줌마는 무슨 꿈을 꿀까? 전일제로 일하는 이들은 대부분 생계비를 번다. 당장 먹고사는 문제가 우선이다. 자녀를 공부시켜 가난을 벗고 싶을까? 그런 기대를 하기에 현실은 냉혹하다.

오후 4시께면 회색 교복에 어깨를 움츠린 중학생이 식당에 온다. 평일엔 어김없다. 들어와서는 물끄러미 주방 쪽을 바라본다. 나와 눈이 마주치면 인사하는 듯 고개를 돌린다. B감자탕집 주방 언니의 아들이다.

매일같이 만나지만 목소리를 들어본 적이 없다. 웃는 모습도 보지 못했다. 학교가 끝나고 가게에 들러 엄마 얼굴을 본 뒤 집에 간다. 저녁 반찬을 담은 봉지를 받아가기도 한다. 2000원 용돈을 받아 PC방에 가기도 한다.

아이의 꿈은 만화가다. 엄마는 진작부터 그 꿈을 알고 있었다. 하지만 반대다. 만화가는 돈을 못 벌 것 같아서다. 공부를 못하는 건 어쩔 수 없지만 돈을 못 버는 건 싫다. 많이 벌길 바라는 건 아니다. 뭘 하든 안정적인 수입이 있었으면 좋겠다. 그러면서도 딱히 다른 진로를 제시해주기 어렵다.

그래도 초등학교 때까지는 학원에 보냈다. 중학교에 진학하자 학원비가 18만 원에서 25만 원으로 올랐다. 둘째아이도 초등학교 5학년이다. 고민하다가 결국 둘 다 학원을 끊었다. 두 아이 다 성적이 부진하다. 그것도 진작부터 알고 있다. 하지만 어쩌지 못한다.

내가 만난 식당 아줌마 중 자녀가 있는 이는 7명이었다. 이들의 자녀 중 '상위권 대학'에 진학한 이는 없었다. 현재 초·중·고에 재학 중인 자녀 중 성적이 학급에서 상위권인 경우도 없었다.

A갈빗집 팀장 언니의 아들은 장애가 있다. 출산 과정의 잘못으로 한쪽 시력을 잃었다. 중학생 때 집안의 몰락을 겪었다. 이후 부모는 일로 바빴다. 학원에 다닌 경험이 거의 없다. 그는 지방대 사회학과에 진학했다. 학교를 다니면서도 식당에서 아르바이트를 해 학비에 보탰다. 1년을 다니다가 휴학했다. 서울 소재 대학에 편입을 할까 했지만 포기했다. 아예 학교를 그만두고 식당에서 일할 생각이다. 취직에 어려움을 겪는 학교 선배들을 보며 마음을 굳혔다. 팀장 언니도 "차라리 일찍 돈 버는 게 낫다"고 생각한다. 고등학생인 딸도 열심히는 하는데 성적

이 잘 나오지 않는다.

팀장 언니 후임으로 온 정화(가명) 언니 아들은 고등학교만 졸업했다. 애초에 공부에는 별 관심이 없었다. 일찌감치 횟집 주방에 들어가 일을 배웠다. 이제 스물일곱 살, 지금도 횟집에서 일한다. 월급은 100만 원대 초반에서 정체돼 있다. 줄곧 여자친구가 없어 고민이다.

B감자탕집 야간 홀서빙 언니의 딸은 올해 2년제 대학에 입학했다. 그는 딸의 등록금을 벌 요량으로 지난해 말부터 식당일을 시작했다. 감자탕집에서 일하기 전에는 김밥집에서 김밥을 말았다. 하루 5시간씩 김밥을 말아도 월급은 60만 원이 못 됐다. 감자탕집으로 왔다. 밤을

꼬박 새워야 하지만 100만 원을 넘게 받아 좋다.

자녀를 공부시켜 가난을 벗는 시절이 있었다. 그 모형은 어느덧 과거형이다. 지난해 전국 초·중·고 학생의 75.1%가 사교육을 받았다. 이들의 월평균 사교육비는 31만 원이다. 성적이 상위 10%인 학생의 사교육 참여율은 87.7%에 육박한다. 하위 20%는 절반이 사교육을 못 받았다. 갈수록 계층 간의 벽이 견고해진다. 식당 아줌마의 아들딸들이 다시 식당일을 한다. 비정규직 노동자의 자녀가 다시 비정규 노동의 수렁에 빠진다.

가난한 중년 여성 비정규직 노동자가 '낙오'하지 않고 '탈출'할 수 있을까? 약해지는 육신을 고된 노동은 봐주지 않는다.

"아이 학원비만큼만 더 벌었으면"

팀장 언니네 수입·지출 분석

A갈빗집 팀장 언니의 '숙원'은 사교육이다. 인문계 고등학교 1학년인 딸을 학원에 보내주고 싶다. 특목고다, 자사고다 시끄러운 중3 때도 학원 한 번 못 보냈다. "겨울방학에는 단과학원에서 두 과목 정도 수강했으면 좋겠어." 딸이 조심스럽게 꺼낸 말이다. 고등학교에 간 뒤로 떨어지는 성적에 고민이 많았다. 팀장 언니가 딸을 학원에 보낼 수 있을까?

대형 단과학원의 과목당 수강료는 13만~19만 원이다. 두 과목을 배우려면 한 달에 26만~38만 원이 든다. 통계청 2008 사회조사보고서를 보면 전국 초·중·고 학생의 사교육 참여율은 75.1%다. 성적이 높은 그룹일수록 사교육 참여율은 높아진다. 사교육을 받는 학생들의 월평균 사교육비는 31만 원이다. 10.9%는 한 달에 50만 원 이상의 사교육비를 지출한다.

A갈빗집에서 팀장 언니의 월급은 160만 원이었다. 홀서빙 직원 중 제일 많다. 식당일을 처음 시작한 10년 전에는 140만 원을 받았다. 10년간 월급이 20만 원 오른 셈이다. 수입은 좀처럼 늘지 않는다.

지난 10년간 팀장 언니의 월급으로 네 가족이 살았다. 사업에 실패한 남편은 좀처럼 취직을 하지 못했다. 4000만 원의 빚도 계속 떠안고 간다. 큰아들의 대학 등록금은 학자금 대출을 받았다.

집은 4500만 원짜리 전세다. 수중에 가진 돈을 전셋값에 몰아넣었다. 수도세, 전기요금, 가스요금 등이 한 달에 10만 원 안팎이다. 겨울에는 가스요금만 10만 원이 넘는다. 4명의 휴대전화, 인터넷 등 통신료가 최소 15만 원이다. 빚 때문에 한 달 이자만 20만~30만 원을 낸다. 원금 상환은 요원하다.

자라나는 아이들은 무섭게 먹는다. 한 달에 쌀 20kg(5만 원), 김치 4포기(4만 원)가 든다. 가끔 고기반찬을 올린다. 외식을 거의 하지 않는데도 식비가 30만 원 안팎이다. 갈빗집이라도 한 번 가는 날엔 6만~7만 원이 우습다.

'먹는 것'에는 갈수록 돈이 많이 든다. 최근 식료품비가 올랐다. 한국은행이 발표한 2009년 상반기 엥겔계수(가계 소비지출에서 식료품비가 차지하는 비중)는 8년 만에 최고치를 기록했다. 12.5%다. 100을 벌어 12.5를 식료품과 비주류 음료품을 사는 데 쓴다. 가난할수록 소득 대

팀장 언니의 한 달 수입 · 지출

월급	160만 원
식비	30만 원
대출이자	20만~30만 원
공과금	10만~15만 원
통신비	15만 원
의복비	10만 원
교통비 · 용돈 · 잡비	30만~40만 원
보험 · 청약저축	25만 원
지출 합계	**140만~165만 원**

비 식료품비 비중은 높아진다. 팀장 언니네가 160만 원을 벌어 30만 원만 식비로 쓰면 엥겔계수가 18.8%다.

의복비도 만만치 않다. 딸아이 교복만도 20만 원이 넘었다. 요즘 부쩍 속옷에 신경쓴다. 브래지어 하나에 1만 원이 넘는다. 학용품, 참고서, 준비물 등을 사는 데도 5만~6만 원은 기본이다. 네 가족의 용돈, 교통비, 경조사비, 기타 잡비로 30만~40만 원이 든다. 남편 종신보험료 15만 원은 '최후의 보루'다. 청약통장에 넣는 10만 원은 '실낱같은 희망'이다.

이런 상황에서 '콩국수 사건'으로 팀장 언니가 실직했으니 큰일이다. 다행히 아들이 돈을 벌어오기 시작했다. 딸과 일곱 살 터울인 아들은 최근 한 식당의 '캡틴'이 됐다. 지방대에 진학한 뒤 꾸준히 아르바이트를 했던 곳에서 '승진'했다. 월급은 130만 원이다. 이제 아들은 학교를 그만두고 돈을 벌 생각이다. 돈을 벌어 우선 학자금 대출부터 갚을 계획이다.

남편도 한 지갑 공장에 비정규직으로 취직을 했다. 다음달부터 그도 120만 원을 벌어올 것이다. 팀장 언니도 다시 식당일을 시작할 예정이다. 그렇게 가을을 보내면 겨울에는 딸을 단과학원에 보낼 수 있을 것이다.

세 번째 이야기

이보다 더 낮은 삶을
어디서 찾으리오

중학생 아들이 하굣길에 가게에 들렀다. 검정 비닐봉지를 건넨다.

"가서 아빠랑 동생이랑 이걸로 저녁 먹어. 다 먹지 말고 조금 남겨놔.

내일 도시락 반찬으로 싸게. 알았지?" 아들은 말없이 고개를 끄덕이고는 문을 나섰다.

식당 아줌마는 '여성' 노동자다. 권력관계로 보자면 '사장' 아래다. 서비스업이란 업종 특성상 '손님' 밑에 자리한다. 가부장제 구조에서 여성의 노동은 '남성'의 지배를 받는다. 세 가지 영역에서 모두 식당 아줌마는 최하층이다. 식당의 일상에서는 이 '3중 구조'가 유기적으로 결합한다. 식당 아줌마는 늘 사장을, 손님을, 남성을 받들고 챙기고 돌봐야 한다.

반말·모욕·희롱 일삼는 '진상' 손님들

"힘든데 여기 좀 앉아서 해."

한 손님이 자기 무릎을 토닥이며 말했다. A갈빗집의 저녁 시간, 소갈비를 주문한 중년 남성들이었다. 비싼 고기를 태울까봐 조심조심 굽고 있는데, 손님의 눈길이 끈적하다. 다 익은 고기를 건네며 "드세요" 하니 "먹으라네" 하며 낄낄댄다. "몇 살이야?" "아이고, 피부가 곱네." 한참을 희롱한다. 그러고는 힘든데 서서 일하지 말고 자기 무릎에 앉아서 하란다.

그의 앙상한 허벅지를 내려다봤다. 내 허벅지가 더 튼튼해 보인다. 황당함과 불쾌감에 얼굴이 붉어졌다. 그는 계속 추파를 던졌다. 순간, 미자 언니가 내게 다가와 가위를 뺏어들었다. "우리 막내한테 찝쩍거려서 일 그만두게 하려고 그래요?" 미자 언니의 공격에 뜨끔한 것도 잠시, 남자는 "그럼 자기가 한 잔 따라봐" 한다. "저 지금 가위 들고 있거든요. 말조심하세요." 미자 언니는 그에게 눈길도 주지 않았다.

"손님이 진한 농담을 하면 못 들은 척하거나 강하게 나가야 해." 그날, 일이 끝나고 옷을 갈아입는데 언니들이 입을 모았다. "특히 아까 그 손님은 '진상'으로 유명해. 조심해야 돼." 우리끼리 '블랙리스트'도 만든다. 밖에서 만나자고 명함을 주는 건 점잖은 축이란다. 엉덩이를 슬쩍 만지거나 손목을 잡는 이도 있다. 음담패설을 늘어놓으며 술을 따르라 하기도 한다.

손님의 '수작'을 '호의'로 봐선 안 된다. A갈빗집 지숙 언니의 일화는 유명하다. 40대 싱글인 그는 '돈 많은 남자'를 만나 결혼하는 꿈을 꿨다. 식당에 와서 팁까지 후하게 주는 한 손님에게 관심을 가졌다. 그가 지숙 언니에게 일 끝나고 연락하라며 명함을 건넸다. 며칠 뒤 지숙 언니가 와서 직원들에게 "어제 외박했다"며 그와의 관계를 자랑했다. 이후로 그 손님은 오지 않았다. 언니들은 "지가 그러면 그 손님이 결혼이라도 해줄 줄 알았느냐"며 수군댔다. A갈빗집을 그만둔 지숙 언니는 인근의 다른 갈빗집에서 일하고 있다.

돌봄노동과 감정노동은 여성 노동자에게 '당연한 듯' 요구된다. 손님은 음식점에 와서 음식을 구매하는 것으로 만족하지 않는다. 끊임없이 식당 아줌마가 돌봐주길 바란다. 자신을 보며 미소짓고 정답게 굴길 원한다. 정당하게 돈을 내고 받는 '서비스'라고 생각한다. '서비스(service)'의 어원은 '노예'를 의미하는 라틴어 'Servus'다. '돈'을 매개로 '노예'를 부리니 미안함이 덜하다. 식당 아줌마들이 얼굴을 찌푸리거나 큰소리라도 내는 날에는 "이 식당은 서비스가 왜 이 모양이냐"는 불만이 날아든다.

식당 아줌마들은 손님, 사장, 동료 순으로 '날 힘들게 하는 사람'을 꼽았다. 2006년 한국여성연구소가 서울시내 식당 아줌마 401명을 대상으로 한 조사에서다. 손님과의 관계에서 식당 아줌마의 25.7%가 '반말·욕설 등 비인격적인 대우가 힘들다'고 답했다. 홀 근무자의 경우 30.9%다. '불쾌한 성적 농담'은 전체의 14.9%, 홀 근무자의 19.1%가 경험했다. 12.6%가 '술 좀 따라보라'는 말을 들었다. 홀 근무자의 11.7%가 '불쾌한 신체접촉'을 당했다고 고백했다. 무시당하고 희롱당한 장면 장면이 수치 위로 아른거린다.

A갈빗집 언니들은 그래도 화장을 한다. 거울을 보고 멋을 낸다. '서비스업'의 특성상 홀 근무자가 지저분하게 하고 있을 순 없다. "나이 들어 보인다"는 이유로 홀서빙 지원자를 돌려보내는 사장을 본 터다. 더욱이 갈빗집의 경우 잘만 하면 팁을 받을 가능성도 있다. 예쁘게 화장을 하고 웃으며 고기를 잘라주는 일은 우리의 '본분'이다. 남성 손님의 시중을 들 때면 립스틱 바른 입술이 불안하다.

'전무님'의 혀

'전무님'은 독설가다. A갈빗집 여사장의 남편이다. 왜 '전무님'이라 불러야 하는지 의아했다. 알고 보니 회사원인 그의 직책이 전무란다. 갈빗집과는 별 상관없는 얘기지만 식당 종업원들은 그를 '전무님'이라고 불러야 했다. 심지어 사장조차 자기 남편을 '전무님'이라 불렀다. 우리에게 '전무'는 '대통령'쯤 됐다.

앙칼지긴 하지만 소심한 편인 여사장과 달리 '전무님'은 대범하다. 상대가 어떤 상처를 받을지 고려하지 않는다. 어느 직원이든 마주치기만 하면 잔소리를 한다. 그 때문에 식당 언니들은 그를 피했다. 식사 시간에 그가 오면 함께 식사하지 않으려고 밥을 굶었다. 그는 개의치 않았다.

팀장 언니가 그만두기로 한 날, 그가 식당에 나타났다. 직원들이 저녁 식사를 하려고 상을 차려놓은 상태였다. '전무님'이 먼저 가운데 자리를 차지했다. 직원들은 아무도 앉지 않았다. 서로 눈치를 봤다. 팀장 언니가 "다 같이 얼른 먹고 일어나자"며 직원들을 다독였다. 직원들이 상에 앉자마자 '전무님'의 악담이 시작됐다.

"요즘 다들 돌아가면서 그만둔다 어쩐다 하나 보지? 우린 이 가게 안 해도 먹고사는 데 지장 없는 사람들이야. 일하기 싫으면 당장 때려쳐. 나이도 많으면서, 어디 가서 일할 데 구해봐! 구해지나. 고마운 줄 모르고……"

밥 한술을 떠넘기려던 직원들이 움찔했다. 분이 풀리지 않는지 '전무님'은 한 명씩 지명해가며 잔소리를 했다. "미자 넌 싫다고 나가더니 다시 들어온 소감이 어때? 아주 웃겨요. 소감문이라도 하나 쓰지 그래?" 그만뒀다가 다시 일하기 시작한 미자 언니에게 비아냥거렸다. "경희 너는 우리 볼 때만 살살 일하고 안 보면 논다며?" 40대 여성 노동자에게 50대 '전무님'은 '너'란 호칭을 거리낌 없이 쓴다.

화살은 다시 팀장 언니를 향했다. "오너 입장에서 제일 듣기 싫은 말이 뭔 줄 알아? 직원들이 아프다고 하는 거야. 지난번에 최 팀장, 팔목 아프다고 파스 바르고 일했지? 얼마나 보기 싫은 줄 알아?" 팀장 언니가 발끈했다. "식당에서 소주 박스 내리다가 다친 건데 깁스 안 하고 파스 붙인 채로 일해주면 오너 입장에서 고마워해야 하는 것 아니에요?" "시끄러워! 내 말에 토 달지 마. 내 말은 듣기만 해!" '전무님'이 소리쳤다. 다들 고개를 숙였다.

석 달째 휴일 안 주는 사장님의 큰 소리

B감자탕집 사장은 50대 남자다. 그는 오토바이를 사랑하는 '터프가이'다. 키도 크고 몸집도 크다. 흰머리를 뒤로 묶었다. 그의 부인도 머리 모양이 비슷하다. 안경 너머 눈매가 매섭다. 직원들은 그를 '사모님'이라 불렀다. 사장은 매일 오전 9시 가게에 들른다. 1시간쯤 머문다. 저녁에는 7시께 부인과 함께 들렀다 간다. 가끔은 애완견과 함께 온다. 애완견이 용변을 본 신문지를 치우는 일도 우리 몫이다.

사장은 터프가이답게 불같은 성격이다. 주·야간 언니들은 사장과 대화하길 꺼렸다. 지난 3개월 동안 왜 휴일을 주지 않느냐고, 아픈데 좀 쉬면 안 되느냐고 묻지 못한다. 150평 식당에 주방 1명, 홀서빙 1명을 둔 채로 언제까지 운영할 거냐고 묻지 못한다. 심지어 손님이 많아 가게가 전쟁터인 날도 아무 말을 하지 못했다. 사장에게 전화해 일할 사람을 요청하라는 내 요구에 주방 언니가 마지못해 전화를 했다. "사장님…… 오늘 좀 빨리 오셔야 할 것 같아요……." 목소리가 기어 들어갔다. 홀로 온 사장은 주방과 홀 사이에 서서 잔소리를 퍼부었다.

"어이, 저기 18번 가봐." 38번에서 밥을 볶아주는데 사장이 말한다. "이거 밥을 이렇게 볶아주면 어떡해?" 18번에서 주문을 받는데 사장이 38번 테이블을 내려보며 호통을 친다. "손님 들어오잖아, 얼른 물 나가야 할 거 아니냐." 전광판에 '77'이란 테이블 번호가 깜박인다. '77'은 카운터 자리 번호다. 사장이 카운터에 앉아 손님이 왔다며 벨을 울려댄다. 9번 테이블을 치우고 있던 나는 '77'이란 빨간 숫자를 노려봤다. 그리고 말했다. "네 손님, 어서 오세요!"

감자탕집 사장이 싫어하는 것은 세 가지다. 직원들이 감자탕 뼈다귀를 먹는 것, 직원들이 식당 음식을 집으로 가져가는 것, 직원들이 앉아서 '노는' 것. 언니들은 재료를 사와서 집 반찬을 만들고도 사장 눈치를 본다. "현관 앞 계단 좀 닦아라." 앉아 있는 나를 본 사장은 득달같이 일을 시켰다. 이후로 사장이 가게에 있을 때는 마늘 손질도 서서 했다.

사실 사장도 사정이 좋지 않다. 갈수록 장사가 안 된다. 아끼던 수천만 원대 오토바이도 2개월 전에 팔았단다. "이 동네는 다들 못살아서 장사할 데가 못 돼." 근무 첫날, 사장이 내게 말했다. "앞문으로 들어오는 사람들은 그래도 좀 나은데 뒷문으로 들어오는 사람들은 다 가난뱅이야. 감자탕 시킬 일 없는 사람들이지." 5000원짜리 뼈해장국 말고 2만 7000원짜리 '감자탕 대(大)자'를 팔기 바라는 사장은 '뒷문 손님'을

무시했다. 뒷문은 동네 골목과 맞닿아 있다.

자영업자는 장사가 안 되면 직원을 자른다. B감자탕집도 최소 인원인 주방 1명, 홀서빙 1명만을 됐다. 그 때문에 누구도 쉴 수 없다. 3개월째 주·야간 직원들은 하루도 쉬지 못했다. 24시간 영업하는 감자탕집은 3개월간 단 하루도 쉬지 않았다. 사장은 잠깐씩 가게에 들르니 12시간씩 120일 연속 근무를 하고 있는 이들의 고충을 알 리가 없다.

B감자탕집을 그만두겠다고 한 날, 식당에는 천둥소리가 났다. 그만두는 이유를 묻는 말에 '모범답안'을 제시했다. "일도 힘들고 남편도 그만두라고 해서요." 일전에 A갈빗집 팀장 언니가 귀띔해준 '멘트'였다. "남편이 그렇게 잘났냐? 지금 당장 네 남편 데려와!" 안하무인이었다. 결국 "직원들 3개월째 쉬지도 못하게 하는 곳이 어딨느냐"고 따져 물었다. "네가 무슨 상관이야. 일 힘들다는 사람 필요 없으니까 당장 가방 갖고 나가!" 사장은 흥분했다. 그에게 식당 아줌마들은 '사람'이 아니었다. 오리를 키워라, 배추를 길러라, 식당일이 아닌 일까지 시켜도 불평 못하는 언니들은 사장의 '완벽한 노예'였다.

메뉴에도 없는 음식 요구하는 건물 관리인

"뭐 맛있는 거 드시나?"

B감자탕집 건물 관리인이다. 키는 훌쩍 크고 얼굴은 희고 번들번들하다. 색이 들어간 안경을 낀다. 직원들이 사장 다음으로 싫어하는 사람이다. 능글능글 웃으며 식당으로 들어선다. 하필이면 직원 점심시간에 딱 맞춰 왔다. 밥 한 숟가락을 뜨려는 우리 옆에 서서 상 위를 훑어

본다. 우린 콩나물국을 먹고 있었다. "나도 콩나물국 먹고 싶은데……
그럼 같이 먹을까?" 그러고는 주방 언니와 내가 앉은 테이블에 덥석
앉는다. 주방 언니는 말없이 밥 한 공기를 내왔다. 고작 10분, 밥 먹을
동안의 휴식도 사라졌다.

  그가 이런 식으로 행동하는 데는 이유가 있다. 그는 거의 매일 감자
탕집에서 식사를 한다. 하루는 그가 사장 앞에서 주방 언니에게 말했
다. "아까 보니까 아줌마들이 메뉴에 없는 거 먹더만…… 나도 그거
주면 안 되나?" 직원들이 가끔 콩나물국이나 김치찌개를 만들어 먹는
모습을 보고 하는 말이다. 사장이 헛기침을 두어 번 하더니 주방 언니
에게 명했다. "앞으로 소장님 오시면 원하는 메뉴로 만들어드려."

  그때부터였다. 관리인은 시도 때도 없이 김치찌개나 콩나물국을 요
구했다. 손님이 많아서 이리 뛰고 저리 뛰어도 상관없다. 그가 원하면
해줘야 한다. 메뉴에 있는 음식의 경우 재료가 미리 준비돼 있기에 같
이 섞어 데우기만 하면 된다. 하지만 김치찌개, 콩나물국은 집에서 만
들 듯 한 그릇씩 따로 준비해야 한다. 매번 한숨을 내쉬면서도 주방 언
니는 재료가 되는 대로 묵묵히 음식을 만들었다.

  한데 곧 '관리인의 친구들'도 등장했다. 친구들도 관리인을 따라 아
무 음식이나 주문했다. "주방 아줌마 없나?" 관리인의 친구들은 식당
에 들어서면서부터 주방 쪽을 보며 건들거린다. "여기, 콩나물 해장국
하나 줘요." 한 사내가 말했다. 더 이상 참을 수 없었다. "콩나물 해장
국이오? 그런 건 메뉴에 없는데요." 말이 끝나기가 무섭게 그가 "에이,
관리소장 먹는 거 있잖아, 그걸로 줘요. 주방 아줌마가 알 거야" 한다.
주방 언니에게 다가가 큰소리로 물었다. "언니, 오늘 콩나물 없죠?"

한데 언니는 또 한숨을 쉬고는 콩나물 해장국 끓일 준비를 한다. 속이 터진다. "다들 자기 집에서 밥 한 그릇도 못 얻어먹는 남자들일 거야." 주방 언니는 그 말로 자신을 위로했다.

A갈빗집에서도 동네 건달부터 '전무님' 친구들까지 식당을 들락날락했다. 그들은 밥을 먹지 않아도 "재떨이 달라" "커피 내와라" "누룽지 좀 먹자"며 식당 아줌마를 부린다. 사장이 그들 편이라면, 식당 아줌마는 그들의 수발을 들어야 한다. 갈수록 내가 어떤 노동의 대가로 돈을 받는 것인지 분명치 않다. 업무의 경계가 흐릿하다. 분명한 것은 세상 사람들이 식당 아줌마에게 너무 많은 것을 바란다는 사실이다.

'나몰라라' 남편에게 화내보기도 하지만

"씨×, 진짜 그런 식으로 할 거야?"

주방에서 뼈해장국을 끓이던 언니가 갑자기 욕을 해댄다. 늘 순종적인 언니의 새로운 모습이다. 가만 보니 전화 통화 중이다. 언니는 씩씩거리며 전화를 끊고는 팔팔 끓는 뚝배기를 내려놓았다. 주방 언니에게 다가가려는 순간 딩동, 19번 테이블 호출이다. 뛰어갔더니 냉면 맛이 이상하다며 바꿔달란다. 냉면 그릇을 들고 주방 언니에게 달려가니 갑자기 그가 국자를 집어던진다. "다들 정말 나한테 왜 이래!"

손님들이 다 나간 뒤 커피를 건네며 무슨 일인지 물었다. "남편 때문에 못 살겠어." 언니는 가라앉은 목소리로 말했다. 언니는 며칠 전, '근로장려금'이란 것에 대해 알게 됐다. 부부 합산 연간 총소득이 1700만 원 미만인 근로자 가구에 올해부터 연간 최대 120만 원까지 지급한다고 했다. 이 제도를 통해 정부는 '근로빈곤층의 빈곤 탈출을 지원하고 사회안전망을 확충'할 계획이란다. 그것이 빈곤 탈출에 얼마나 도움이 될지는 알 수 없지만, 어쨌거나 언니에게 120만 원은 오아시스 같은 돈이었다.

한걸음에 달려가서 받고 싶었다. 하지만 주방 언니는 오전 9시부터 밤 9시까지 감자탕집에 묶여 있는 몸이다. 그는 남편에게 전화해 근로장려금에 대해 알아보라고 했다. "난 어떻게 하는 건지 모르겠으니까 니가 알아서 해." 전화를 통해 흘러나오는 남편의 말에 언니는 폭발했다.

하필 이날은 주방 언니가 '대출금상환연기신청서'도 제출해야 했다. 한 보험사에서 1500만 원을 대출받았는데 상환일이 되도록 갚을 길이 없다. 원래는 인천 부평역 근처에 있는 사무실에 가서 직접 접수를 해야 한다. 한데 갈 시간이 없다. 팩스로 신청서를 넣으라기에 언니는 팩스 기계를 찾아 이리 뛰고 저리 뛰었다. 건물 관리인에게 부탁했다가 안 되자 길 건너 문방구로 달려갔다. 팩스를 보내려고 가게를 비운 사이 사장이 왔다. 언니는 땀을 뻘뻘 흘렸다.

집에 김치도 떨어지고 이튿날 싸줄 애들 도시락 반찬도 없다. 식당에서 일하는 언니는 걱정이 산더미다. 의자 제작 공장을 하다가 5년 전 부도를 맞은 남편은 지금껏 일용직을 전전한다. 일을 못하는 날이 더 많다. 그래도 그는 여전히 김치를 담그지 못한다. 아이들 도시락 반찬을 만들지도 못한다. 하지만 남편을 욕해도 현실은 달라지지 않는다.

그날 주방 언니는 화를 삭이며 감자를 볶았다. 채를 썰어 파와 마늘을 넣고 달달 볶았다. 점심 식사 때 조금 내놓고는 나머지를 검정 비닐봉지에 넣었다. 오후 4시, 하굣길에 중학생 아들이 가게에 들렀다. 아들에게 검정 비닐봉지를 건넸다. "집에 가서 아빠랑 동생이랑 이걸로 저녁 먹어. 다 먹지 말고 조금 남겨놔. 내일 도시락 반찬으로 싸게. 알았지?" 아들은 말없이 고개를 끄덕이고는 문을 나섰다. 자동문이 〈클레멘타인〉 음을 길게 토해내고, 노랫소리가 다 끝나도록 주방 언니는 아들의 뒷모습을 좇으며 그 자리에 서 있었다.

전일제 식당 여성 노동자 268명의 평균 모형

나이 44세
학력 고졸 218명(81.3%)
혼인상태 배우자 있음 233명(87.3%)
자녀 수 1.84명
막내자녀 나이 16.0살
주거형태 전세 185명(69%)
현재 음식점 근속기간 1~2년 미만 114명(42.5%)
평일 근무시간 11.99시간
월급 117만7000원
휴일근로수당 없음 226명(84.3%)
휴일 월 2일 139명(51.7%)
병가 없음 108명(40.1%), 무급 병가 145명(53.9%)
고용보험 가입 여부 미가입 239명(88.8%)
주요 질병 다리 붓기 20.5%, 손목이나 팔목의 통증 19.8%, 심한 피로와 스트레스 19.0%, 근육통 및 관절통 17.2%, 두통 10.4%

자료: 한국여성연구소 '소규모 서비스업 여성노동자 실태조사 및 정책연구' (2006년 10월)

여성 빈곤 노동자의 삶을 더욱 빈곤하게 하는 것은 그들을 무시하고 억압하는 사회구조다. 손님과 사장과 남편과 남자들에 치이고 무시당해도 이들은 묻지도 따지지도 못한다. 여성이고, 노동자이고, 빈곤해서다. A갈빗집 미자 언니 같은 여성 비정규직이 439만 명이다. B감자탕집 주방 언니 같은 기혼여성 장기 임시근로자가 200만 명이다. 식당에서, 마트에서, 화장실에서 마주치는 이들이다. 누군가의 딸, 아내, 엄마다. 그리고 그들은 사람이다.

식당일 끝나면 집안일

여성 노동자의 가사노동

"식당에 있으나 집에 있으나 일하는 건 똑같아."

A갈빗집 '팀장 언니'가 말했다. 그의 거친 손은 식당일이 절반, 집안일이 절반의 책임이다. 10년 전, 남편이 공장을 운영할 때는 공장 식구들 밥을 전부 해먹였다. 20년간 아들 하나, 딸 하나를 키웠다. 아침을 먹이고, 도시락을 싸고, 빨래를 하고, 청소를 했다. 지금도 밤 10시에 퇴근해 집에 가면 밥을 차려 가족과 먹는다. 아침에도 빨래를 해 널어놓고 출근한다. 억척스럽다.

한국여성정책연구원이 내놓은 '2008 여성가족패널조사'는 '억척'을 증명한다. 기혼 취업 여성의 경우 평일에는 184분, 토요일에는 203분, 일요일에는 213분 가사노동을 한다. 퇴근한 뒤 하루 3시간 이상 가사노동을 하는 셈이다. 평균만도 이렇다. 12시간 식당일을 마치고 3시간 가사노동을 하면 하루 9시간이 남는다. 출퇴근 준비 시간을 빼면 잠잘 시간도 빠듯하다.

한 달간의 식당일을 시작하면서 남편에게 되도록이면 집안일을 그대로 두라 했다. 자녀를 키우는 '식당 아줌마'들에게 주어진 집안일이 내 것보다 더 많을 테다. 조금이라도 더 비슷한 환경을 만들려 했다. 아침을 해먹고 설거지를 하고, 저녁에 집에 와 빨래와 청소를 할 요량이었다. 의욕은 좋았다. 하루 이틀 집안일이 쌓여갔다. 집에 가면 짜증이 났다. 싸움이 잦아졌다.

식당 아줌마들은 식당일을 하며 집안일을 걱정한다. "집에 김치가 떨어진 지 한 달쨌네……." B감자탕집 '주방 언니'가 깍두기를 담그다가 한숨을 내쉬었다. 감자탕집에서 주방 언니는 3일에 한 번씩 김치를 담가야 한다. 배추김치와 깍두기를 번갈아 담근다. 3일에 한 번씩 김치를 담그는 언니가 김치가 없어 걱정이란다. 3개월째 못 쉬다 보니 집에서 배추를 소금에 절이고 양념을 할 시간이 없다. 가족의 불평이 이만저만이 아니다. 손님이 뜸한 시간에는 가게 바로 옆 마트에 뛰어가 감자 몇 개를 사온다. 감자를 볶아놨다가 하굣길에 식당에 들른 중학생 아들 손에 쥐어준다. 저녁 반찬이자 다음날 도시락 반찬이다.

A갈빗집 팀장 언니처럼 B감자탕집 주방 언니도 퇴근 뒤 늦은 저녁을 먹는다. 밤 9시가 되도록 가족은 엄마를, 아내를 기다린다. 주방 언니에겐 가족이 함께 식사할 수 있어 행복한 시간이다. 하지만 동시에 고스란히 일이다. "어제는 집에 가서 바지락 칼국수를 해먹었어. 애들이 잘 먹더라고." 내가 집에 돌아가 뜨거운 물로 샤워를 하는 동안 주방 언니는 칼국수를 만들었다. 밥을 먹고 설거지를 하며 몸을 움직이다 보면 밤 12시가 금방이란다. 아침에 아이들 등교를 도우려면 새벽같이 일어나야 한다. 하루만 푹 자는 게 소원이다.

비정규직 중년 여성에게 가사노동은 또 하나의 굴레다. 위 조사에서 여성 8782명 가운데 91%가 거의 매번 식사 준비와 설거지를 자신이 담당한다고 응답했다. 아내가, 엄마가 없으면 가족은 밥 먹기도 힘이 든다. '가족의 행복'과 '먹고살 돈'을 위해 아줌마는 달린다. 집이든 식당이든 멈출 수 없다. 억척스러운 건 아줌마가 아니라 세상이다.

"제발 한 달에 이틀은 쉬세요"

요즘도 〈클레멘타인〉이 귓가에 맴돕니다. 자동문이 열리고 〈클레멘타인〉이 울리면 손님이 들어왔죠. 그 넓고 넓은 감자탕집. 물과 물통, 물수건을 챙겨들고 주문을 받고 반찬을 챙기고……. 하루 12시간 반복했던 잡다한 업무들이 기억 속에 빼곡합니다. A갈빗집과 B감자탕집의 언니들, 잘 지내고 있나요?

요즘도 매일 점심시간이면 저는 식당에 가서 밥을 먹습니다. 그곳에는 지난 9월의 제 모습이 있죠. 갈빗집 언니들의 모습이 있고 감자탕집 언니들의 모습도 있습니다. 음식을 건네받을 땐 고맙고 반찬을 더 달라 할 땐 미안하죠. 넓은 식당에 종업원이 1~2명만 있으면 안타깝습니다. 몸은 노동 현장에서 빠져나왔지만 마음은 계속 노동하고 있습니다.

어느새 단풍이 지천이네요. 함께 일할 때만 해도 더웠는데 말이죠. 어제 퇴근하다가 회사 앞 아파트 단지를 보니 붉게 물들었더라고요. A갈빗집 앞길, 양옆으로 늘어선 은행나무들도 노랗게 물들었겠죠. B감자탕집 뒷마당의 나무는 앙상하겠네요.

갈빗집 팀장 언니, 요즘은 용역회사를 통해 일용직으로 일하신다고요. 근무 중에 전화를 받아 작은 목소리로 말하는 언니의 모습은 지난 9월의 제 모습이죠. 언니가 갈빗집을 그만둔 뒤, 고등학생 딸은 "엄마가 집에 있으니까 정말 좋다"고 했다면서요. 한데 언니는 그 딸의 학원비를 마련해보겠다고 또 일을 나왔군요. 지독한 아이러니예요, 그렇죠?

감자탕집 주방 언니, 언니에겐 계속 미안합니다. 9월 25일, 제가 그만두겠다 말한 날이죠. 사실 사장에게 그만두겠다고 말하긴 어렵지 않았어요. 우릴 착취하는 사장에겐 불만이 쌓여 있었으니까요. 하지만 제가 그만두면 당분간 더 힘들어질 언니를 생각하니 입이 떨어지지 않았죠. "아이고, 인제 또 어떻게 일하냐. 적응된 줄 알았는데 그만둔다니······." 언니는 제 얘길 듣고 땅이 꺼져라 한숨을 내쉬었고요.

사장이 득달같이 달려들어 "당장 가방 들고 나가라"고 했을 때 언니를 봤어요. 언니는 차마 제 쪽을 쳐다보지도 못하더군요. 인사를 하는 내게 언니는 "나중에 전화해"라고 속삭였어요. 감자탕집을 나서는 순간 눈물이 맺혔어요. 미안함, 무서움, 억울함이 뒤엉켜 있었죠.

길을 건너 버스 정류장에 서서 식당을 바라봤어요. 저는 이제 감자탕집에서 도망쳤지만 언니는 계속 그 안에서 살아가겠죠. 패배감을 느꼈습니다. 감자탕집 옆으로 식당이 즐비했지요. 식당마다 언니들처럼 일하는 이들이 있겠지요. 몸이 아파도 속이 상해도 앞치마 둘러매고 일하는 이들이 있겠지요.

아무튼 그날, 고생 많았어요. 150평 식당, 혼자 얼마나 바빴겠어요. 사장 내외가 많이 도와줬냐고 물으니 "그 사람들이 하긴 뭘 해······"라고 말하는 목소리에 체념이 묻어 있더군요. 그날 밤 9시, 야간조 언니들이 와서 얼마나 놀랐을까요. 인사도 못 드리고 나와 야간 언니들에게도 죄송합니다.

9월 16일 갈빗집에서 42만 원이, 10월 16일 감자탕집에서 35만 원이 입금됐습니다. 통장에 박힌 사장님들의 이름을 보니 섬뜩하더군요. 77만 원을 위해 전 이들 소유의 식당에서 하루 12시간씩 일한 것이지요. 우리 노동력은 그렇게 헐겁게 거래된 거였죠.

부탁합니다. 감자탕집 언니들, 11월엔 제발 한 달에 이틀이라도 꼭 쉬세요. 언니들은 원래 '곰과'라서 미련하다고, 그래서 자기 것도 못 챙겨 먹는다고 하셨죠. 그래도 이렇게 살면 나중에 복 받지 않겠냐고 하셨죠. 그러면서도 몸이 아파서, 집안 살림이 엉망이라서, 한 달이 너무 길어서 괴롭다고 하셨죠. 3개월째 못 쉬었다며 서로 위로하는 언니들의 모습이 눈에 선합니다. 쉬세요. 언니들은 휴일을 즐길 권리가 있습니다. 그래봤자 한 달에 두 번이잖아요.

사장에게 말하기 어렵다면 함께 말하세요. 손잡고 함께 말해요. "저희는 좀 쉬어야겠습니다." 언니들이 그렇게 말한다면 사장도 별수 없지 않을까요. 터프가이 사장이 또 소리를 버럭 지르겠지만 어쩌겠어요. 휴일은 언니들의 권리인걸요.

제가 만난 언니들은 모두 열심히 사는, 아름답고 강한 여성들이었습니다. 하루의 절반을 일하고도 가족을 챙기는 가슴 따뜻한 사람들이었습니다. 사람이 사람에게 노동력을 바치는 일은 언제부터 시작된 걸까요. 언제쯤 돼야 이 빈곤 노동이 끝날까요. 절망하긴 쉽습니다. 희망을 가지려면 용기가 필요하죠. 그래도 우리 모두 같이 고민한다면 희망이 절망보다 빠를 겁니다.

언니들, 건강 잘 챙기세요.

2009년 10월 30일

식당 막내 임지선 드림

그래서 무엇이 바뀌었냐고요?

젖은 앞치마를 벗은 지 반 년이 흘렀다. 식당 노동자로 가을을 보내고 언론 노동자로 돌아와 겨울을 보냈다. 마감시간에 쫓겨 밥 때도 놓치곤 하는 일상으로의 복귀다. 사방을 뛰어다니다가 늦은 점심을 먹으러 식당에 들어선다. 딸랑, 종소리가 텅 빈 식당을 깨운다. 탁자 사이에 누워있던 사람이 부스스 일어난다. 곧 물과 물수건, 주문서를 들고 그가 내게 온다.

낯익은 얼굴이다. 피곤한 눈, 지친 어깨, 무거운 발걸음. 하지만 문에 달린 종소리와 탁자 벨 소리에는 누구보다 민첩하게 반응을 해야 하는 사람, 식당 노동자다. 그들은 누군가의 밥을 차리고 치우기 위해 하루 12시간을 노동한다. 한 달에 100만 원이 조금 넘는 돈을 받아 빨랫감과 설거지 거리가 쌓여있을 집으로 돌아간다.

봄이 왔지만 나는 여전히 노동의 가을을 잊지 못한다. 2009년 가을의 기억은 그만큼 내게 강렬하다. 그것은 말하자면 '몸의 기억'이다. 서울의 갈빗집과 인천의 감자탕집에서 하루 12시간씩 노동하면서 빈곤 노동의 비인간성을 몸으로 느꼈다. 몰려드는 손님에 다리가 후들대고 무거운 쟁반에 팔목이 꺾였다. 3개월째 하루도 못 쉰 '언니'들과 함께 차갑고 더러운 바닥에 엎드려 생리통을 견뎠다. 발뒤꿈치에는 굳은 살이, 손가락에는 습진이 하얗게 피어났다.

갈빗집과 감자탕집에서 일하는 동안 '음식의 재발견'도 했다. 사실

갈비와 감자탕은 맛있는 음식이다. 달콤한 양념장이 잘 배인 갈비, 국물이 제대로 우러난 감자탕은 개인적으로도 무척 좋아하는 음식이다. 하지만 이 음식을 위해 노동해야 할 때는 상황이 다르다.

손님 옆에 서서 구워주고 잘라줘야 하는 갈빗집은 식당 노동 중에서도 으뜸으로 힘이 든다고들 한다. '숯불갈비야 말로 감정 노동부터 불판 닦기까지 가장 많은 노동력을 요구하는 무서운 음식'이라는 데에 동의한다. 특히 내 8시간 노동값만큼 비싼 꽃등심을 구울 때면 행여 태우기라도 할까봐 잔뜩 긴장해야 했다. "힘들면 무릎에 앉아 구우라"는 진상 손님도 상대해야 한다.

감자탕은 먹고 난 뒤가 예술이다. 식탁 가득 흩어져있는 뼛조각들을 맨손으로 치울 때면 한숨이 난다. 식당에서 판매하는 음식은 노동자에게 쉽게 허락되지 않는다는 점에서 잔인하다. 냄새만 맡으니 하릴없이 군침만 넘어간다. 고기 없이 감자탕 국물에만 밥을 말아먹었다. 감자탕집 사장의 강아지에게 뼈다귀에서 고기만 발라 대령하던 순간에는 '더러운 계급사회'의 진면목을 느꼈다. '맛있는 음식'을 노동력으로 환산하니 밥맛이 싹 달아났다.

'감자탕 노동일기'를 쓴 뒤, 그래서 무엇이 바뀌었냐는 질문을 받곤 한다. 그럼 되받아친다. 당신조차 어렴풋이 '뭔가 바뀌어야 한다'고 느끼고 있다는 것이 변화라고. 수많은 사람이 빈곤 노동으로 일생을 보내야 하는 사회구조를 만들어놨다는 점에 있어 우리 모두는 공범이다. 변화의 시작은 현실을 냉정하고 세밀하게 들여다보는 일에서부터 시작된다.

빈곤 노동의 현실을 세밀히 들여다보기란 불편하다. 실제로 "나를 왜 이렇게 불편하게 하냐"는 독자 피드백을 많이 받았다. "아무 생각 없이 식당에 가서 아줌마를 막 시킬 수 있었는데 기사를 읽고 나니 물조차 갖다달라고 하기 미안하다"는 고백이다. 고백은 이어진다. "우리 엄마도 식당 아줌마", "우리 언니도 식당 아줌마", "나도 식당 아줌마"라는 피드백을 많이 받았다. 때로는 공감하고 때로는 분노하며 독자들은 '감자탕 노동일기'를 읽었다. 서로 사람임을 이해하고 빈곤 노동 문제를 고민했다. 가장 값진 소득이다. 식당 아줌마의 노동 인권을 위해 나서겠다며 시민사회단체들도 연락을 해왔다. 복지 정책을 만들고 집행하는 입장에 있는 이들은 관련 정책을 고민하겠다고 이메일을 보내왔다. 교사와 교수들은 수업시간에 학생들과 '노동OTL' 기사를 읽고 토론하겠다고 했다. 모두가 '변화의 씨앗'이 될 수 있다.

그리하여 빈곤 노동의 삶에도 봄이 올까. 사회 구조와 자본이 식당 노동자를 억압하는 시스템은 생각보다 견고하다. 개인이 안간힘을 써도 끊기 어렵다. 이는 어떠한 '빈곤 노동 현장'을 가더라도 일맥상통하리라. 최저임금은 낮고 우리 사회의 노동 인권 감수성도 낮다. 영세사업장일수록 관리 감독은 안 된다. 사정이 급박한 노동자일수록 사장 앞에 작아진다. 노동자의 '최소한'을 지켜줄 사회 안전망은 턱없이 빈약하다.

악순환을 끊을 방법은 차가운 돈이 아니라 따뜻한 관심과 연대다. 내가 지금 테이블벨을 누르면 달려오는 이가 '파블로프의 개'가 아니라 '사람'이라는 사실. 그 사실을 알아차린 사람이 조금 늘어났다는 것만으로도 기록은 의미 있다고 생각한다.

지금 이 순간에도 많은 사람들이 비정규 노동, 열심히 일해도 가난하게 살 수 밖에 없는 불안정 노동의 굴레에 갇히고 있다. 질병, 실직 등 가정에 닥친 단 한 번의 불행조차 어찌해볼 수 없을 정도로 국가의 복지 인프라는 빈약하다. '땀 흘리는 노동'만 신성하고 '땀의 대가'는 초라하다. 2010년, '감자탕 노동일기'가 다시 한 번 독자들에게 이런 현실을 일깨울 수 있길 바란다.

　서른 살 기자로서 빈곤 노동의 현장에 뛰어든 것은 값진 경험이 될 것이다. 앞으로의 기자 인생에 큰 영향을 미치리라. '감자탕 노동일 기'의 고민이 앞으로 쓰는 기사에도 투영될 수 있도록 노력하며 살 것이다. 지금도 젖은 앞치마를 입고 있을 수많은 식당 노동자들에게 존경과 연대의 마음을 보낸다.

2
히치하이커 노동일기

하루 종일 고기를 구워 쉰소리로 말하던 영희의 성대가 그때만큼은 촉촉히 젖었다.

"제 꿈은요." 집이 있고, 차가 있고, 통장에 1000만 원이 들어 있고, 빵집을 하면서

한 달에 200만 원을 버는 것이다. "월 200이면 행복하겠어요."

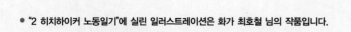"2 히치하이커 노동일기"에 실린 일러스트레이션은 화가 최호철 님의 작품입니다.

첫 번째 이야기

마트에선
매일 지기만 한다

마트는 석 달에 한 번씩 여러 돼지고기 업체들의 매출액을 정산한다.

꼴찌가 되면 물건을 빼야 한다. 대신 다른 돼지고기 업체가 제 상품을 진열할 것이다.

그것은 전투다. 그 싸움에서는 어떤 노동자도 이기지 못한다. 승리는 항상 마트의 차지다.

한참 생각했다. 보건증이 뭐지?
"꼭 갖고 와야 해요." A마트 축산팀 직원이 전화기 너머에서 말했다.
그는 나에게 서울 강북 A마트 양념육 점포의 일자리를 소개해줬다.
취직하려면 보건증이 필요하다고 했다. "건강보험증 말인가요?" "아니요. 보험증 · 주민증 말고 보건증. 보건소에서 받을 수 있어요."
새로 지어올린 보건소 건물은 한산했다. 간호사가 시키는 대로 가슴 엑스레이를 찍고 채혈실로 갔다. 소매를 걷는데 간호사가 말했다. "피는 안 뽑아요." 무표정한 얼굴로 길고 굵은 면봉을 건넨다. "이걸 항문에 1cm 집어넣었다 빼서 오세요." "……." 화장실에 쭈그리고 앉았다. 1cm까지는 못 집어넣은 것 같다.
2009년 11월 9일, 첫 출근한 A마트는 매장 면적만 5000여 평이다.
1년에 한 번씩 보건증을 갱신하는 1000여 명이 일한다. 그들 대다수는 용역·파견 업체에 고용된 비정규직이다. "그거 다 집어넣을 필요 없고, 살짝 갖다대기만 하면 되는데." 스물일곱 살의 철수는 낄낄대며 웃었다. 그러다 이내 긴장한 표정을 지었다. "일할 때는 꼭 갖고 있어야 해요. 가끔 보건증 검사를 하거든요." 철수는 5년째 A마트에서 양념육을 팔고 있다. 그가 일한 점포는 5년 동안 세 차례 바뀌었다. 항상 양념육을 팔았고 항상 A마트에서 일했는데, 고용주는 계속 바뀌었다. 그 수수께끼를 내가 이해하는 데는 시간이 걸렸다.

내 보건증, 정식 명칭으로는 '건강진단결과서'에는 장티푸스와 세균성 이질이 '불검출'됐고, 전염성 피부질환과 결핵은 '정상'이라고 보건소장이 증명하고 있었다. 그것은 내가 A마트 양념육 매장에서 한우 양념불고기, 돼지 고추장불고기, 매운 닭갈비 등을 판매할 자격이 있다는 증거였다. 철수가 명찰을 건넸다. '새롭게 모시겠습니다'라고 적혀 있었다. 나는 타나지 않게 숨을 들이쉬었다. 명찰의 핀을 붉은 유니폼 왼쪽 가슴에 꽂았다.

"그냥 보고 따라 하시면 돼요."

대형마트의 노동은 짧은 문장으로 간추릴 수 있다. "잘 보고 그대로 따라 하시오." 철수는 내게 많은 것을 보여줬다. 고기를 담을 비닐봉지는 짧게 말아올려 쌓아둔다. 그래야 손님 마음이 바뀌기 전에 얼른 고기를 담아 팔 수 있다. 고기를 담을 때는 집게를 사용하지 말고, 비닐봉지에 손을 넣어 왈칵 담아야 한다. 그래야 양념이 여기저기 튀지 않는다. 전자저울에서 인쇄한 가격표는 비닐봉지의 바닥에 붙인다.

그래야 계산대 직원이 바코드를 쉽게 찾아 정산한다. 요긴한 기교였으나, 전문 지식이 필요한 일은 아니었다. "그냥 보고 따라 하시면 돼요." 2년제 대학에서 요리를 전공한 철수가 어깨를 으쓱하며 말했다.

친절한 철수가 곁에 있어 나는 운이 좋았다. 스물다섯 살의 영희에겐 그런 운이 없었다. 영희는 뒤편 돼지고기 점포의 판촉 점원이다. 그는 하얀 머리천을 질끈 매고 하루 8시간 동안 돼지고기를 굽는다. 고구마 전분으로 만든 중국산 파란 이쑤시개를 들고, 사람들은 영희가 구운 국내산 돼지고기를 찍어 먹었다. 그 고기 가운데 영희의 입에 들어가는 것은 하나도 없었다.

석 달 전, 일당 6만 원의 그 일을 영희가 처음 시작했을 때, 용역회사 사장은 딱 한마디를 했다. "마트에 가서 다른 아가씨들이 멘트 치는 걸 보고 배워." 잔인하지만 절묘한 말이었다. '멘트를 친다'는 문장에는 판촉 점원이 감당해야 할 모든 기교가 담겨 있다. 멘트는 성대에서 술술 나오지 않는다. 가슴 아래 뜨거운 것을 쳐올려내야 한다.

영희는 용역회사 사장의 말을 잘 들었다. 보고 배워 멘트를 쳤다. 영희는 경기도의 실업계 고등학교를 졸업했다. 그의 키가 165cm 이상이었다면 '내레이터' 판촉요원이 됐을 것이다. 미니스커트를 입고 춤추며 일했을 것이다. 그렇게 하면 하루에 10만~13만 원을 번다. 춤추는 대신 멘트만 치는 영희는 그 절반만 받는다.

163cm의 영희를 마트 본사 직원이 틈틈이 지켜봤다는 것을 영희는 몰랐다. 마트 본사 직원은 용역회사 사장에게 전화를 걸었다. 사장은 영희에게 전화를 걸었다. 마트 본사 직원이 흡족해했다고 사장은 말했다. 영희는 마트에서 계속 일할 수 있었다. 영희의 단골 '멘트'는

"차지고 쫄깃쫄깃한 꺼먹 돼지, 잡사보세요"다. 거기에는 "맛있는 흑 돼지, 잡수어보세요"와는 격이 다른 유혹이 있다. "따라 배우다 조금 씩 바꾸면 돼요." 시식용 흑돼지를 굽느라 하루 종일 연기를 마신 영 희가 쇳소리로 귀띔해줬다.

땀 안 나는 노가다

　따라 배운 일 가운데 힘쓰는 일은 없었다. 다만 버텨야 했다. 그런데 버티는 일이 힘들었다. A마트는 아침 8시에 문을 열어 밤 12시에 문 을 닫는다. 마트 노동자들은 2교대 또는 3교대로 일한다. 아침 8시에 출근해 오후 5시에 퇴근한다. 다른 날엔 오후 3시에 출근해 밤 12시 에 퇴근한다. 마트에서 일하는 9시간 가운데 1시간은 식사 시간이다. 밥 먹을 때를 제외한 8시간 동안 '절대로' 앉을 수 없다. 5000평이 넘 는 마트 매장 안에 앉을 곳은 전혀 없다. 점원들은 매대에 기대는 것 도 쭈그려 앉는 것도 금지된다. 점원들은 밥을 급히 먹는다. 그러고는 탈의실 긴 의자 위에 쪼그려 누워 잠깐 눈을 붙인다.

　첫 출근 뒤 일주일이 지난 어느 날, 옆 점포에서 일하는 50대 아줌 마 점원이 매대에 손을 짚었다. "거, 자세 좀 똑바로 하란 말이야." 마 트 본사 직원은 손님들이 들을까봐 낮은 목소리로, 그러나 점원들이 확실히 알아차릴 수 있게 으르렁대며 말했다. 점원을 고용한 것은 용 역·파견 업체다. 그래도 근무 태도는 본사 직원이 감독한다. 잘못 걸 리면 교육을 받아야 한다.

　"마트 정문 앞에서 6시간 동안 인사하는 교육도 받아요." 철수가 말했다. 그것은 교육이 아니라 징벌이겠지만, 살다 보면 어쩔 수 없는 일이 있다. 마트에서 일하려면 다음의 일들도 어쩔 수 없다. 휴대전화 통화는 안 된다. 문자 확인도 안 된다. 앞치마를 두르고 화장실을 가면 안 된다. 청바지를 입고 와선 안 된다. 머리가 길어도 안 된다. 팔짱을 끼면 안 되고 다리를 꼬아도 안 된다. 아무것도 안 되고, 서서 손님을 부르는 일만 된다.

내가 일한 매대는 가로 3m, 세로 2m의 ㄱ자형 유리 진열장이었다. 그 5m를 하루 종일 오갔다. 그런 방식으로 근육을 혹사할 수 있다는 것을 처음 알았다. 마트 노동자들은 대부분 '짝퉁 마사이 신발'을 신고 있었다. 바닥이 반원형으로 생겨 피로감이 덜한 특허 신발이 있다. 점원들은 그 모조품을 신었다.

퇴근 무렵이면 발바닥이 바늘로 찌르는 듯 쑤신다. 무릎과 허리가 결린다. 편두통까지 생긴다. 발바닥의 압박은 중력을 거스른다. 뇌를 짓누른다. 출근 사흘째, 왼발 엄지와 새끼발가락에 물집이 잡혔다. "이게 '고급 노가다'죠, 흐흐." 땀나는 일은 없으나 막일과 다름없다고 철수가 말했다. 5년간 일한 철수는 여전히 140만 원의 월급을 받는다. 조만간 내 왼발에 굳은살이 생길 거라고 그는 전망했다.

"시식맨이 떴다"

A마트는 서울시 ㄱ동에 있다. 여기엔 서민들만 산다. 부자가 아주 없을 리는 없다. 단지 그들은 A마트에 나타나지 않았다. A마트의 손님들은 흔해빠진 파카와 청바지, 꽃무늬가 아무렇게나 박힌 치마를

입고 장을 봤다. 그들은 너무 뚱뚱하거나 너무 말라 있었다. 가난의 표지다. 어느 날, 퇴근길에 마트 앞 식당에 들렀다. 선지가 들어간 해장국을 2000원에 팔았다. 지금도 서울에 그런 식당이 있다. 옆자리 아저씨는 해장국보다 비싼 3000원짜리 소주를 마셨다. "1968년 예비군 창설 직전이었는데, 가난이 싫어서 재 너머 중학교 다니던 걸 때려치고, 지게 작대기도 던져버리고, 형님 호주머니에서 1000원을 훔쳐 서울로 올라온" 아저씨였다. 1000원 들고 서울에 올라와 2000원짜리 해장국을 먹으며 술주정을 부리는 곳. A마트는 그런 동네에서 물건을 팔고 있다.

오전에는 중년 또는 노년의 사람들이 온다. 때로 혼자, 때로 부부가 쇼핑카트를 밀며 온다. 그들은 팽팽한 출근길 스트레스로부터 자유롭다. 그것으로부터 밀려났는지도 모른다. 오후에는 주부들이 온다. 물건이 비싸다고 불평한다. 그들의 남편은 비싼 물건을 기꺼이 사도 좋을 만큼 돈을 벌지 못한다. 저녁 시간에는 젊은 사람들이 온다. 때로 혼자, 때로 부부가 팔짱을 끼고 온다. 온종일 노동에 시달린 그들은 늦은 저녁을 급히 차려 먹고 내일을 준비해야 한다.

특별히 '시식맨'을 솎아내 구분해야 한다고 철수가 말했다. 전기불판에 시식용 돼지불고기를 굽고 있었다. 중년 남자가 다가왔다. "손님, 고기가 덜 익었습니다. 조금 있다 오시죠" 말하며 고개를 드는데, 사내의 행색이 초라하다. 그의 입술 가에는 피딱지가 말라붙어 있다. 사내는 이쑤시개로 고기를 찍어 올렸다. "덜 익었는데요." 그는 덜 익었지만 맹렬히 뜨거운 고기를 내 얼굴에 던졌다. "너나 먹어!"

나보다 열 살 어린 철수가 내 어깨를 두드렸다. "저런 사람들, 무시당했다고 생각하면 엄청 화내거든요." '시식맨'은 자존심만 강하고, 물건을 사려는 욕심은 없다. 그들은 시식용 음식을 그 자리에서 두 번, 세 번씩 이쑤시개로 찍어 뻐득뻐득 먹는다. 어느 사내는 마트에서 방금 산 막걸리 마개를 열어 시식용 컵에 부었다. 한 잔 마시고는 시식용 돼지고기를 찍어 먹었다. 그는 4잔의 막걸리와 8점의 돼지고기를 먹었다. 나는 아무 말 없이 고기를 구웠다.

시식맨이 돌아가면 마트 점원들은 험담을 시작한다. 변화 없는 풍경에 둘러싸인 마트 노동자들에게 시식맨은 뉴스다. 연재소설이자 연속극이며 스포츠다. "저 사람, 또 왔어." "손가락으로 집어먹는 거 봤냐?" "매상은 안 오르고 이쑤시개만 동나는구나." 시식맨은 수다한 사연을 지니고 근방에 사는 서민들이다. 제 처지와 별반 다를 게 없는데도, 마트 노동자는 시식맨을 미워했다.

얼마 지나지 않아, 나도 마트 노동자의 편이 됐다. 건너편 매대에서 돼지고기를 굽는데, 시식하려던 아주머니의 옷에 기름이 튀었다. 이곳은 자동차 주유소가 아니다. 튀어봤자 이쑤시개로 찍어낼 만큼의 한 점 기름이었다. 손님은 세탁비를 요구했다. 점원은 자기 돈 1만 원을 주머니에서 꺼냈다. 그의 월급은 120만 원이었다. 일당으로 치면 4만 원, 시급으로 환산하면 5000원이 못 된다. 2시간의 품삯이 세탁비로 날아갔다. "기름 안 없어지면 다시 올 거야." 손님은 시식용 돼지고기를 질겅질겅 씹으며 말했다. 나는 '세탁비 아줌마'를 마음 깊이 증오했다. 편을 나누자면, 물건 사는 서민이 아니라 물건 파는 서민의 편에 섰다. 그러나 도대체 이 세상에 좋은 편이 있기는 한가.

쇠고기, 돼지고기, 닭고기, 계란 등을 파는 축산팀 직원 40여 명 가운데 최고참은 30대 후반의 민호였다. 그는 좋은 편이 누군지 안다고 말했다. "강남 사람들은 품질이 좋으면 값 따지지 않고 무조건 사간단 말이야." 그는 A마트의 강남 지점에서 일한 적이 있다. "강북 것들은 무조건 깎아달라 덤으로 달라 그런다고. 강남 사람들은 쇼핑하는 태도부터 달라. 눈이 반짝반짝해. 사람들한테서 빛이 난다고, 빛."

빛깔이 좋은 한우 양념불고기는 100g에 2800원이다. 같은 고기를 강남 매장에선 3200원에 팔고 있다. 똑같은 고기를 비싸게 팔아도 강남에선 장사가 더 잘된다는 데 강북 A마트 점원들의 의견이 일치했다. 민호는 기왕이면 빛나는 강남 사람들 곁으로 가고 싶어했다.

마트에는 연공서열이 없다

"갈릭 피자, 5000원 깎아서 9900원에 드리는 특별 세일, 두 분께만 드립니다." 건너편 피자 매대 점원은 1시간째 저러고 있다. 테이블 위에는 '두 분께만' 드릴 피자가 두 개만 놓여 있다. 누군가 하나를 들고 가면, 또 하나를 새로 올려놓는다. 영리한 녀석. 그는 그 짓을 매일 저녁 6시만 되면 시작했다.

옆 매대의 아주머니도 가끔 세일을 한다. 한우 불고기를 담고 양념장을 듬뿍 넣고 채소를 곁들여 비닐포장을 했다. 하나에 1만 원씩 받고 판다. 그램을 달아 표시해뒀다. 손님들은 속으로 곱셈을 한다. 고개를 갸우뚱하다 절반 값이라며 들고 간다. 정상 가격보다 저렴한 것은 사실이다. 그래도 거기엔 양념 국물과 채소의 무게가 포함돼 있다. 저녁 6시 이후, 남은 물건을 팔아치워야 할 때, 아주머니들도 영리해진다.

그들은 '여사님'으로 불린다. 그들의 남편은 대통령이 아니다. 대통령이 그렇게 많을 리도 없다. 그래도 그 많은 아주머니들은 모두 '여사님'이다. "여사님, 안녕하세요." 옆 매대의 아주머니에게 철수가 그렇게 인사했을 때, 나는 도대체 여사님이 어디 있는지 한참을 두리번거렸다.

그들을 여사님으로 부르는 40대 이하 젊은 점원들은 꼬박꼬박 나이를 따진다. "형님이셔. 인사드려." 철수가 옆 매대 점원에게 말했다. 나는 난생처음으로 조폭 보스 같은 대접을 받았다. 10년을 일했건 하루를 일했건, 나이가 많으면 형님이다. "그 나이에 왜 이런 데서 일하세요?" 그런 질문은 한 번도 듣지 못했다. 구구절절한 사연이 있다 한들, 몸으로 치러야 하는 노역은 서로 같다는 것을 그도 알고 나도 안다. 다행이었다. 그러나 누구에게 다행일까.

나이는 존중하되, 연공서열을 무시하는 호칭이 '형님'이었다. 연공서열을 타파해야 한다고 사람들은 곧잘 말한다. 마트 노동자에겐 타파할 연공서열이 없었다. 나는 '형님'이라 불릴 때마다 씁쓸했다. 일한 시간만큼 존중받아야 할 기술·지식 따위가 마트엔 없다는 이야기로 들렸다.

철수, 영희, 민호가 앞으로 100만 년 동안 마트에서 일한다 해도 절대로 일어나지 않을 일이 있다. 승진이다. A마트에는 적어도 200여 개의 품목별 점포가 있다. 출입을 관리하는 보안요원, 차량을 안내하는 주차관리요원, 매대 앞에서 물건을 파는 판촉요원, 창고에서 물건을 나르는 운반요원, 식품을 손질해 매대에 내놓는 작업요원, 매장 곳

곳을 쓸고 닦는 청소요원, 물건을 계산하는 카운터요원 등 적어도 1000여 명의 노동자가 별처럼 흩어져 일한다.

그러나 이들 가운데 마트에 직접 고용된 경우는 거의 없다. 마트는 각 점포를 세놓을 뿐이다. 청소·주차관리·보안까지 외부 용역업체를 쓴다. 제조회사 입장에선 대형마트 안에 작은 대리점들을 들여놓는 셈이다. 제조회사는 다시 중간업자들에게 점포 운영권을 입찰 부친다. 운영을 맡은 파견·용역 업체는 필요에 따라 시급 또는 연봉제의 방식으로 비정규직을 채용한다. 가끔 이들 업체가 다시 이벤트 업체와 계약을 맺어 '일당'을 주는 판촉요원을 고용할 때도 있다. 어느 경우가 됐건 마트 노동자는 마트에 직접 고용되지 않는다.

어지간해선 마트 본사 직원을 마트 매장에서 만날 수 없다. 그들은 다른 층, 다른 사무실에서 일한다. 마트에 들어온 업체들을 관리한다. 지점장, 부장, 과장, 대리 등으로 이어지는 직함이 그들에겐 있다. 당연히 연공서열도 있다. 승진도 있다. 오직 마트 매장에서 일하는 노동자들에겐 그런 일이 없다. 하루를 일하건 10년을 일하건 그들은 그냥 점원이다. 승진은 없고, 월급 호봉이 올라가는 일도 없고, 매출이 오른다고 보너스를 받는 일은 더구나 없다. 그들은 서로 여사님과 형님으로 치켜세운다. 그것을 제외하면, 그들의 마음에 드는 일은 그들에게 일어나지 않는다.

그들은 색색깔 유니폼을 입고 있다. 여기에 있으니 금세 알아보라는 표시다. 지나가는 손님 귀에 대고 이리 오시라고 외친다. 그래봐야 누구도 눈길을 주지 않는다. 마트 노동자는 투명인간이다. 또는 그림자와 같다. 손님들은 무표정하고 매정하게 지나간다. 삶의 피로가 어떤 것인지 모르는 어린아이들만 시선을 허락한다. 그들은 모자 쓰고 앞치마 두른 나를 신기한 눈으로 쳐다봤다. 5m 매대 앞을 오가는 진자 운동을 하루 종일 하다가, 나는 문득 사람의 눈길이 그리워졌다.

"제가 좀 끈기가 없어요"

영호가 앉아 있다. 냉동고로 가는 길목, 마천루처럼 높다란 박스 아래 앉아 있다. '관계자 외 출입금지'라 적힌 문을 열고 나서면, 한기가 훅 불어닥친다. 영하 20도 이하의 냉동고엔 쇠고기 · 돼지고기 · 닭고기 등이 부위별로 얼어 있다. 육중한 철문으로 닫아걸어도 차가운 바람은 창고 복도까지 밀려온다. 그 복도 한켠에 스물두 살 영호의 아지트가 있다.

쌓인 박스에는 계란이 담겨 있다. 종류만 20가지다. 무슨 수로 그랬는지 알 수 없으나 여하튼 닭에게 홍삼을 먹여 낳은 계란, 아무리 병들어도 절대 약을 먹지 못한 닭이 신음하며 낳은 무항생제 계란, 들짐승이 잡아먹을까 걱정돼도 큰마음 먹고 풀어 키운 닭이 찬바람 맞으며 낳은 방사 계란, 민망하게 수컷과 암컷이 진짜로 그 짓을 하고 낳은 유정 계란…….

"개수다 새었는데 로스납니다." 벽보는 계란 박스 옆에 붙어 있다. 아무리 봐도 암호 같은 이 문장은 '개의 수다' 또는 '개수작'과는 아무 상관이 없다. 그 앞 문장에 암호를 푸는 열쇠가 있다. "계란 가져가지 마세요." 1년째 일하고 있는 영호는 근처를 오가는 점원과 혹시 잠입할지 모르는 고객에게 다음의 메시지를 전하고 싶었다. "계란 개수를

다 헤아려놓았습니다. 그런데 계란을 불쑥 들고 가버리면, 매장에 내
놓을 계란 수에서 손실(로스 · loss)이 납니다. 계란 가져가지 마세요."

영호는 2년제 대학을 1년 다니고 휴학했다. 동물학을 배운 그는 학
교에 돌아갈 생각이 없다. 맞춤법을 무시한 그 벽보 아래, 영호는 박
스를 쌓아 의자를 만들어뒀다. 앉을 수 있으므로 그는 A마트에서 소
수의 특권층이다. 그러나 잠시 숨 돌릴 만큼만 허락된다. 매장의 계란
은 계속 줄어든다. 빈자리가 생기면 안 된다. 그는 창고와 매장을 분
주히 오간다. '자키'라고 부르는 이동식 운반장치에 계란 박스를 담아
옮겨 매장에 진열한다.

그가 받는 월급 100만 원은 20여 계란업체가 판매율에 따라 분담해
지급한다. 전체 계란 매출에서 '홍삼 달걀'이 20%를 차지했다면, 그
업체는 20만 원을 영호에게 준다. 나머지 80만 원을 같은 방식으로
다른 업체가 준다.

"제가 좀 끈기가 없어요." 영호는 종종 그렇게 말했다. 4년제 대학을
못 들어간 이유, 2년제 대학을 다니다 그만둔 이유, 1년째 100만 원짜
리 아르바이트로 만족하는 이유에 대한 그의 답이다. 그것은 이상한
말이었다. 가수 지망생인 그는 하루 9시간을 마트에서 일하고, 퇴근
뒤 노래 강사에게 수업을 듣고, 장차를 위해 피트니스클럽에서 운동을
한다. 그의 하루는 촘촘하다. 끈기가 없다는 것은 사실과 다르다.

마트에서 만난 이들의 거개가 그러했다. 불평하지 않았다. "세상은
공평한 것 같아요. 학교 다닐 때 저는 공부를 안 했으니까." 철수는 두
번 대학을 들어갔다. 충청권의 지방대학에 입학했으나 금세 그만뒀
다. 군대를 다녀와 A마트에서 아르바이트를 하다가 다시 수도권의 2

년제 대학에 들어갔다. 네 번에 걸쳐 350만 원씩, 모두 1400만 원의 등록금을 모두 제가 번 돈으로 냈다. 수업은 저녁 6시 이후에 있었다. 2년 동안 그는 잠을 서너 시간만 잤다. 학교 다닐 때 공부를 안 했다는 철수의 말도 사실과 다르다. 대학을 다니며 그는 누구보다 열심히 공부했다. 세상은 정말 공평한가.

철수가 그 노력으로 무엇을 얻었는지는 확실치 않다. 2년제 대학을 졸업하기 전과 똑같이 A마트에서 양념육을 팔고 있다. 철수는 늘 웃었지만 세상일에 감정을 드러내진 않았다. 곁에서 은근히 부추겨도 그저 웃었다. "에이, 저는 우리 사장님이 잘됐으면 좋겠어요." "그래도 우리 마트만한 데가 없어요. 좀 적게 받아도 여기가 훨씬 편해요."

영희는 말끝마다 "말이에요"를 붙이는 버릇이 있다. 그는 대학을 못 간 것에 대한 회한이 없다. "대학 나와봐야 커피 심부름 하면서 90만 원씩 받는단 말이에요." 그것은 사실이었다. 명문대 출신이 아니라면, 대학을 나온 20대 여성은 어딜 가나 잔심부름을 한다. "나는 투잡, 스리잡 하면서 130만 원씩 벌면 된단 말이에요. 괜찮아요." 그들은 모두 괜찮다고 했다. 제 탓이라고만 했다.

점포사장도 지는 건 마찬가지

마트 매장에는 시계가 없다. 손님들이 시간 가는 줄 모르고 쇼핑하라고 그렇게 만들었다. 마트 노동자들은 세상 돌아가는 일까지 잊는다. 금·토·일요일에 가장 바쁘다. 손님이 가장 많다. 모든 마트 노동자가 일한다. 대신 월요일부터 목요일 사이에 하루씩 번갈아 쉰다.

어느 토요일 오후, 매장에 굴러다니는 스포츠신문을 철수가 펼쳤다. 야구선수 김태균이 일본으로 이적한다. 연예인 하하가 애인과 결별했다. 그리고 한 달에 465만 원을 버는 32세 맞벌이 부부는 150만 원씩 절세형 저축을 해야 한다. 그런 기사들을 철수는 무심히 넘겼다. 어느 것도 철수와 상관있는 일이 아니었다. 세상일을 걱정할 여유가 없었다.

대신 철수는 하루 매출에 신경을 많이 썼다. 전자저울의 버튼을 몇 개 누르면 그날 누적 매출이 뜬다. 철수는 한 번 고기를 팔면, 꼭 버튼을 눌러 누적 매출을 확인했다. "어차피 주는 월급만 받으면 될 텐데?" 나의 물음에 철수는 또 웃었다. 마트에 들어온 모든 점포는 판매액의 20%를 수수료로 낸다. 100원짜리 물건을 팔면 20원을 마트에 낸다. 여기에 분기마다 나라에 부가가치세를 내야 한다. 남은 돈에서 인건비와 재료비를 제하면 업주의 이익이 된다. 그런데 셈법에 문제가 생겼다.

양념육 매대에서 내가 일하는 동안 주말을 포함한 하루 평균 매출액은 20만~25만 원이었다. 한 달이면 700만 원이다. 이 가운데 20%를 마트에 내야 하므로, 140만 원을 수수료로 뗀다. 남은 560만 원 가운데 철수와 아주머니의 인건비로 260만 원이 빠진다. 이제 300만 원으로 다음 달에 팔 고기와 양념, 채소 등을 사야 한다. 고추장 돼지불고기는 100g에 700원을 주고 사들여 1500원에 판다. 이 점포의 사장은 간신히 수지를 맞추고 있었다. 모든 고용주가 배를 두드리는 것은 아니었다. 마트에 둥지를 튼 점포 사장들은 가난한 중소 자영업자였다.

마트의 모든 점포에서 모든 점원이 철수처럼 계산을 했다. 6개월 전부터 안 좋았고, 신종 플루 때문에 더 나빠졌다. 세계 자본주의 위기가 무엇인지, 최근 국내 경제 동향이 어떤지 그들은 알지 못한다. 하지만 점포가 망하면 그들의 일자리도 함께 사라질 것이라는 점만 분명히 알고 있다. 내가 일한 양념육 매대의 바로 옆에는 비슷한 품목을 파는 다른 양념육 매대가 있다. 50m 전방에는 또 하나의 양념육 매대가 있다. "경쟁시키는 거죠. 세상은 먹고 먹히는 거니까." 철수가 말했다. 마트는 점포들을 먹고 먹히게 했다.

10m 길이의 돼지고기 매대는 더 치열했다. 적어도 6개의 서로 다른 브랜드가 대동소이한 돼지고기를 팔았다. 지키는 사람 없이 포장된 돼지고기만 깔아놓은 일종의 '무인 매대'였지만, 각 업체는 이벤트 회사와 계약해 수시로 판촉요원을 투입했다. 일당 6만 원의 판촉요원 세 사람이 매일 동시다발로 일했다. "껍질이 살아 있는 오겹살, 세일합니다." 바로 곁에서 받아친다. "세일은 여깁니다. 냄새 없는 돼지고기로 오세요."

그것은 전투다. 그 싸움에서는 어떤 노동자도 이기지 못한다. 매일 지기만 한다. 마트는 석 달에 한 번씩 여러 돼지고기 업체들의 매출액을 정산한다. 꼴찌가 되면 물건을 빼야 한다. 대신 다른 돼지고기 업체가 제 상품을 진열할 것이다. 승리는 항상 마트의 차지다.

은하계와 블랙홀, 그리고 히치하이킹

기묘한 숫자들이 날아다니는 마트는 광활한 우주다. 축산팀은 하나의 태양계다. 저 너머에는 수산팀 태양계, 가공식품 태양계, 채소·과일 태양계 등이 있다. 마트 노동자들은 같은 팀 사람끼리만 어울린다. 축산팀 매출이 이 모양인데, 수산팀 태양계 일에 관심을 기울일 여력이 없다. 식품을 파는 여러 태양계들이 모인 1층이 '우리 은하'라면, 생활용품·의류·가전 등을 파는 2층은 '안드로메다 은하'다. 아, 거기에도 경쟁에서 밀려나면 소문 없이 빨려들어가는 블랙홀이 있는지, 우리 은하 사람들은 도대체 알 수가 없는 것이다.

2년제 대학을 나온 철수는 그래서 사장이 두 차례 바뀌었다. 줄곧 A마트에서만 일했으니, 그나마 다행이다. 실업계 고등학교만 졸업한 영희는 주유소·노래방·PC방에서 아르바이트를 해봤다. 100만 원 이상 받아본 적이 없다. 주유소에선 기름 냄새 때문에 토악질을 했다. 노래방 카운터는 '도우미' 제안이 자꾸 들어와 그만뒀다. 손님들 술시중을 들다 흠씬 얻어맞는 노래방 도우미들을 영희는 자주 봤다. "불법 영업이니까 두들겨 맞아도 신고를 못한단 말이에요."

이들을 위한 노동조합은 마트에 없다. 마트 본사 직원들이 결성한 노조가 있지만, 그것은 웜홀 너머 다른 차원의 세상이다. 철수와 영희는 마트에 고용된 노동자가 아니다. 같은 처지의 마트 비정규직을 모두 아우르는 것은 어떨까. 철수와 영희가 '크로스'해서 무적의 로봇으로 거듭나는 일은 만화에서나 가능하다. A마트의 철수와 영희는 오늘의 매출과 일당 때문에 바쁘다.

매일 공중곡예를 하는 A마트 노동자들은 다른 그물을 바닥에 깔았다. 점포가 망하면 새 업체가 들어온다. 거기에도 일할 사람이 필요하다. "바로 전까지 여기서 일한 철수가 아주 성실해요." 옆 점포의 노동자들이 입소문을 낸다. 새 사장은 옛 노동자를 채용한다.

여의치 않으면 여행을 시작한다. 걸리는 대로 잡아탄다. 매장 내 다른 점포로 옮겨간다. 냉동고에서 쇠고기를 썰다가 돼지고기 판촉 직원으로 옮기고, 점포가 빠져 잠시 쉬다가 만두 업체에 취직하는 일이 생긴다.

이 별에서 저 별로, 이 태양계에서 저 태양계로 옮겨가는 '히치하이킹'이 언제나 해피엔딩인 것은 아니다. 마트에서 일한 지 2주일 만에 경쟁 관계에 있던 다른 양념육 점포가 문을 닫았다. 그곳 사장은 주차장으로 봉고 트럭을 불렀다. 유리 진열장 2개를 포개 싣고 굵은 고무줄로 동여맸다. 트럭 옆에서 사장은 철수에게 말했다. "전자저울 남은 게 있어. 필요하면 가져다 써."

스물세 살의 동수도 짐을 다 싣고 철수에게 인사했다. 동수는 그 점포에서 1년 동안 일했다. 히치하이킹을 시도할 자리가 축산팀의 다른 점포에는 없었다. 지난 1년 동안, 동수가 잘못한 일은 없었다. 먹고 먹히는 우주에서 동수는 먹히는 편의 일을 했을 뿐이다. 누가 먹는 편인지 누군들 알았겠는가.

그는 경기도에 있는 4년제 대학을 휴학하고 있다. A마트에서 내가 만난 유일한 4년제 대학생이었지만, 그 역시 복학할 생각이 없다. 아르바이트 자리까지 사라졌으므로, 동수가 가진 것은 아무것도 없었다. "좀 쉴 생각이에요. 연락할게요." 동수가 철수한테 말했다. 언제나 웃던 철수가 괴로운 표정을 지었다. 철수는 아무 말도 하지 못했다.

취업을 삼킨 학력의 벽

고졸자 노동의 현실

한국노동연구원은 2008년 보고서에서 "청년실업보다는 청년 취약 계층으로 관심을 돌려야 한다"고 지적했다. 영국·일본 등은 이미 청년실업 문제의 초점을 바꾸고 있다. 이들 나라는 '무업자(NEET·Not in Education, Employment or Training)' 관련 통계를 체계적으로 제시하고 있다. 무업자는 취업의 의지와 능력을 잃어버린 사람들이다. 학력이 문제일 수도 있고, 끝없는 불안정 노동에서 스스로 이탈한 경우도 있다. 이 때문에 주요 선진국에선 청년 무업자를 중심으로 실업 대책을 세운다.

2008년 한국노동연구원은 2004년 노동 통계를 바탕 삼아 국내 청년 무업자의 연령별·학력별 분포를 제시했다. 연령별로는 20~24세가 44.5%로 가장 큰 비중을 차지했다. 이 연령대는 고등학교 및 2년제 대학 졸업자가 취업에 나서는 시기다. 4년제 대학 진학에 실패한 사람들이 단기간의 불안정 노동에 이어 청년 무업자로 전락하고 있음을 웅변하는 수치다. 4년제 대학 졸업자가 주를 이루는 25~29세가 청년 무업자 인구에서 차지하는 비중은 28.1%에 머물렀다.

학력별로 보면 그 차이가 더욱 뚜렷해진다. 2004년 전체 청년 무업자 가운데 중졸 이하 학력자는 7만6000명(9.4%), 고등학교 졸업자는 48만1000명(59.6%), 2년제 대학 졸업자는 10만2000명(12.6%)에 이

르렀다. 4년제 대학을 졸업하지 못한 이들이 한국 청년 무업자의 92% 이상을 차지하는 것이다. 80%가 넘는 대학 진학률이 세계적 수준이라고 자찬하는 이면에는 '학력의 벽'을 넘지 못한 청년 비정규직, 청년 무업자들이 있다.

2004년 신규 졸업자의 학력별 실업률을 비교하면, 대학 졸업자가 30.9%로 가장 높다. 2년제 대학 졸업자의 실업률은 23.7%, 고등학교 졸업자의 실업률은 22.7%다. 이 수치만 보면 대졸자의 실업이 가장 큰 문제인 듯하다. 그러나 실상은 조금 다르다. 실업이 문제가 아니라 취업이 문제다. 학력마다 일하는 직종이 크게 다르다.

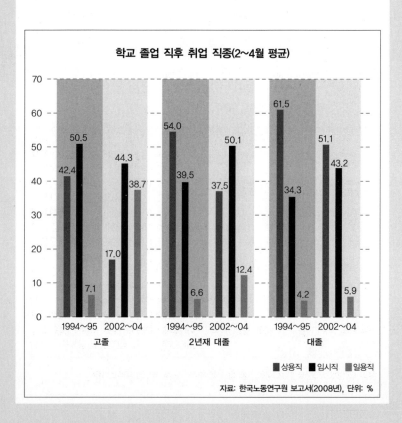

학교 졸업 직후 취업 직종(2~4월 평균)

자료: 한국노동연구원 보고서(2008년), 단위: %

2004년 고등학교 졸업자의 44.3%가 임시직, 38.7%가 일용직에 취업했다. 상용직 취업은 17.0%에 불과했다. 2년제 대학 졸업자 가운데 임시직을 얻은 경우도 50.1%나 됐다. 12.4%가 일용직이다. 상용직은 37.5%로 고졸자에 비해서는 높다. 그러나 대학 졸업자의 51.1%가 상용직을 구한 것에는 미치지 못한다.

대졸자는 정규직을 기다리며 취업을 회피한다. 그러나 4년제 대학에 가지 못한 이들은 일용직과 임시직의 길을 순순히 받아들인다. 이들의 취업률이 대졸자보다 다소 높은 이유다. 관련 보고서에서 한국노동연구원은 "이들의 일용직화가 급격히 진행되고 있다"고 분석하면서 "청년실업에 대한 효과적인 대책은 취업을 촉진하는 게 아니라, 적합한 일자리를 찾아 잘 정착하도록 지원하는 것"이라고 제안했다. '히치하이커'의 끝없는 방랑에 대한 처방이다.

빈곤은
뫼비우스 띠처럼

145만 원을 받았으나 잔업수당이 나오지 않았다.

"우리는" 하고 경수가 말했다. "우리는 일이 힘든 건 좋은데, 스트레스 받는 건 싫거든요.

삥이를 쳤는데 돈을 안 주니까, 너무 화가 났어요."

             홑이불을 덮고 누웠다. "이건 악몽
이야." 혼자 중얼거렸다. 웃풍이 강한 방에 11월 삭풍이 밀려드는데,
모기 두 마리가 이 겨울에도 살아남았다. 나는 미처 전기장판을 준비
하지 못했다. 모기약도 챙겨두지 않았다. 파카를 껴입고 누워 모기한
테 물어뜯기는 일을 나는 전혀 예상하지 못했다.

  서울 강북의 A마트에 취업하면서 1.5평짜리 고시원 방을 구했다.
퇴근하면 밤 10시가 됐다. 마트 근처 고시원 방에 들어서면 몸에서 연
기 냄새가 났다. 하루 종일 구운 양념 불고기 냄새였다. 몸은 힘든데
잠은 오지 않았다. 때 묻은 침대에는 한 사람이 겨우 누울 수 있다. 작
은 거울이 있고, 플라스틱 휴지통이 있고, 빨간 소화기가 있다. 14인
치 텔레비전도 있는데, 리모컨은 말을 듣지 않는다. 20만 원짜리 내
방에는 없는 것들도 있다. 내 방에는 창문이 없고, 책상이 없고, 냉장

고가 없다. 햇볕 값은 3만 원이다. 양팔 길이의 창이 있는 방은 23만 원, 창문도 있고 냉장고도 있고 모든 것을 갖춘 고시원의 '특실'은 25만 원이다.

고시원 위층은 교회다. 아래층엔 사교댄스 교습소가 있고, 그 아래 지하층에는 '비즈니스 클럽'이 있다. 고시원 건물의 왼쪽엔 모텔이 있고, 오른쪽엔 경찰서가 있다. 누군가 의도한 것이라면, 좌청룡 우백호에 버금가는 배치였다. 세속의 욕망, 종교의 복음, 그리고 법의 처벌이 미로처럼 얽힌 47개의 가난한 고시원 방을 사방과 아래위에서 포위하고 있다.

경수도 잠을 이루지 못했다. 새벽 1시께, 어느 아저씨가 냉장고에 있는 김치통을 엎었다. 고시원의 공용 주방에는 냉장고가 2개 있다. 하나는 고시원 총무가 쓴다. '촉수 금지'라고 쓰여 있다. 촉수가 허락된 다른 냉장고에는 김치통과 간장통이 있다. 47명이 나눠 먹는 반찬이다. "김치가 다 시었잖아." 택시 운전을 한다는 40대 아저씨는 술에 취해 있었다. 김장철인데 신 김치를 갖다놓았다고 총무에게 따졌다. 경수의 방에는 창문이 있다. 대신 주방에 면해 있어 햇볕 값을 조금 깎았다. 22만 원씩 내고 8개월째 살고 있다. 햇볕이 들어오지만 주방 옆에 있는 방에서 경수는 두 사람이 드잡이하는 소리를 들었다. 새벽 잠을 설쳤다.

매일 새벽 4시 30분, 경수는 A마트에 도착한다. 건물 앞에는 '김장 행사'라고 적힌 대형 펼침막이 걸려 있다. 스물아홉 살의 경수는 그곳에서 제 인생의 네 번째 일을 하고 있다. 그동안 신문보급소, 닭가공공장, 판지공장을 거쳤다. 그는 이제 수산팀에서 칼질을 한다. A마트

를 통틀어 경수는 가장 일찍 출근한다. 졸린 눈을 비비며 새벽에 들어
온 생선 박스를 뜯는다.

닭공장, 신문 배달, 판지공장 거쳐 마트로

"20초면 돼요." 경수가 말했다. 손님이 주문하면 생선을 손질해 포
장하여 내놓을 때까지 20초가 걸린다. 가장 많이 팔리는 고등어·삼
치·갈치는 눈 감고도 머리를 칠 수 있다. 그는 좋은 눈과 손을 가졌
다. 수산팀에서 칼질을 제일 잘한다. 그는 '막칼'을 쓴다. 길이는
20cm 정도. 부엌칼보다 뚱뚱하고, 회칼보다 짧다. 얼핏 보면 도끼를
닮았다. "막칼이 무식한 칼이라는 건데, 이걸로 못하는 게 없어요."
경수는 막칼로 생선 머리를 치고 껍질을 벗기고 뼈를 골라낸다. 아기
이유식에 쓰는 생선은 고운 살만 발라내는데, 그것도 막칼로 한다.

그래도 도미·민어·홍어는 어렵다. 특히 홍어는 손질하는 데 5분
씩 걸린다. "홍어한테도 칼이 있거든요." 홍어의 양 날개 끝에 낚싯바
늘처럼 생긴 가시가 있다. "그게 가시가 아니고, 칼이라고요, 칼. 거기
걸리면 손이 쭉 나가요." 경수의 손에는 여기저기 베인 상처가 많다.
사람들은 목에 걸리는 생선 속 가시를 조심한다. 경수는 생선 겉가시
를 조심한다. 지느러미에도 가시가 있고, 아가미에도 가시가 있다. 칼
질 잘하는 경수도 가끔 그런 가시에 손을 다친다.

고등학교 시절엔 패싸움 때문에 종종 다쳤다. 그는 경기도의 실업계
고등학교를 졸업했다. 출신 동네별로 무리지어 시비를 걸고 싸웠다.
경수는 4번 정학을 당했다. "아버지 속을 썩였죠. 이제 마음잡았어

요." 마음을 잡은 경수는 학교를 졸업한 뒤, 닭공장에서 일했다. 그때 막칼을 처음 잡았다. 대가리를 치고 다듬어 닭을 포장해 대형마트에 납품했다. 한 달에 130만 원을 받았다.

군대에 다녀온 뒤에는 신문보급소에서 일했다. 한 달에 170만 원을 벌었다. "돈이 비잖아." 어느 날, 보급소장이 말했다. 수금한 돈 가운데 20만 원이 모자랐다. "너, 손버릇이 나쁘구나." 소장이 경수에게 말했다. 알고 보니 판촉요원에게 지급한 돈을 경리가 장부에 적지 않았다. 보급소장은 경수에게 사과하지 않았다. 3년에 걸친 신문 배달 일을 접었다. 경기도의 판지공장에 들어갔다. 담배 포장 박스를 만들었다. 145만 원을 받았으나 잔업수당이 나오지 않았다. "우리는" 하고 경수가 말했다. "우리는 일이 힘든 건 좋은데, 스트레스 받는 건 싫거든요. 뼁이를 쳤는데 돈을 안 주니까, 너무 화가 났어요."

판지공장을 그만두고 A마트에서 일을 시작했을 때도 화가 나는 일이 있었다. 일을 잘하면 연봉직이 될 수 있다는 말에 월 100만 원의 시급직으로 들어갔다. 이 점포에서 저 점포로 옮겨다니는 마트 노동자들도 생선 매대를 꺼린다. 10명이 일하는데, 1년이면 30명이 들어왔다 나간다. 하룻만에 그만두는 이도 있다. "제일 더럽고 힘들거든요. 손님들도 생선 매대 앞을 지나면 다시 돌아오지 않아요. 냄새 나니까." 힘들고 더러운 일을 빨리 배우려고 경수는 일찍 출근해 늦게 퇴근했다. 9개월이 지났을 때 "연봉직을 더 이상 뽑지 않는다"는 말을 들었다. 연봉직이 되어 돈을 더 벌겠다는 꿈이 무너졌다. "남자가 100만 원 받고 평생 살 수는 없잖아요."

그만두고 다시 신문보급소에 갔다가, A마트에 돌아온 것이 2년 전

이다. 100만 원을 받고 평생 살 수 없었던 경수는 이제 150만 원을 받는다. 1년에 한 번씩 재계약하는 연봉직이 됐다. 새벽 4시 30분에 출근해 오후 2시에 퇴근한다. "집에는" 하고 경수가 말했다. 경수는 고시원을 고시원이라 부르지 않는다. "집에는 저녁 8시쯤 들어가요." 근처 당구장에 가서 당구를 치고, 거기서 저녁을 시켜먹고 집처럼 여기는 고시원에 들어가 눕는다.

그의 진짜 집은 서울 신림동에 있다. 할머니와 아버지가 단칸방에 산다. 아버지는 전라도에서 농사를 지었다. 경수가 여섯 살 때 대구로 이사했다. 아버지는 시장에서 닭을 팔았다. 중학생 때, 어머니가 돌아가셨다. 아버지는 경수를 데리고 경기도의 소도시로 이사했다. 몇 해 전엔 다시 서울로 이사왔다. 그동안 경수 아버지는 닭 팔던 일을 그만뒀다. 대신 경수는 닭공장에서 막칼 쓰는 일을 처음 배웠다. 지금 경수 아버지는 동네 모텔에서 청소를 한다. "작업반장이에요." 경수가 말했다.

개천에서 태어나다

확실히 경수만 고생을 한 것은 아니었다. 경수 아버지는 경수가 인생의 장벽에 맞서 잘 싸워주기를 바랐다. 경수의 미래에 대해 노심초사했다. 경수는 싸움을 잘했다. 고등학교 때 그는 싸움에서 뒤로 물러나지 않았다. 그러나 인생의 싸움은 그의 마음 같지 않았다. "우리는" 경수가 말했다. "로또를 사지 않아요. 사람들이 허황된 꿈을 많이 꾸는데, 우리는 그런 거 싫어하죠. 있는 대로 살자는 쪽이에요." 그의 삶에서 가장 확실한 '발전'은 농촌에서 지방도시로, 다시 서울로 올라온 것 정도다. 그보다 더 바라는 일은 허황된 꿈이라고 경수는 생각한다.

허황된 수작을 걸어오면 영희는 총으로 쏴버린다. "아가씨, 술 잘 먹게 생겼는데. 언제 끝나? 한잔할까?" A마트에서 돼지고기 판촉을 하는 영희에겐 성가신 손님들이 있다. 시식용 돼지고기를 집어먹으며 흰소리를 하는 아저씨들이다. 그럴 때 영희는 엄지와 검지로 총 모양을 만들어 사내의 가슴팍을 겨눈다.

"잘생긴 아저씨, 술은 나중에. 우선 이 돼지고기부터 사세요." 영희는 "안 된다"는 말을 하지 않는다. 정색하고 싸워봐야 영희만 일자리를 잃을 것이다. 실업계 고등학교를 졸업한 스물다섯 살의 영희는 마트에서 '멘트 치는' 기술을 배웠다. 세상사는 기술도 배웠다. 인내의 기술이다. "안 된다"고 말하지 않는 기술이다.

영희는 보증금 500만 원에 월세 45만 원짜리 지하방에 산다. "완전히 지하방은 아니고 반지하방"이므로, 그의 단칸방에도 햇볕은 들어온다. 영희의 가계부는 간단하다. 월세 45만 원, 전기세·수도세·가스비 등 각종 공과금 15만 원, 휴대전화 요금 10만 원, 부식비 10만 원을 매달 내려면 한 달에 적어도 80만 원을 벌어야 한다. 일당 6만 원의 마트 판촉일을 한 달에 보름 정도 하면 그 돈을 벌 수 있다.

이 덧셈은 역사적이다. 아주 오래전부터 시작됐다. 영희가 초등학교 1학년 때, 부모님은 이혼했다. 아빠는 아주 연락이 끊어졌다. 엄마하고는 아주 가끔 통화만 한다. 친척 어른 밑에서 자란 영희는 언제나 독립하고 싶었다. 중학교 때부터 아르바이트를 했다. "학기 때마다 내는 공납금 10만 원까지 직접 벌어서" 냈다. "그 돈도 아까웠단 말이에요." 그 말을 할 때, 영희는 정말 억울한 표정을 지었다. 실업계 고등학교에 입학할 때 영희는 장학금을 받았다. "공부 잘하는 애들은 전부 과외를 받잖아요. 나는 공납금도 아까우니까 학원에 안 갔어요." 영희는 교과서를 전부 외웠다. "제가 외우는 걸 잘했단 말이에요."

고3이 되자 영희는 또 덧셈을 했다. 대학에 들어갈 돈, 그렇게 졸업한 뒤에 벌게 될 돈, 그리고 지금 당장 필요한 돈을 셈했다. "저는 엠티(MT·멤버십 트레이닝), 오티(OT·오리엔테이션), 이런 말 모른단 말이에요. 대학 갔다고 거들먹거리는 친구가 있으면 확 때려주고 싶단 말이에요." 영희의 팔목은 노래방과 PC방의 카운터, 그리고 대형마트에서 굵어갔다. 무슨 일이건 계속 하려고 애를 쓴다고 영희는 종종 말했다. "안 그러면 술집에 나가는 길밖에 없단 말이에요. 나가는 돈은 정해져 있는데, 버는 돈이 없으면, 돈이 급해지면……."

돈이 인생의 전부는 아닐 것이다. 그러나 인생의 기초적 문제를 해결하려는 이들에겐 돈이 필요하다. A마트에서 보낸 한 달 동안, 나는 수많은 '경수들'과 '영희들'을 만났다. 경수들과 영희들은 이른바 '결손 가정'에서 자랐다. 부모가 이혼했거나, 일찍 사망했다. 비정규직이란 말이 생겨나기 전부터 그들의 부모는 비정규직이었다. 부모의 이혼과 사망은 가난과 무관하지 않았다. 아이들은 고등학교 때부터 아르바이트를 시작했다. 성인이 되어 그들은 아르바이트와 다름없는 일자리를 구했다.

고기를 먹지 못하는 사람들

양념용 불고기는 알루미늄 용기에 담아 진열한다. 알루미늄은 하루 종일 영하로 얼어 있다. 밤이 되면 매대 뒤편 작은 싱크대에서 뜨거운 물을 받아 씻는다. 얼어 있던 알루미늄 용기가 갑자기 팽창하며 쩡 하고 운다. 가장 반가운 소리다. 설거지가 끝나면 이제 곧 퇴근할 것이다. "장갑 끼고 해. 손 상한다고. 손 상하면 무식해 보여." 고참 민호가 나에게 말했다. 손 상하는 것은 상관없으니, 싱크대가 더 크고 깨끗하면 좋겠다고 나는 생각했다. 싱크대는 고기 찌꺼기로 자주 막혔다. 꾸르륵 꾸르륵 소리를 내며 내려가다 곧잘 구정물이 됐다. 몸을 비틀 공간이 없으니, 설거지도 쉽지 않았다. 물이 사방에 튀었다. 붉은 유니폼도 금세 젖었다.

A마트 노동자들은 노동조건에 대해 불평하지 않았다. 유일한 쉼터인 탈의실에는 좁고 긴 의자가 3개만 있었다. 허리를 구부리고 누워 쪽잠이라도 자려면 순서를 기다려야 했다. "의자라도 한두 개 더 만들면 안 되나." 그런 이야기를 한 번도 듣지 못했다. 탈의실 벽에는 보험 광고가 붙어 있다. '한 번 가입으로 갱신 없는 암보험'을 선전하고 있었다. 복지는 제 돈으로 알아서 해결하는 거라고 보험회사는 속삭이고 있었다. 마트 노동자들은 당장 돈이 우선이었다. 노동조건은 배부른 소리였다.

지난 가을, A마트 노동자들은 서약서를 썼다. 담배를 피우다 적발되면 '어떤 처벌도 감수하겠다'는 내용이었다. 암에 걸릴까봐 걱정한 것은 아니었다. 주차장에 들어온 손님이 구석에서 담배를 피우는 마트 점원을 목격하고 본사에 항의했다. '어떤 처벌' 가운데는 해고도 포함된다. 지나친 서약이라고 누구 하나 불평하지 않았다. 나는 화장실에서 유일한 저항을 봤다. '금연 금지' 화장실 벽에 까만 글씨의 낙서가 적혀 있었다.

직원 식당의 밥은 최악은 아니었지만 최상도 아니었다. "차라리 푸드코트에 가서 사먹어요." 밀가루가 잔뜩 들어간 '함박까스', 수제비가 들어간 김칫국, 시래기 무침과 말린 김, 그리고 배추김치가 점심 메뉴로 나온 직원 식당에서 스물두 살의 영호가 한 말이다. 계란을 파는 영호는 그래도 운이 좋았다. 영호는 고기도 먹고 생선도 먹을 수 있었다. 돼지고기를 파는 영희는 돼지고기를 먹지 않는다. 생선을 파는 경수는 생선을 먹지 않는다. 마트에서 일한 뒤 지금까지, 나는 구운 고기를 먹지 않는다.

영철은 산채비빔밥, 칼국수, 된장찌개 같은 것만 먹는다. 식물성 음식만 먹고 노동조건에 대한 불평 없이 묵묵히 일한다. 서른두 살의 그는 8년째 A마트 축산팀에서 일하고 있다. 돼지고기를 썰어 매대에 내놓는다. 그가 주로 일하는 작업장은 항상 영상 3도 이하다. 햇볕 없는 추운 곳에서 그의 얼굴은 질린 듯 하얗다.

그의 할아버지는 경기도 시골에서 농사를 지었다. 아버지 형제들이 한동네에 모여 살았던 것을 그는 기억한다. 아버지는 시골 읍내에서 리어카를 끌었다. 휴지를 싣고 다니며 팔았다. 겨울이 되면 군고구마도 팔았다. 소아마비를 앓은 어머니는 다리를 조금 절었다.

초등학교 3학년 때, 경기도 지방도시에 올라왔다. 아버지는 집과 땅을 팔아 120만 원을 마련했다. 보증금 50만 원, 월세 5만 원짜리 단칸방을 구했다. "그때가 파 한 단에 100원, 연탄 100장에 3만 원 하던 시절이었어요." 가난한 집안에서 자라면 교과서보다 물가부터 외우게 된다.

초등학교 4학년 때부터 신문 배달을 했다. 새벽 4시 30분에 일어났다. 지국 사무실에 가서 광고전단지를 신문에 끼워넣었다. 신문 배달을 마치고 집에 돌아오면 아침 7시 30분. 학교에 갔다가 오후 3시에 다시 지국 사무실로 갔다. 이번에는 석간신문을 배달하고 저녁 6시에 돌아왔다. 그는 학교를 다닌 것이 아니라 돈을 벌었다. 한 달에 4만 8000원을 받았다. 신문 대금 수금도 그의 몫이었다. "수금을 제때 못하면 지국장에게 엄청 맞았어요."

아버지도 가끔 행패를 부렸다. 고향을 등진 아버지는 술을 많이 마셨다. 초등학교 6학년 무렵, 그는 집을 뛰쳐나와 서울에 올라온 적이 있다. 동네 깡패들이 말을 걸었다. "너 신문 배달해볼래." 쪽방에 또래의 아이들 10여 명을 몰아넣고 신문을 팔게 했다. 시내버스에 올라타 승객들에게 쪽지를 돌렸다. 신문 1부에 100원을 받았다. 많이 벌면 한 달에 5만 원까지 벌었다. 중국집 배달도 했다. 그 시절에는 자전거를 타고 철가방을 들었다. 한 달에 15만 원을 벌었다.

"너는 집안의 기둥이야. 판검사가 돼라." 무작정 집을 뛰쳐나갔다 돌아온 어린 영철에게 아버지가 말했다. 아버지는 술을 많이 마셨다. 중학교 2학년 때 돌아가셨다. 어머니는 식당에서 주방 보조로 일했다. 한 달에 18만 원을 벌었다. 그는 중학교를 그만뒀다. 봉제공장에 취직했다. 한 달에 9만 원을 벌었다. 약국에서도 일해봤다. "약국에서 약 배달을 하던 시절이 있었거든요." 한 달에 15만 원을 벌었다.

10대 후반부터 봉제공장서 12시간씩 일했지만

친구들이 고등학교를 다니던 무렵, 그는 서울의 봉제공장 기숙사에서 지냈다. 옷에 단추를 달았다. 잘못 겨냥하면 미싱 바늘이 단추를 찍어 깨트렸다. 졸린 눈을 부릅뜨고 일했다. 정해진 근무시간은 없었다. 하루 12시간씩 일하는 게 보통이었다. "일이 밀리면 아침 8시부터 새벽 4시까지 일했어요. 쉬지도 않고 일주일, 열흘씩 계속 일했지요." 그는 30만 원을 벌었다.

도시가스 배관일도 하고, 찻집 서빙도 하고, 주방 보조도 하면서 사춘기를 보냈다. 8년 전 마트에서 처음 일을 시작했을 때, 그는 105만 원을 받았다. 지금은 135만 원을 받는다. 세금을 떼고 나면 그의 손에 115만 원이 남는다.

주방 보조 일을 주로 했던 어머니는 프레스 공장에도 다녔다. 어머니의 왼손 중지와 약지는 기계에 눌려 끝이 뭉그러져 있다. 2년 전부터는 그런 일을 그만뒀다. 대신 폐지를 줍는다. "소일 삼아 하신다는데, 그나마도 요즘엔 폐지가 없다네요." 그의 동생이 어머니와 함께 산다. 상고를 나온 동생은 시내 백화점 구두 점포에서 월 150만 원을 받는 계약직으로 일한다. 두 사람은 서울 강북 변두리에서 월 20만 원짜리 단칸방에서 지내고 있다.

아내는 장애가 있어 몸이 불편하다. 부부는 월세 12만2500원을 주고 15평 임대아파트에 산다. 장인은 평생 뚜렷한 직업을 가진 적이 없다. 장모는 보험회사에서 일해 돈을 조금 벌었는데, 10년 넘게 당뇨병으로 고생했다. 병원비를 많이 썼다. 장모가 돌아가시고, 장인은 아들과 함께 영구 임대아파트에 산다. 장인의 아들, 영철의 처남은 병원에 세들어 돈 버는 물리치료사다.

첫아이는 낳자마자 많이 아팠다. 오직 5년 동안만 엄마·아빠와 함께 지냈다. 지금은 하늘나라에 가 있다. 둘째아이는 다행히 잘 자랐다. 초등학생이다. 아내 앞으로 나오는 장애인 지원비와 기초생활수급권자 지원비를 더하면 20여만 원이다. 여기에 115만 원의 월급을 보태 세 식구가 산다. 영철은 고기는 먹지 않고 산채비빔밥을 먹는다.

뫼비우스의 띠

불안정 빈곤 노동의 고리는 가족을 따라 끝없이 이어진다. 아버지, 그리고 그 아버지의 아버지 때로부터 영철은 이야기를 시작했다. 그러나 그 고리의 진정한 시작과 끝이 어디에 있는지 누군들 알겠는가. 그는 그것을 그리 불편하게 생각하지 않았다. "언젠가 고향에 돌아가 농사나 짓고 싶어요." 영철은 웃으며 말했다.

빈곤을 쳇바퀴 도는 '뫼비우스의 띠'는 영철의 가족에서 그치지 않는다. 오직 한 달 동안 A마트에서 지냈을 뿐인데도 나는 그런 이야기를 끝없이 들었다. 끝없이 여기에 적을 수 있다. 뫼비우스의 띠 위에 서면 오직 한 가지 법칙만 통한다. 미래는 과거에 의해 무력화된다.

계란을 파는 영호의 아버지는 택시 운전을 한다. 택시회사에서 택시를 빌려 일한다. 월급 택시 기사보다 더 많은 돈을 회사에 납입하는 대신, 주로 손님이 몰리는 밤 시간에 일한다. 고등학교만 졸업한 영호의 형은 아무 하는 일 없이 집에서 지낸다. 영호의 여자친구는 경기도 소도시의 네일숍에서 일한다. 두 사람은 2년제 대학에서 만났다. 학교를 졸업한 여자친구는 학교를 중퇴한 영호처럼 아르바이트를 한다.

영희의 남자친구는 대학을 나왔다. 경기도에 있는 2년제 대학에서 건축학을 전공했다. 그러나 그도 아르바이트를 한다. 처음 들어간 건설회사에서 잔심부름만 했다. "이름도 없는 대학을 나왔다고 무시당했단 말이에요." 지금 영희의 남자친구는 도넛 매장에서 계약직 매니저로 일하고 있다.

철수의 여자친구는 따로 일이 없다. 얼마 전까지 백화점 신사복 매장에서 아르바이트로 일했지만, 점포가 망하면서 일자리도 잃었다. 철수의 형은 지방 4년제 대학을 나왔다. 토목을 전공했는데, 취업이 되지 않아 1년간 마음고생을 했다. 어느 날 졸도해 병원에 실려갔다. "우울증은 아니고. 뭐라더라, '우울감'이 심하다고 진단을 받았어요." 형은 얼마 전 어렵게 일자리를 구했다. "토목기사 일"이라고 철수는 말했다.

오직 소비할 때만 뭇사람들과 평등해져

철수의 휴대전화는 모토롤라가 내놓은 최신형이다. 매달 휴대전화 요금과 함께 단말기 값을 분할해 치르지만, 단말기 값만 50만 원이 넘는다. 영호는 한 달에 6만 원을 내고 피트니스 클럽에 다닌다. 영희는 한 달 휴대전화 요금만 10만 원을 낸다.

이들은 100여만 원을 벌면서 수십만 원을 쓴다. 나는 그들에게 낭비벽이 있다고 비난할 수 없었다. 한 달에 수십만 원씩 10년 동안 저축한들 A마트 주변에서 전셋집도 구할 수 없다. 철수가 땀 흘린 돈으로 구입한 금빛 휴대전화는 부동산 시세차익을 거둔 회장님의 금빛 휴대전화와 같다. 오직 소비할 때, 마트 노동자는 세상의 뭇사람들과 평등해진다.

막칼을 잘 쓰는 경수에겐 꿈이 있다. 10년쯤 뒤 가게를 내는 꿈이다. 그와 함께 패싸움을 했던 고등학교 친구 하나가 시내 마트에서 과일을 판다. "너는 생선을 팔고, 나는 과일을 파는 가게를 함께 차리자"고 친구가 말했다. 그 가게에서 경수는 20초 만에 고등어를 손질해 손님에게 내놓을 것이다. 경수의 친구는 20초 만에 빛깔 좋은 제철 과일을 닦아 손님에게 건넬 것이다. 다만 그 꿈에는 그늘이 있다. 그들이 일하는 대형마트가 동네 작은 가게들을 모두 망하게 했다. 경수가 가게에서 돈을 벌려면 마트가 망해야 한다. 마트가 망하면 경수는 가게 차릴 돈을 벌지 못할 것이다. 그들은 뫼비우스의 띠를 따라 걷는다.

웬만해선 가난을 벗어날 수 없다

계층 이동 통계 조사

　가난을 자식에게 물려줄 각오로 사는 사람은 없다. 더 나은 삶을 살 것이라고, 부모는 아이의 눈을 들여다보며 생각한다. 다만 그 기대는 학력마다 벌이마다 다르다.

　'다음 세대 계층 이동'에 대한 2009년 통계청 조사 결과가 있다. '다음 세대에서 계층 (상승) 이동이 가능할 것으로 보느냐'는 질문에 초졸 이하 학력자의 24.7%가 '그럴 가능성이 낮다'고 답했다. 33.2%는 '모르겠다'고 답했다. 두 답변을 더한 부정적 태도가 57.9%에 이른다. 가장 높다. 중졸 학력자의 55%, 고졸 학력자의 52.8%가 부정적으로 답했다. 계층 이동에 대한 기대가 가장 높은 것은 대졸 이상 학력자다. 54.1%가 '그럴 가능성이 높다'고 답했다. 소득별 분포도 비슷했다. 월소득 50만 원 미만은 35.9%, 100만~200만 원은 43.8%, 300만~400만 원은 52.7%가 '다음 세대 계층 상승 가능성이 높다'고 답했다. 월소득 600만 원 이상이 되면 그 기대치는 59.2%에 이른다.

　과거는 미래를 보는 거울이다. 기대와 달리 지난 20년 동안 한국의 빈부 격차는 더 확대됐다. 도시 근로자의 시장소득을 기준으로 통계청이 2008년에 발표한 자료를 보면, '10분위 배율'은 1989년 7.37에서 2007년 8.75로 늘었다. 이 수치는 최상위 10%의 소득을 최하위

10%의 소득으로 나눈 것이다. 20년 전, 부자는 빈자보다 7.3배 더 많이 벌었다. 지금 그 격차는 8.7배로 늘었다. 빈부 격차에 대한 또 다른 잣대로 지니계수가 있다. 한국 도시 근로자의 시장소득을 기준으로 한 지니계수는 1989년 0.300에서 2007년 0.309로 늘었다. 1에 가까워질수록 빈부 격차가 늘었다는 뜻이다. 더 높은 계층으로 향하는 계단은 갈수록 높아지고 멀어지고 있다.

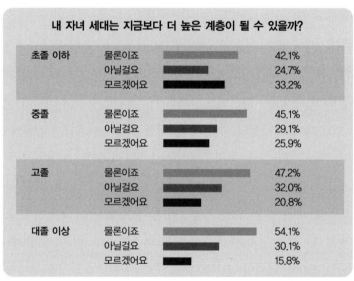

내 자녀 세대는 지금보다 더 높은 계층이 될 수 있을까?

초졸 이하	물론이죠	42.1%
	아닐걸요	24.7%
	모르겠어요	33.2%
중졸	물론이죠	45.1%
	아닐걸요	29.1%
	모르겠어요	25.9%
고졸	물론이죠	47.2%
	아닐걸요	32.0%
	모르겠어요	20.8%
대졸 이상	물론이죠	54.1%
	아닐걸요	30.1%
	모르겠어요	15.8%

자료: 통계청(2009년)

멈춰선
무빙워크

대학원까지 나왔다고 내가 말했을 때, 철수는 놀란 표정이었다.

"형님, 좋은 데 가시면 꼭 저를 불러주셔야 해요."

그를 고용해 월급 200만 원씩 주는 사업으로 내가 할 수 있는 게 뭐가 있을까, 잠깐이지만 진지하게 고민했다.

A마트에서 일하기 시작했을 때 나는 사실대로 말했다. "양념 불고기 있어요." 일주일이 지나자 수식어를 동원할 수 있게 됐다. "맛있는 양념 불고기, 대박 세이~일." 열흘 뒤에는 박자를 넣었다. "어서 오세요. 이리로 오세요. 싱싱한 한우 양념 불고기~이." 그래도 손님들은 눈길을 주지 않았다.

5년째 일한 철수는 '페로몬'을 감지할 수 있다. 물론 그는 페로몬이란 단어를 모른다. 아르바이트의 우주를 여행하는 '히치하이커'들은 개념을 몰라도 실체를 안다. 그들은 몸으로 세상을 인식한다. 페로몬도 그중 하나다. 페로몬은 벌이 벌에게, 개미가 개미에게 보내는 호르몬 신호다. 물건을 팔려는 서민은 물건을 사러온 서민의 페로몬을 감지하는 것이 틀림없다고 나는 생각했다.

철수는 목청 높여 소리 지르지 않는다. 매대 앞 통로에 버티고 선다.

그러다 막아선다. '돼지불고기를 사고 싶은데, 어디 가면 되지?'라는 페로몬을 풍기는 손님이다. "어머님, 이쪽입니다." 목동의 손에 코뚜레를 맡긴 송아지처럼, 엄마 손을 잡고 강당에 들어서는 초등학교 신입생처럼, 손님은 철수가 담는 대로 순순히 고기를 산다. 서로 나누는 말도 없다. "어떻게 냄새를 맡지?" 호객을 못해 애간장이 탄 내 물음에 철수는 그저 웃었다. 그도 설명할 도리가 없었을 것이다.

"매스컴이 무섭더라고요."

페로몬을 잘 맡는 철수도 애간장이 타기는 마찬가지였다. 장사가 안 됐다. '신종 플루' 때문이라는 게 A마트 점원들의 '다수설'이었다. '여사님'으로 불리는 옆 매대 아주머니는 '3개월 할부설'을 내놓았다. "지난 추석 때, 사람들이 카드 3개월 할부로 돈을 썼잖아. 그거 다 갚으려면 1월은 돼야지. 그때까지 쓸 돈이 없는 거야." 체험에 바탕한 여사님의 분석은 '소수설'일지언정 치밀했다.

철수는 어느 방송사의 소비자 고발 프로그램을 지목했다. 그 프로그램이 양념 불고기의 위생 상태를 고발했단다. 그 뒤로 손님이 뚝 끊겼다. "매스컴이 무섭더라고요." 철수가 말했다. 하루 9시간씩, 주말도 없이 일하는 철수는 그 방송을 본 적이 없다. 그런 이야기를 전해들었을 뿐이다. 나는 그의 편이 되어 '무서운 매스컴'을 생각했다. A마트 점원들이 알고 있는 매스컴은 제 삶에 귀찮게 간섭하는 권력기관이었다. 30일이 지나도록 나는 사실대로 말하지 못했다. 그들이 나를 무섭고 귀찮게 생각하지 않기를 바랐다.

기자는 공익을 추구한다. 식품위생 관리는 공익이다. 기자는 그걸 감시할 의무가 있다. 그러나 A마트에서 나는 새로운 질문에 봉착했다. 마트 노동자의 이익은 공익이 아닌가? 어느 날, 하얀 가운을 입은, 젊은 여성이 매대를 찾아왔다. 그는 맑은 눈을 갖고 있었다. 하얀 손으로 양념 돼지불고기를 시험관에 넣었다. 그는 본사에서 위생감독을 맡고 있다. 이제 그는 맑은 실험실에 돌아가 돼지의 단백질에 시료를 섞을 것이다. 현미경 위에 올려놓고 대장균 따위를 헤집어볼 것이다.

"걸리면 보통 일은 아니죠." 철수가 말했다. 식약청, 구청, 본사가 수시로 점포의 위생 상태를 검사한다. 맞은편 돼지고기 매대의 어느 점포는 식약청 검사에 걸려 1개월 영업정지를 맞았다. 마트는 빈자리를 내버려두지 않았다. 다른 점포가 들어왔다. 1개월 영업정지 처분을 받은 점포는 영원히 A마트에 되돌아오지 못했다. 그 점포에서 일했던 20대 점원도 함께 그만뒀다.

식약청 단속반의 현미경에 잡힌 그 미생물은 돼지를 기른 사람, 도축한 사람, 포장한 사람, 보관한 사람, 그리고 진열한 사람을 거치며 증식했을 것이다. 포장지에 찍힌 유통기한에 따라, 정해진 보관온도 아래, 밀봉된 돼지고기를 목이 쉬도록 구워가며 팔았을 뿐인 마트 노동자에게 그 일은 불가항력이다.

식약청이 제 할 일을 하고, 업주가 제 사업의 활로를 찾는 동안, 마트 노동자는 제 하던 일을 통째로 잃어버린다. 영업정지 처분은 먹이사슬을 따라 마트 노동자의 실직으로 가중처벌된다. 식약청 단속으로 문을 닫게 된 대형마트는 지금껏 없었다. 그런데 오늘 집어간 돼지고기에서 대장균과 타르와 아질산염이 검출되면, 내 이익은 누가 지켜

줄까?

　계란을 파는 영호에게 내가 불평했다. "우리도 앉아서 일하면 좋을 텐데." 넓고 넓은 A마트에 1000여 명의 노동자들이 별처럼 흩어져 일한다. 누구도 앉을 수 없는데, 예외가 있다. 계산대 점원이다. "저것도 매스컴 때문이에요." 멀리 계산대를 보며 영호가 말했다. 서서 일하는 마트 계산대 점원에 대한 기사가 보도된 적이 있다. 이후 그들에겐 의자가 지급됐다. 다만 그들에게만 지급됐다. 나머지 대다수 마트 노동자는 여전히 서서 일한다. "쇼핑 다 하고 계산대 가서야 사람을 보거든요. 거기만 사람 있는 줄 알지, 우리는 안 보이는 거죠." 투명인간이 되어 마트에서 일한 뒤에야 나는 의자가 절실한 더 많은 사람들이 눈에 들어왔다. 몸으로 세상을 이해하기 시작했다.

　중년 사내는 이해하지 못했다. 줄을 서서 5분째 기다렸다고 화를 냈다. "지점장, 나오라 그래." 그는 조금 전, 고추장 돼지불고기 1kg을 사갔다. "이렇게 손님이 많으면 계산대 직원을 더 써야지. 왜 손님을 기다리게 하는 거야?" 지점장을 나오게 할 능력이 나에겐 없었다. 그는 계산을 마치지 못한 불고기를 씩씩거리며 반품했다. 화내는 손님이 더 없었으므로 나는 혼자 상상을 해봤다. 계산에 걸리는 시간을 줄이려면 더 많은 계산대 점원을 채용해야 한다. 그들을 고용해 파견하는 용역회사는 마트에 더 많은 돈을 요구할 것이다. 비용을 지불해야 한다는 명분으로 마트는 점포의 매출 경쟁을 더 부추길 것이다. 어쩌면 20%의 수수료율을 더 높일 수도 있다. 더 빨리 더 많은 점포가 망할 것이다. 더 많은 노동자가 더 빨리 일자리를 잃을 것이다. 손님을 기다리게 할 것인가, 노동자를 일하게 할 것인가.

일이 그렇게 풀려나가는 게 마음에 들지 않는다면 다른 길이 없지는 않다. 마트의 수익을 줄이면 된다. 노동의 가치를 제대로 매겨 임금을 주고, 점포가 내야 하는 수수료도 인하하고, 대형마트가 좀 덜 벌면 된다. 그러나 이상은 현실에 간단히 압도당한다. "그래도 우리 마트가 잘되는 게 좋죠." 영호가 말했다. 피로가 덮개를 이루듯 쌓여도 마트 노동자들은 마트 탓을 하지 않았다. 마트가 망하는 게 가장 큰일이라고 그들은 생각했다.

투표소를 가지 않는 사람들

영철은 8년째, 철수는 5년째, 경수는 2년째 A마트에서 일하고 있다. 115만~140만 원 정도를 번다. 왜 다른 직업을 찾지 않을까? "공장보다 마트가 훨씬 나아요." 영철은 봉제공장에서 일한 적이 있다. 하루 12시간씩 일했다. 마트에서 일하는 청년 노동자들에게 마트의 비교 대상은 '공장'밖에 없었다.

새 직업이 어렵다면 새 마트라도 찾아 옮기는 건 어떨까? "길들여진 거죠. 어차피 평생 일할 것도 아니고." 철수가 호호 웃으며 말했다. 마트에서 만난 누구도 제 처지를 '직업'이라 생각하지 않았다. 가게를 열 때까지, 장사를 시작할 때까지, 언젠가 좋은 일이 생길 때까지 잠시만 머물 것이다. 적어도 그들의 예상은 그러했다. 그래서 떠나고 싶어하지 않았다. 미지의 규칙에 대한 두려움 같은 것이 그들에겐 있었다. 용기가 부족한 것이 그들의 탓은 아니라고 나는 생각했다. 어느 면에서 그들은 마트를 좋아했다. 공장보다 깨끗하고, 공장보다 자유로운 마트를 좋아했다. 그리고 나머지는 모두 잊었다.

　고용주에 대한 불만도 까맣게 잊었다. 책상물림인 나에게 그것은 수수께끼였다. "지금 사장이 마음에 든단 말이에요." 판촉 이벤트 회사에 고용된 영희가 말했다. 돼지고기 작업장에서 일하는 영철도 다르지 않았다. "우리 사장하고는 말이 통하거든요." 비정규직으로 자신을 고용한 용역업체 사장을 '인간적'으로 믿는다고 그들은 종종 말했다. 근로계약서를 썼는지, 무슨 내용이 있었는지 기억하지 못했다. 오직 사장의 '말'을 기억했다. 그들은 제도를 신뢰하지 않았다.

　"군대 있을 때 빼면 한 번도 없어요." 영호는 지금껏 딱 한 차례 선거에 참여했다. 제대 뒤에는 다시 투표소를 찾지 않았다. "내 앞길이 캄캄한데, 무슨 정치 이야기를 하겠어요." 2년제 대학을 중퇴한 그는 가끔 친구들과 술을 마신다. 서로 우스개를 늘어놓는다. "저마다 더 우스운 이야기 하려고 기를 쓰죠." 영호가 말했다. "그런데 1년 전부터" 영호의 목소리가 낮아졌다. "분위기가 조금씩 바뀌었어요. 술 취하면 '이제 우리 뭐하냐', 그런 이야기가 꼭 나와요."

　놀이공원에 취업한 대학 선배는 일이 힘들다고 그만뒀다. 학교 평판 나빠지겠다는 걱정이 나온다. 자기 생각만 하고 후배 앞길 틀어막은 놈이라고 욕하는 이가 있다. 그래봤자 150만 원인데 취업해서 뭐하느냐는 말도 나온다. 그러고 보니, 함께 졸업한 친구는 대학 연구실에 취업해 130만 원을 번다. 실험용 동물을 기르는 계약직인데, 당장이라도 그만두고 싶단다. 술 잘 마시던 또 다른 선배는 요즘 '서든'하고 있단다. PC방에 죽치고 앉아 '서든' 게임만 한다는 이야기다. 100% 취업률 보장한다더니 왜 대학 나와서 이렇게 사느냐고 누군가 자조한다. 100%? 웃기지 말라고 해라. 마트 아르바이트 소개해주는 것도 취업인가……. 그쯤에서 술자리는 파하기 마련이다. "그래도 정치 이야기는 한 번도 안 했네요." 영호가 말했다.

영희는 지난여름, 촛불집회 때 광화문을 가볼까 생각한 적이 있다. 그 역시 기표소의 도장을 만져본 적이 없지만, 촛불집회는 어쩐지 재미있어 보였다. "그런데 광화문에 나가면 경찰들이 성희롱한다고 그랬단 말이에요. 그건 딱 싫단 말이에요." 영희에게 그 이야기를 전해준 것은 어느 법률사무소에서 아르바이트를 하는 실업고 동창이었다. 법률사무소에는 공부를 많이 한 변호사들이 많다. 그들 가운데 누가 공포를 심어줬을까, 나는 생각했다.

정치가 보호막이 될 수 있다는 생각을 그들은 한 번도 한 적이 없다. "언제 무슨 선거가 있든지 무슨 상관이에요. 어차피 일하느라 투표도 못한단 말이에요." 지방선거 이야기를 꺼냈더니 영희가 잘라 말했다. 정치는 우리의 문제를 해결할 가장 강력한 통로라고 나는 말해주지 못했다. 어렵게 노동조합 이야기를 꺼낸 적이 있다. "다 좋은데 민주노총은 꺼림칙하다고 다들 말하던데요." 영철이 말했다. 당장의 월급을 주는 사장에게 그들은 더 강하게 끌렸다. 정부, 정당, 언론, 노조가 힘이 되어준 기억이 그들에겐 없었다. 차라리 장차 뒤를 봐줄지도 모를 대학원 졸업생과 친해지는 게 낫다고 생각했다.

친구가 고용보험

"형님한테 세상 이야기 좀 들어야겠어요." 대학원까지 나왔다고 내가 말했을 때, 철수는 놀란 표정을 지었다. 그는 찬바람 부는 마트 뒤편 벤치로 나를 끌고 갔다. 우리는 담배를 피웠다. 술도 한잔 걸치지 않았는데, 그는 제 고민을 털어놓았다. 가족, 친구, 동료를 통틀어 철수 옆자리에서 대학원 나온 사람이 담배를 피우는 것은 처음이었다.

대학원까지 나온 사람들이 한국에서 살아가는 방식에 대한 '감정'이 그에겐 없었다. 그것은 철수가 잘 모르는 세상이다. "형님, 좋은 데 가시면 꼭 저를 불러주셔야 해요." 그를 고용해 월급 200만 원씩 주는 사업으로 내가 할 수 있는 게 뭐가 있을까, 잠깐이지만 진지하게 고민했다.

철수에겐 친구가 필요했다. 그는 친구의 말이라면 믿었다. 철수가 제대했을 때, 그에겐 하는 일이 없었다. 고등학교 동창이 A마트 양념육 매대에서 일하고 있었다. 철수는 친구 따라 강남 가지는 못하고 마트에 들어왔다. 생선 매대에서 일하는 경수도 친구한테 소개를 받았다. 신문보급소에서 함께 일했던 친구가 마트로 끌어들였다. 작업반에서 일하는 영철 역시 8년 전 친구 소개로 마트에 처음 들어왔다. 그리고 그들은 서로 새로운 친구가 됐다.

잠시 일할 것이라 생각하고 들어왔어도 100여만 원의 월급은 이들을 불안하게 한다. 가난은 상처 입은 피부다. 대단치 않은 자극과 접촉에도 쉽게 곪는다. 마트의 젊은 노동자들은 본능적으로 보호막을 찾는다. 친구다. 마트에 새 일자리가 생기면 그들은 친구에게 전화할 것이다. 그것이 그들의 고용보험이다.

좀처럼 나지 않는 마트 구인 광고

'이너서클'이 있다는 사실을 광수는 몰랐다. 1년 전 그는 아르바이트 사이트를 한참 뒤졌다. 숙식 해결 주유소, 일당 주는 전단회사, 급구 패스트푸드 점원은 있는데 대형마트의 구인 알림만 없었다. "대형마트에 자리가 생긴다면 좋겠어요." 광수가 말했다. 먼먼 은하계 저편에서 마트 은하계 진입을 꿈꾸는 광수를 처음 만났을 때, 그는 코 흘리는 아이 둘을 안고 나왔다. 아이는 어른을 한없이 약하게 만든다. 아빠 광수는 억지로 졸음을 참고 있었다. "잠이 부족해요. 잠을 잤으면 좋겠어요." 세 살, 두 살짜리 아이들은 햄버거 가게의 으깬 감자튀김을 말없이 먹었다.

광수에게도 아버지가 있다. 아버지는 제지회사 차장이었다. 1997년 외환위기 이후 시름시름하더니 회사가 망했다. 아버지는 53평짜리 주상복합 아파트를 내놓았다. 대출받은 돈을 갚지 못해 신용불량자가 됐다. 퇴직금으로 술집을 차렸지만 미성년자를 출입시켰다가 영업정지 15일 처분을 받은 뒤, 그냥 접었다. 그 돈을 사업하는 작은아버지에게 대줬다가 모두 날렸다. 1997년 겨울 이후, 한국인의 삶은 예고없이 붕괴하곤 했다. 광수네 식구도 그들 가운데 하나였다. "은행빚만 1억 원이래요." 광수가 말했다.

아버지, 어머니가 요즘 무슨 일을 하는지 광수는 정확히 모른다. 아버지는 "구청에서 내주는 일"을 한다. 구청 공무원은 확실히 아니므로, 희망근로 사업일 것이다. 어머니는 "스리 잡"을 한다. 여러 물건을 팔러다닌다. 부모 사정에 밝지 못한 것은 제 앞가림이 급하기 때문이다.

여자는 작고 귀여웠고 낯을 가렸다. 고등학교 2학년 때 만난 동갑내기다. "만난 지 1700일 됐다"고 광수는 말했다. 여자는 두 번째 아이를 낳고 9일째 되던 날, 도넛 매장에 일하러 나갔다. 아내는 아침 6시 30분에 일어나 일하러 간다. 광수는 아침 8시에 일어나 아이 둘을 어린이집에 보낸다. 오전 11시에 도넛 매장에 나가 아내와 함께 일한다. 오후 3시, 아내가 퇴근해 아이들을 데려온다. 광수는 밤 11시까지 일한다.

그래도 지금은 옷장도 있고 서랍장도 있고 컴퓨터도 있는 단칸방에서 산다. 첫째아이가 태어났을 때, 부부는 지낼 곳이 마땅치 않았다. 부부는 찜질방에서 잤다. "원래 안 되는데 특별히 부탁해서" 아이는 어린이집에서 재웠다. 2주 동안 그렇게 지내다 힘들게 지금 방을 구했다. "점장님이 인간적으로 잘해주시기 때문에" 당장 옮길 생각은 없지만, 대형마트는 광수에게 좀더 나은 미래일 수 있다. 그래도 마트는 좀체 구인 광고를 내지 않는다. '이너서클'이 있다는 것을 광수는 몰랐다. 그도 마트에 가면 좀체 그만두지 못할 것이다.

200만 원의 꿈

하루 종일 고기를 구워 쇳소리로 말하던 영희의 성대가 그때만큼은 촉촉히 젖었다. "제 꿈은요." 집이 있고, 차가 있고, 통장에 1000만 원이 들어 있고, 빵집을 하면서 한 달에 200만 원을 버는 것이다. "월 200이면 행복하겠어요." 그들의 행복은 상류 계층과는 상관이 없었다. 나라가 돌아가는 사정에도 별로 영향을 받지 않았다. 적어도 그들의 상상 속에서 행복은 직선이었다. 돈을 모아 가게를 내어 또 돈을 버는 것이다. 월 200만 원이면 행복한 그들이 증오와 분노를 품지 않아 참 다행인 부자들이 한국에는 많다.

언젠가 철수는 치킨집을 차릴 생각이다. 경수는 생선가게를 꿈꾼다.

고향에 내려가 농사를 짓고 싶은 영철은 그때까지는 조용히 마트에서 일할 생각이다. 가수를 꿈꾸는 영호는 얼마 전, A마트를 그만뒀다. 새 일자리를 알아보고 있다. 판촉회사에 고용된 영희는 요즘 다른 마트에서 일한다. 그곳에서도 고기를 팔고 있다. 광수는 아내와 부부싸움이 잦아졌다. 돈 문제, 아이 문제로 짜증내다가 언성을 높이게 된다.

그들이 태어났을 때, 우주는 반짝이는 별로 가득했다. 스무 살이 되었을 때, 그들에겐 선택할 것이 많지 않았다. 별의 운행 궤도가 결정돼버렸다. 다르게 태어나 엇갈려 자랐지만, 지금 그들은 서로 닮아 있다.

마지막 날, 일을 마치고 마트 입구에서 철수와 담배를 피웠다. 무빙워크를 타고 마트 밖 세상으로 나왔다. "여기 일 그만두면 꼭 연락해." "예, 형님." 그에게 전화가 걸려오면 나는 무슨 이야기를 해줄 수 있을까. 한참 동안 서 있는 철수를 나는 돌아보았다. 그의 뒤편에서 무빙워크가 멈춰선 것을 나는 보고 말았다.

"이제야 나는 너와 대화하는 방법을 알 것 같아"

　지난여름, 우리가 '노동 OTL' 기획을 막 궁리했을 때, 친구야, 나는 너를 찾아갈 생각이었어. 20년 전, 사람들은 '망치와 펜치'라고 우리를 놀림 삼아 불렀지. 지금이야 맹꽁이처럼 배가 나와버렸지만, 그때만 해도 나는 깡말랐고 너는 다부졌잖아. 너도 시를 썼고 나도 시를 썼지. 나는 장정일이 대구 최고의 시인이라 생각했고, 너는 천만의 말씀 안도현이 최고라고 말했지. 그래도 늘 붙어다녔지.

　"계란 프라이로 만날 밥 비벼 먹을 수 있으면 좋겠다." 고3 때 네가 했던 말을 나는 이해할 수 없었어. 왜 계란 프라이를 매일 못 먹는지 알지 못했어. 말이 없으시던 네 아버지는 공사장에서 일하셨지. 항상 말이 없으셨지. 담배를 많이 피우셨지.

　네가 건네준 책이 참 많았어. 너는 나보다 책을 더 많이 읽었어.《사이공의 흰옷》이 지금도 기억나. 그 책에서 남방 아시아의 고등학생들은 제 뜻대로 제 의지대로 삶을, 세상을 개척했지. '넘어, 넘어'로 불리던 책도 읽었어.《죽음을 넘어 시대의 어둠을 넘어》라는 제목이 너무 벅찼어. 우리는 모든 것을 넘어설 수 있다 믿었지. 몰랐던 것은 오직 두려움이었고, 너와 나는 세상을 다 이해했다 믿었지.

　서울에 올라와 대학 생활을 시작하면서 나는 새로운 종류의 자유를 만났어. 그것은 밤새 포커를 치고 다음날 수업에 빠져도 되는 자유였지. 하숙방에 돌아오면 법대를 다니던 형들이 모여 있었어. 고시 공부의 스트레스를 푼다며 그들은 매일 밤 포커를 쳤지. 나도 옆에서 그 놀음질을 배우며 낄낄댔지.

스무 살의 여름이 생각나. "이게 도어 프레임이야!" 지나는 사람들이 모두 우리를 쳐다봤어. "이게 내가 만든 도어 프레임이라고!" 자동차는 울산에서 만들어지는 게 아니라는 것을 그 여름에 처음 알았어. 그것은 대구와 구미와 경산의 수많은 하청 공장들이 부품을 만들어낸 다음에야 울산에서 볼 수 있는 것이었어. 어린 시절, 수학여행 때 본 거대한 공장은 거대한 위선이었지. 내가 포커나 치고 앉았던 스무 살의 여름 내내 너는 지방 도시의 작은 공장에서 자동차 문짝을 만들었지.

그렇게 돈을 모아 도서대여점을 열던 날을 기억하지? 사장이 됐다고 내가 축하했던가? "동네 깡패가 먼저 오고, 경찰이 나중에 왔다"고 네가 말했지. 그나마 떡값도 오래 주지 못했다. 대여점이 망한 뒤, 너는 많이 변했어. 술에 취한 너는 유난히 외로워했어. 나는 여전히 이해 못했지. 땀과 세월에 찌들기 시작한 20대 중반의 네 주변에 수다를 섞어볼 젊은 여자가 도대체 존재하지 않는다는 사실을 나는 몰랐지. 아무것도 모르면서 화를 냈지. 네 동생이 기르던 '골든 레트리버'가 눈에 선하구나. 고등학교 졸업하고 알바해서 번 돈을 네 동생은 송아지만한 개를 사는 데 다 써버렸지. 왜 말리지 않았느냐고 물었을 때, 너는 그저 덤덤했어. "내버려둬. 그게 유일한 즐거움이야."

빛의 속도로 달려온 너의 서른 이후 즐거움이 무엇이었는지 나는 여전히 모르지. 너는 동네 슈퍼에 물건을 대주는 도매업자 밑에서 일했지. 사장은 납입 액수가 틀리다며 너를 많이 닦달했지. 신용불량자가 된 너는 비닐을 만드는 작은 공장에서도 일했지. 햇볕 아래서 등짐 지느라 네 얼굴이 새카맣게 탔지. 아, 그 뒤로도 오랫동안 너는 내가 알지 못하는 수많은 직업에 올라탔다가 내려왔지. 그렇게 나이를 먹었지. 명절이 되어도, 고향에 내려가도 어쩐지 잘 못 만나지는 나이가 되어버렸지.

친구가 차린 목공소에서 일하고 있다는 이야기, 얼마 전에 들었어. 네가 읽은 책을 읽고 네가 쓴 시를 베껴 썼는데, 우리의 언어가 왜 이렇게 달라졌는지, 어리석은 나는 여전히 이해 못하고 있어. 그래서 취재를 핑계 삼아 네 곁에서 함께 일하고 싶었어. 지난 세월을, 우리가 이해했다 믿었던, 넘어서려 했던 세상을 이야기하고 싶었어.

고작 한 달의 경험으로 그걸 대체할 수는 없었어. 그렇지만 나는 수많은 '망치'를 봤어. 수많은 네 스무 살을 봤어. 세상 물정을 이해하는 데 시간이 많이 걸린 나는 너한테 별로 좋은 친구가 되지 못했어. 별 힘이 되지 못했지. 이제라도 그걸 만회하고 싶었는데, 나의 지혜와 노력은 여전히 부족해. 그래서 철수와 영희에게, 영철과 경수에게 진심을 털어놓는 편지를 쓰지 못하겠어. 해법은 보이지 않고, 문제만 무수히 튀어나오는 현실이 너무 벅차구나. 그 문제들은 기다렸다는 듯 내 경험과 상식을 흔들고 비웃고 무너뜨렸어.

그래도 조심스럽게 한 가지는 말할 수 있어. 친구야. 이제야 나는 너와 대화하는 방법을 알 것 같아. 네 말을, 네 언어를 이해할 수 있을 것 같아. 그렇게 우정을 다시 만들 수 있을 것 같아. '망치들'의 언어로, 입장으로, 경험으로, 관점으로 다시 시작할 수 있을 것 같아. 저들이 쳐올린 장벽을 망치로 두들기면서 우리 사회의 연대를 더 높이 더 굳건히 쌓아올릴 수 있을 것만 같아.

내년에는 좋은 각시 만나 장가가라. 발바닥은 내가 도맡아 때려줄게. 돌아가신 아버지도 손자가 보고 싶으실 거야. 이번 설에는 소주 한잔 하자.

2009년 겨울

서울에서 펜치가

그들은 여전히 나를 '형님'이라 부른다

   취업이 가능할까. 취재 기자 모두 한 번씩 거쳤던 의문이다. "너희들이 할 몫을 해라. 나도 뛰어들 테니." 후배 기자들에게 그렇게 말했던 것은 허장성세였다. 나 역시 확신이 없었다. 내가 맡은 것은 '청년 노동'이었다. 30대 후반의 나는 더이상 청년이 아니다. 대학 시절, 이런저런 아르바이트를 해보지 않은 것은 아니지만, 요즘의 20대들이 어디 가서 일하는지조차 알지 못했다. 그들 곁에 서서 멀쩡히 일할 수 있는지도 알 수 없었다. 후배 기자들이 여보란 듯 제 몫을 못했다면, 나는 아마 그들의 핑계를 대고 포기했을 것이다.

   포털 사이트의 알바 게시판을 뒤지는 것에서 시작했다. 대부분 나이 제한이 있었다. 3개월 이상 일해야 한다는 단서조항을 붙이는 경우도 많았다. 그나마 드나듦이 자유롭고 나이의 문턱이 낮은 자리는 주유소와 주차장 아르바이트뿐이었다. 그런데 그냥 취업하는 것만으로는 부족했다. 나의 목적은 청년 노동을 취재하는 데 있었다. 현장에서 청년들과 어울려야 했다. 주유소·주차장에 동고동락할 청년들이 충분히 많을지 확신할 수 없었다.

   청년 노동 문제를 고민하는 여러 단체를 섭렵하며 협조와 자문을 구했다. "취지는 좋은데, 아마 힘드실 걸요." 그들 대부분은 고개를 저었다. 탓하려는 것은 절대로 아니지만, 그들 역시 아르바이트 취업 과정에 대해선 잘 알지 못했다. 간혹 추천을 받더라도 내 나이가 계속 문제가 됐다. 전문가들을 만나는 것만으로는 절대로 완성되지 않을 기획인데, 취업을 해야 할 데드라인이 점점 다가왔다.

거의 마지막 순간, 대형마트가 후보로 떠올랐다. 대형마트의 아르바이트는 포털 사이트 알바 게시판에서 찾아볼 수 없었던 직종이었다. 그 이유는 나중에야 알게 됐다. 빈 자리가 생겨도 마트 안에서 알음알음으로 해결하고 있었던 것이다. 대형마트에는 적게 잡아도 1000여 명 이상이 일하고 있다. 젊은 사람과 늙은 사람, 남자와 여자가 모두 모여 있다. 그들 가운데 청년을 집중적으로 접촉하는 것은 순전히 나의 몫이 될 터였다.

30대 후반의 남자가 취업하기엔 아무래도 좁고 까다로운 절차를 잘 넘겨 결국 취업에 성공했다. 세상 모든 종류의 비정규직이 모여 있는 대형 마트의 일자리를 구한 것은 천운이었다. 결정적 도움을 준 몇몇 분들은 '취재원 보호'를 위해 평생 내 가슴의 비밀로 간직하겠다.

내가 맡은 일은 마트 양념육 매대의 판촉직원이었다. 호객도 하고 시식용 고기도 구웠다. 취업이 결정되니, 다른 걱정이 생겼다. 나는 신문기자이지만 가끔 얼굴을 대중에게 내놓는다. 작은 사진이 박힌 칼럼도 쓰고, 드물지만 대중 강연이나 토론회에 나서는 일도 있다. 마트에선 하루에도 수천 명의 손님이 내 앞을 지나갈 것이다. "어머, 기자님이 여기서 뭐하세요?" 그런 사람이 하나라도 생기면 어쩌나, 출근 전부터 근심이 적지 않았다.

완전한 착각과 기우였다. 마트에 오는 손님들은 마트에서 일하는 노동자의 얼굴을 '아무도' 쳐다보지 않았다. 그것은 작은 충격이었다. 마트 노동자는 형형색색의 유니폼을 입고 있다. 나는 하얀색 주방장

모자에 연보라색 유니폼을 입고, 붉은색 앞치마를 둘렀다. 세상에서 가장 눈에 잘 띠는 옷이다. 그 옷을 입고 목청을 높였다. "양념육이 있어요. 제주도 꺼먹 돼지입니다." 세상에서 가장 귀에 잘 들리는 박자와 톤으로 손님을 불렀다. 그러나 누구도 눈길을 주지 않았다. 손님들은 마치 그 자리에 아무도 없는 것처럼 행동했다. 나의 존재가 완전히 무시당할 수 있다는 것을 처음으로 알았다. 마트 노동은 '투명 노동'이었다.

다른 기자에 비해 나의 노동 환경은 비교적 괜찮은 편이었다. 다만 내 나이로는 감당하기 벅찼다. 하루 종일 서 있는다는 것부터 정말 고역이었다. 마트에서는 아무도 앉지 못한다. 정확히 사흘이 지나자 발가락에 물집이 잡혔다. 종아리에 근육이 생긴 것까진 좋다쳐도, 감옥에 갇힌 것과 진배없이 마음대로 나다닐 수 없다는 정신적·육체적 압박을 견디기 힘들었다. 마트 노동은 '기립 노동'이었다.

마트의 매출 시스템을 알게 되면서 머리가 복잡해졌다. 처음에는 마트에 고용된 노동자들에게 주목할 생각이었다. 그러나 시간이 갈수록 마트에 입점한 점포 사장들의 처지에 마음이 쓰였다. 마트의 모든 점포는 매출의 20%를 '자릿세' 몫으로 마트 본사에 지불한다. 마트는 동일 품목을 다루는 복수의 점포를 입점시켜 서로 경쟁시킨다. 대형 마트는 동네 슈퍼를 먹어 삼켰다. 그렇게 등장한 대형 마트끼리 다시 무한 경쟁했다. 생존을 위한 체력을 비축하려고 대형 마트는 입점한 자영업자의 손실을 수수방관하거나 오히려 부추겼다. 자영업자의 손실은 마트 노동자의 희생으로 이어졌다. 마트 노동은 '먹이사슬 노동'이었다.

까짓 시급 4000원짜리 때려치면 된다 싶지만, 그들은 평생 그런 일을 반복해 왔다. 주유소, 편의점, 노래방 등을 거치며 10대 후반에 시작한 알바를 30대 중반이 넘도록 계속하고 있었다. 기사에 등장하는 영희·철수·동수 등은 '고르고 고른' 인물이 아니다. 마트 노동자 가운데 젊은 사람은 많았지만, 일도 하고 취재도 해야 하는 복잡한 조건 때문에 내가 만날 수 있는 사람은 한정돼 있었다.

영희·철수·동수는 내가 '접촉할 수 있었던' 인물일 뿐이었다. 그런데도 그들 모두는 기막힌 인생을 살아왔고 살고 있었다. 모두 대단치 않은 부모 밑에 태어나 대단치 않은 학교를 졸업하여 이곳까지 왔다. 여론조사의 '표본추출' 방식에 따르자면, 나는 '임의표집'을 했을 뿐인데, 표본 모두가 아무 차나 집어타며 인생을 헤쳐왔다. 통계적 방식으로 확언할 순 없지만, 마트 노동자 절대 다수가 그렇게 살아왔을 것이라고 나는 생각한다. 마트 노동은 '히치하이커 노동'이다.

일하는 기간 동안, 술값을 적잖이 썼다. 쇠고기·돼지고기·닭고기·계란 등을 파는 곳에서 일했으므로, 주변의 노동자 대부분은 육지의 고기는 먹지 않았다. 냄새 자체를 싫어했다. 대신 생선회를 좋아했다. 바다의 고기는 육지의 고기보다 비싸다. 바다의 고기를 안주로 삼으면 술도 많이 마시게 된다. 그러나 횟집에서 돌아나오는 길마다 나는 돈이 아깝지 않았다. 그들은 진심으로 회를 좋아했고, 맛있게 먹었고, 즐겁게 이야기했다.

기사 연재가 끝나고 석 달쯤 지나, 철수·동수 등을 다시 만났다. 기자 신분을 처음부터 밝힐 수 없었던 사정 등을 이야기하면서 이해를 구했다. "에이, 괜찮아요, 형님." 그들은 여전히 나를 형님이라 불러주었다. '기자님'이라고 부르지 않아 정말 다행이었다. 기사를 모두 읽어봤다는 그들은 "사실대로 적었으니 문제될 것 없다"고도 말해주었다.

우리는 그날 생선회를 아주 많이 먹었다. 10년 넘도록 기자 생활을 하면서 '노동자 친구'가 생긴 것은 이번이 처음이다. 노동자를 취재한 적도 있고, 노동자와 술잔을 나눈 적도 있지만, 까불고 어울리는 사이가 된 적은 없었다. 철수와 동수와 영희는 나를 자신들 무리에 끼어주었다. 나는 더 이상 청년은 아니지만 진짜 노동자가 되었다. 실은 기자가 될 때부터 노동자였는데, 제 멋에 취해 제 분수를 오랫동안 까먹고 있었던 것이다. 철수와 동수와 영희는 내가 잃어버린 것을 되돌려주었다. 그들의 처지에 보탬이 될까 하여 기사를 썼지만, 정작 도움을 받은 것은 나였다.

3

'불법 사람' 노동일기

"형, 우리 '불법 사람' 일하기 힘들어.

그래도 괜찮아. 단속 걱정이 제일 커. 단속만 없으면 우리 괜찮아."

우리 공장은 물론 내가 공장 인근에 얻은 자취방 주변에서 만난 외국인 노동자들의 호소는 한결같다.

첫 번째 이야기

갇힌 노동
닫힌 희망

출퇴근 페드로는 일하는 동안에도 수시로 쇠빗장에 눈을 흘긴다.

누군가 화장실을 다녀오다 깜빡 잠그는 걸 잊기라도 하면, 바삐 놀리던 손을 멈추고 잽싸게 달려가 문을 잠근다.

내게도 "문단속 잘해, 형"이라는 부탁을 수시로 한다.

　　　　　　　　　　"일하러 왔어요? 잘됐네. 한국 사

람들은 여기 통 안 오려고 하는데……. 그런데 운전면허는 있수?"

　"예."

　"그거 잘됐네."

　30대 중·후반의 공장장은 나를 처음 보고는 반가워했다. 그 반가

움이 낯설었다. 한국 사람이라서 반갑고 쌔고 쌘 운전면허를 갖고 있

다고 반가워했기 때문이다. 지난 2009년 10월 7일 저녁 무렵 찾은 경

기 남양주시 마석가구공단의 한 가구공장. 조금 뒤 만난 사장에게 "나

를 고용해달라"고 했다. 사장은 예전에 이런 일을 해본 적이 있는지,

내일부터 일할 수 있는지 물어보더니 월급 130만 원을 주겠다고 했

다. 공장을 둘러보니 한국인 노동자와 외국인 노동자가 섞여서 일하

고 있다. 물건을 만들면 트럭에 싣고 배달도 나가야 하는데, 미등록

신분인 외국인 노동자들이 운전면허를 갖고 있을 리가 없다. 나머지 한국인 노동자들은 운반·배달 등 단순한 일에 투입하기엔 아까운 숙련공들이다. 낯선 반가움의 실체다.

우리 공장은 가구 중에서도 모텔이나 호텔, 여관 등 숙박업소에 들어가는 물건을 납품한다. 의자와 테이블, 장식장, 침대 밑받침 등을 주로 만든다. 외국인 노동자 4명과 한국인 8명가량이 함께 땀을 쏟는다. 다른 공장에 견주면 한국인 비율이 꽤 높은 편이다. 그 길로 달려가 공장 인근에 보증금 4만 원에 16만 원짜리 조그마한 방을 얻었다.

누구나 통과해야 하는 '구멍 검색대'

이상한 일이었다. 공장문은 내가 처음 두드렸을 때부터 굳게 닫혀 있었다. 심지어 잠겨 있었다. 공장 안에 들어가보니 먼지가 자욱했다. 요란한 소리가 귓청을 때렸다. 그런데 공장 사람들은 아예 안에서 쇠빗장을 걸어놓았다. 바깥에서는 쇠문을 용접기로 떼어내지 않는 한 들어올 수 없다. 그리고 보니, 취직 전 일자리를 찾으러 이틀 정도 공단을 배회하던 때가 떠올랐다. 이 공단 대부분의 공장 문은 닫혀 있었다. 어떤 곳은 아예 밖에서 자물통을 채운 곳도 많다. 언뜻 보면, 폐업한 공장 분위기다.

우리 공장에서는 바깥에서 문을 쾅쾅 두드리는 소리가 나면 누군가 달려가 100원짜리 동전만 한 구멍으로 신원을 확인한 뒤 문을 열어준다. 점심·저녁 밥을 배달하는 식당 아저씨도, 가구 재료를 배달하러 온 아저씨도 모두 '구멍 검색대'를 통과해야 공장에 발을 디딜 수 있다. 문 가까운 곳에서 일을 많이 한 나도 외부인 신원 확인 작업을 자주 해야 했다.

모두 출입국관리사무소의 단속에 대한 공포 때문이다. 법무부는 2008년 11월 경찰과 함께 공단 입구를 포위한 채 공장들을 뒤져 110여 명을 마구잡이로 잡아간 적이 있다. 얼마 전에는 10월 12일부터 두 달 동안 미등록 외국인을 집중 단속하겠다고 선전포고했다. 지난해 단속이 얼마나 살벌했는지 기억하고 있는 미등록 외국인 노동자들의 눈에는 이미 공포가 가득하다. 우리 공장 도장반에서 일하는 필리핀 출신 마리아(46세) 누나와 방글라데시 출신 피우롱(35세)은 물론 목수간에서 일하는 방글라데시 출신 출롱(30세)과 페드로(38세)까지 4명 모두 '미등록'이다. 이들 모두 가명이다. 언제 단속반원들이 들이닥쳐 끌고 갈지 모르는데 실명을 쓸 수 없다. 단속당하면 '코리안 드림'도 끝이다. 공장 안에서 일하면서도 마음의 절반은 공장 바깥 상황에 나가 있는 까닭이다.

문이 잘 보이는 곳에서 일하는 출롱과 페드로는 일하는 동안에도 수시로 쇠빗장에 눈을 흘긴다. 누군가 화장실을 다녀오다 깜빡 잠그는 걸 잊기라도 하면, 바삐 놀리던 손을 멈추고 잽싸게 달려가 문을 잠근다. 일하면서 지나가다가도 내게 "문단속 잘해, 형"이라는 부탁을 수시로 한다. 사나흘 간격으로 마석 시내는 물론 인근 월산리 등에서 단속이 벌어져 두세 명씩 잡혀갔다는 소식이 마리아 누나 등의 입을 통해 공장 안에 전해지곤 했다. 출롱은 "단속 걱정에 일에 집중하기 힘들다"고 말했다. "문 계속 봐야 하고 집에 가서도 불편하다"는 그는 "내일 또 어떡해야 하는지 그 생각만 난다"고 푸념했다. 이런 사정을

잘 아는 한국인 직원들도 적극 협조할 수밖에 없다.

법무부가 발표한 문제의 10월 12일 오후였다. 공장 사람 모두가 긴장 속에 일을 하고 있었다. 공장문 근처에서 조만간 출고할 창문 문짝에 창을 다는 일에 한창 몰두하고 있는데 누군가 문을 두드렸다. 구멍으로 내다보니 양복을 입은 한 남자가 있었다. "양복 입은 사람이 바깥에 찾아왔어요"라는 내 속삭임에 같이 일하던 50대 남자 직원은 기다리라고 하더니 출룽과 페드로를 데리고 도장반 안쪽 깊숙한 곳으로 갔다. 도망을 위한 준비 조처였다. 알고 보니 그 양복쟁이는 업무 협의차 온 사람이었고, 출룽과 페드로는 다시 목수간으로 나와 일을 이어갔다. 2층에 있는 물건을 지상으로 내릴 때 쓰는 곤돌라 앞에서 담배를 한 모금 빨았다. 전깃줄 사이로 거미집이 보인다. 거미가 먹이 포획을 위해 호시탐탐 기회만 노리고 있다. 서울보다 훨씬 찬 바람이 분다. 마음도 춥다.

다음날, 배달돼온 점심을 몇 분 만에 후다닥 먹어치운 뒤 50여 분 남은 휴식 시간을 즐기던 때다. 출룽이 말했다. "형, 그거 알아? 이명박 대통령 되기 전에 여기 마석에 왔었어. 그때 우리 불법 사람 문제 '휴머니즘'으로 푼다고 했어. 그런데 되고 나서는 안 그래. 다 거짓말이야." 이후 만난 다른 공장의 외국인 노동자들도 모두 이 대통령에 대한 반감이 컸다. 그가 집권한 이후 단속이 훨씬 강화됐기 때문이다.

곶감보다 무서운 합판

공장에서 내가 맡은 일은 딱히 없다. 할 줄 아는 게 없으므로 나는 그때그때 다른 작업자가 하는 일을 도와야 했다. 공정도 모르고 작업을 해본 경험도 없는 나는 그야말로 '시다바리'였다. 다른 사람 일하는 데 거치적거리지 않는 게 우선적인 임무다.

첫날부터 근력 부족에 '악' 소리가 났다. 준비되지 않은 몸은 벅찬 무게를 감당하지 못했다. 나무로 만든 가구들은 엄청 무겁다. 그걸 만드는 과정에서 계속 이리 옮기고 저리 옮겨야 한다. 특히 원재료에 해당하는 합판을 나를 때가 가장 곤혹스러웠다. 정확하게 말하자면, 합판이 아니라 MDF(Medium-density Fiberboard)라고 부르는 '중밀도 섬유판'이다. 합판은 나무를 결대로 얇게 자른 뒤 다시 접착제로 붙여 만든다. MDF는 아예 나무에서 섬유질만 뽑아낸 뒤 접착제와 섞어 높은 온도에서 압착해 만든다. 요즘 시중에 나오는 가구 대부분은 이 MDF로 만든다. 가격도 싸고 단단하기 때문이다. 어쨌건, 편의상 합판이라고 부른다. 우리 공장은 두께에 따라 2mm짜리부터 30mm짜리까지 대략 11가지 합판을 쓴다. 두께는 다르지만 면적은 똑같다. 가로·세로가 122cm·244cm다. 한 평(3.3m²)에 조금 모자라는 2.97m² 크기다.

공장에는 하루에 한두 번씩 거래업체의 트럭이 합판을 잔뜩 싣고 온다. 얇은 건 서너 장씩, 두꺼운 건 한 장씩 공장 안쪽 벽까지 공장 직원들이 들어서 날라야 한다. 무게도 무게거니와 휘청거리는 합판을 나르기는 쉽지 않다. 이 단순한 일에도 노하우가 필요하다. 무게를 받치는 오른손으로 합판 가운데 아랫부분을 잘 잡아야 한다. 그렇지 않으면 걷는 도중 합판이 옆으로 돈다. 동시에 오른쪽 손목이 고통 속에 비틀린다. 영화 〈싸움의 기술〉의 한 대목이 머리를 스친다. "싸움에 쓰는 근육은 따로 있다"던 백윤식의 대사가 "일에 쓰는 근육은 따로 있다"는 환청으로 귀에 꽂혔다.

더구나 원재료인 합판은 다른 작업 도구나 가구에 부딪혀 흠집이 나
면 안 된다. 그 부분은 못 쓴다. 무게를 버티기도 힘든데 주변까지 살
피려니 죽을 맛이다. 어쩔 수 없이 합판을 들고 여기저기 부딪히는 신
참에게 다른 직원들은 "조심하라"고 핀잔을 여러 차례 줬다. 며칠 뒤
에는 4.2mm짜리 합판 3장을 한 번에 쥐고 나르다 급기야 손에서 떨
어뜨리고 말았다. 합판은 바닥에 내동댕이쳐지고……. 쥐구멍에라도
들어가고 싶은 마음뿐이었다.

도장반 3명과 목수간의 40대 여성 1명을 빼고는, 합판만 들어오면
모두가 동원됐다. 이 일에 이력이 났을 법한 출롱과 페드로도 "합판
나르는 게 가장 힘들다"며 고개를 가로저었다.

합판보다 무서운 단속

"형, 우리 '불법 사람' 일하기 힘들어. 그래도 괜찮아. 단속 걱정이
제일 커. 단속만 없으면 우리 괜찮아." 우리 공장은 물론 내가 공장 인
근에 얻은 자취방 주변에서 만난 외국인 노동자들의 호소는 한결같
다. 마석가구공단에서 일하는 외국인 노동자는 대략 600명에 이르고
이 가운데 70% 이상이 미등록 체류자인 것으로 추정된다.

우리 공장 도장반의 피우롱이 한국에 첫발을 내디딘 건 1999년 초
여름께다. 여행비자로 왔다. 한 소파공장이 그의 첫 근무지였다. 2004
년 지금의 공장에 오기 전 마석가구공단에 대규모 단속이 벌어졌다.
단속 때문에 출근을 미루고 집에 있는데 단속반원들이 집으로 들이닥

쳤다. 그는 2층 창문에서 뛰어내렸다. "밖에서 '문 열어, 문 열어' 그랬어. 무서워서 정신없었어. 나 뛰어내렸어." 허리와 팔이 아팠다. 하지만 달렸다. 잡히면 끝장이다. 방글라데시에 있는 식구들한테 돈을 부쳐야 한다.

그 뒤 병원에서 추락으로 다친 오른쪽 팔과 허리 수술을 받았다. 520만 원의 치료비가 나왔다. 한국 직원들과 달리 건강보험 적용대상이 아닌 그에게 병원은 수술비와 입원비를 액면가대로 청구했다. 함께 공단에서 일하는 피우롱의 친형과 친구들이 도와줬다. 그 뒤로도 물건을 잡거나 상처 부위를 만지면 팔이 아팠다. 다시 수술을 받았다. 여전히 그의 팔은 성치 않다. 팔뚝을 만져보니 딱딱한 무언가가 잡힌다. 의사는 그에게 "시간 있을 때 와서 수술하면 된다"고 말했다. 하지만 새 정부 들어 단속이 강화된데다 토요일에도 오후 5시까지 공장에서 연장근무를 하는 그는 병원에 갈 수 없다.

"형, 생각해봐요. 아파도 낮에는 병원에 못 가. 우리 '불법 사람'이잖아요. 지금 날씨 추워요. 신발이랑 옷 사러 (시내에) 나가고 싶어도 못 가요. 잡혀가잖아요."

더구나 한 달쯤 전에 신장결석을 앓던 피우롱의 친구는 남양주시 교문리에 있는 한 병원에 들른 뒤 공단으로 돌아오는 버스를 기다리다 단속에 걸렸다. 그러고는 곧장 방글라데시행 비행기에 태워졌다. 피우롱이 단속에 대해 갖는 공포는 미래형이 아니라 현재진행형이다. 그 친구에게 편지를 보내려고 해도 마석 시내까지 나가야 국제우편을 부칠 수 있다. 단속이 없다면……

필리핀 출신 마리아 누나도 단속 걱정에 가위눌리기는 마찬가지다.

그는 1991년 한국에 처음 와 서울의 가죽공장에서 일하다 1994년 마석가구공단에서 일하기 시작했다. 그는 늘 "나 단속당하면 어떡하지? 필리핀에 있는 애들한테 돈 보내줘야 하는데 어떡하지?"라며 불안한 기색을 감추지 못했다. 마리아 누나는 이 공단에 온 뒤 단 한 번도 남양주시를 벗어나본 적이 없다고 했다. 단속 걱정 때문이다. 그 기간이 무려 15년이다. 사실상의 감금 상태다.

내 옆방에 사는 몽골 친구는 고용허가제로 들어온 등록 외국인이었는데 날마다 방문을 바깥에서 잠그고 출근했다. 단속 때문에 바깥 출입을 삼가는 미등록 신분의 부인을 방 안에 항상 가둔 채였다. 단속이 나오더라도 쉽게 방문을 열지 못하게 하기 위해서였다. 내가 "그러다 화재라도 나면 부인은 꼼짝없이 타죽을 테니 그러지 말라"고 했다. 그는 "어, 왜 그 생각을 못했지? 여긴 3층이라 창문으로 뛰어내려도 죽을 텐데……"라며 멋쩍은 웃음을 지었다. 그러나 그 뒤로도 그의 방문엔 자물통이 입을 굳게 다물고 있었다.

일찌감치 인력 수입국이 된 선진국들은 일정 기간 이상 제 나라에 머문 미신고 외국인들을 사면해 영주권을 주기도 한다. 오스트레일리아는 1973년부터 1980년까지 세 차례에 걸쳐 미신고 외국인들에게 사면을 실시했고, 독일도 5년 이상 체류한 미신고 외국인 가운데 특별한 사정이 있다고 판단되면 한정적 영주권을 줬다. 지금까지 20만 명에 이른다. 하지만 1980년대 후반 인력 수입국 대열에 들어선 한국은 지금까지 단 한 차례도 사면을 한 적이 없다. 대신 신고하지 않아도 자발적으로 단속을 나온다. 가차 없다. 모진 나라다.

더구나 단속 자체가 선택적이라는 점에서는 반인간적인 악취까지

난다. 출입국관리사무소는 미등록 외국인 수가 조금 는다 싶으면 단속을 하고, 많이 줄었다 싶으면 그냥 놔둔다. '수요 관리'를 하는 셈이다. 경찰과 법무부가 마음먹으면 수색영장과 긴급보호서를 발급받아 마석가구공단은 물론 안산과 포천의 미등록 외국인 대부분을 잡아가는 일도 가능하다. 그러나 그렇게 하지 않는다. 공단 사람들이 반발하고 관련 제품 가격이 천정부지로 치솟을 것이 틀림없기 때문이다.

안전장치는 약국에서 산 마스크가 전부

일을 시작하며 가장 먼저 놀란 건 공장 안이 '톱밥 먼지 구덩이'라는 점이다. 주재료인 합판을 자르면서 생긴 미세한 톱밥 먼지는 공장 여기저기 가득 쌓여 있다. 물건을 내려놓을 때마다 톱밥 먼지는 여기저기서 '훅' 하고 피어오른다. 순간 숨이 컥컥 막힌다. 큰 환풍기가 계속 돌았지만, 전기톱에서 튀어나오는 톱밥 먼지의 일부만 밖으로 배출할 뿐이다. 전기톱 근처에서 작업하다 보면 사람이 먼지를 마시는 건지, 먼지가 사람을 호흡하는 건지 모를 정도다. 합판을 나르다 천장에 매달린 형광등이라도 툭 건드리면, 그야말로 비처럼 톱밥 먼지가 쏟아져내린다.

도장반 사정은 더 심각하다. 도색이 마르면 사포질을 하는데, 일일이 손으로 밀기 힘드니 진동하는 기계에 사포를 매단 '샌딩기'로 문지른다. 굳은 페인트 가루가 사방에 튄다. 마리아 누나가 주로 하는 일이다. 가구공장에서 일하는 여성 외국인 노동자들이 주로 사포질을 맡는다. 별다른 기술을 필요로 하지 않는 탓이다.

여기에 시너와 공업용 알코올까지 가세한다. 이 휘발성 강한 물질에 페인트를 섞은 뒤 공기압축기에 연결된 통에 넣고 스프레이처럼 분사한다. 작업을 할 때면 마치 안개가 낀 듯 실내가 뿌옇다. 도장반에 들어갈 때마다 페인트와 시너 냄새가 코를 찌른다. 분사 작업은 50대 한국인 도장반장의 몫이다. 피우롱은 도장반에서 사포질과 도장작업을 모두 한다. 한국에 온 지 10년 된 그는 이 공장에만 5년째 근무하고 있다. 그는 "샌딩기 문지르다 보면 가슴과 팔이 가장 아프다"며 "도장반에 있으면 눈도 많이 따갑다"고 말했다.

공장 사람들은 커피를 하루에 네댓 잔씩 마신다. 아침 8시 30분에 일을 시작하기 전, 2시간 뒤 '커피타임' 때, 점심 식사 뒤, 오후 3시 30분께 '커피타임' 때가 기본이다. 오후 6시에 끝나는 낮근무 뒤 야근하는 날이면 한두 잔 더 마신다. 톱밥 먼지와 화공약품 때문이다. 일하다 보면 톱밥 먼지에 목이 칼칼해지는데 커피를 진하게 타서 마시고 나면 한결 개운해진다. 공장에서 가장 어린 민성(25세)이가 설명해줬다. "돼지고기나 커피가 먼지 제거에 좋다고 해서 커피를 많이 마셔요. 일이 워낙 힘들기 때문에 단 게 많이 당기기도 하고요." 공장 한쪽에 놓인 100개들이 인스턴트 커피 한 봉지가 이틀을 넘기기 힘들다.

그럼에도 안전장치는 일반 약국에서 살 수 있는 마스크가 전부다. 도장반은 조금 두툼한 마스크를 쓰고 일하는데, 별 구실은 하지 못한다는 게 일치된 목소리다. 술을 한 잔도 하지 못하는 도장반장도 "하루 종일 술에 취한 것 같다"고 말한다. 대부분 지은 지 수십 년 된데다 무허가인 공단 안 공장들의 사정은 얼추 비슷하다고 한다.

소음까지 여기에 가세한다. 목수간은 늘 전기톱날 도는 소리가 쩌렁 쩌렁 울린다. 고음역의 합판 자르는 소리도 그렇지만 빈 톱날이 돌 때 나는 소리를 듣고 있자면 귀가 먹먹하다.

"야근만 안 해도 좀 살겠다"

우리 공장은 월요일을 빼고는 화·수·목·금요일에 밤 9시 30분까지 야근을 한다. 근무가 오후 1시에 끝나는 토요일에도 5시까지 꼬박꼬박 연장근무를 한다. 계속 서서 일하며 무거운 가구를 날라야 하는 특성상 야근이 끝날 때가 되면 발바닥이 망치로 세게 후려친 듯 얼얼하다. 숙소로 돌아와 샤워하고 나서 라이터로 발바닥을 꾹꾹 눌러주면 그렇게 시원할 수가 없다. 발목도 많이 쑤신다. "야근만 안 해도 좀 살겠다"는 생각이 든다. 하지만 공장 안의 어느 누구도 "오늘 야근하려느냐"고 묻지 않는다. 평일엔 오후 6시께 저녁밥이 배달돼오면 "오늘도 야근하는구나" 했고, 토요일에도 낮 12시 30분께 점심 밥상이 공장 작업대 위에 차려지면 "오늘도 연장근무구나" 생각했다. 공단에서 그런 거 물어보는 공장은 없다. 다만 한국인 노동자들은 중요한 약속이 있거나 하면 얘기하고 일찍 들어가기도 한다.

야근이 몸에 밴데다 자기 표현에도 서투른 외국인 노동자들은 그냥 공장장의 시책을 따를 뿐이다. 모두 공단 안에 숙소가 있는 그들은 아예 별다른 약속을 잡을 생각도 하지 않는다. 어느 날 페드로 형에게 "형, 야근 너무 많이 해서 힘들지 않아?"라고 물었더니 형은 "집에 가도 할 일이 없잖아. 차라리 돈 버는 게 나아"라고 말했다. 하지만 나는 지친 그의 표정을 보고 조금 전 그의 말은 사실이 아닐 거라고 생각했다.

공장에서 만든 가구를 모텔까지 싣고 가 방에 설치해주는 현장 일을 공장에서는 '현장 세팅'이라고 부르는데, 이를 나가게 되면 노동시간은 한정 없이 길어지기도 한다. 10월 16일에는 서울 서초동의 ○○호텔 현장 세팅에 나갔다. 이날 밤 11시가 돼서야 일이 끝났다. 마석의 숙소로 돌아가니 밤 12시 언저리였다. 하지만 다음날 출근 시간은 어김없이 아침 8시 30분이다.

실제 성공회대 노동사연구소의 임선일 연구위원이 2009년 8월 마석 지역 외국인 노동자 150여 명을 상대로 실시한 노동실태조사 결과도 그들의 장시간 노동을 보여준다. '일주일에 몇 시간을 노동하느냐'는 질문에 대한 답변을 보니, 평균 66.56시간 근무하는 것으로 나타났다. 일주일에 무려 110시간 일했다는 응답도 있었다. 일주일 평균 근무일수는 6.26일에 달했다. 4명 중에 1명은 일요일에도 일하고 있는 셈이다.

동일노동 차별임금

10월 22일 야근 시작 무렵 월급이 나왔다. 원래 월급일은 10일인데 12일 늦게 나왔다. 요즘 월급이 제 날짜에 안 나오는 때가 많다고 직원들은 불평했다. 하지만 다른 공장들이 툭하면 몇 달씩 월급을 못 주는 데 비하면 우리 공장은 양반이라고 했다. 어떤 공장의 사장은 돈이 생기면 한국인 직원에게는 밀린 월급을 주고 외국인 노동자에게는 기다리라고 하는 경우도 있다고 한다.

외국인 노동자들은 모두 봉투에 담긴 현찰을 받았다. 본봉이 150만 원인 방글라데시 노동자 3명은 모두 190만 원 안팎의 월급을 받았다. 한 달의 절반 이상을 밤 9시 30분까지 열악한 환경에서 야근하며 육체를 혹사한 대가 치고는 많은 게 아니다.

특히 한국인 노동자들과 비교하면 더 그렇다. 비슷한 경력의 한국인은 그들보다 최소한 20만~100만 원 이상 본봉이 많다. 야근수당 단가도 본봉에 비례하므로 총액으로 따지면 차이는 훨씬 벌어진다. 같은 일을 14년째 하고 있는 마리아 누나의 본봉이 아무것도 할 줄 모르는 신참인 나와 똑같은 130만 원이라는 사실은 이해하기 힘들다. 공장일을 시작한 지 1년 된 민성이도 본봉이 140만 원이다.

열악한 외국인 노동자의 임금구조는 마석가구공단에서 일반적인 현상이다. 인근 신발공장에서 플라스틱 사출 일을 4년째 하고 있는 인도네시아 출신 필로이(34세)는 저녁 7시부터 다음날 아침 8시 30분까지 일하는 야근조를 1년 넘게 이어오고 있다. 그의 월급은 130만 원이다. 한 소파공장에서 10년째 일하고 있는 필리핀 출신 네이선(45세)은 125만 원의 본봉을 받고 있다.

임선일 연구위원의 연구에 따르면, 마석가구공단 외국인 노동자의 평균임금은 168만 원가량인 것으로 나타났다. 평균 근무기간은 7.5년이었다. 임 연구위원은 "마석공단에 한국인이 더 이상 들어오지 않으면서 가구 제조 기술이 주로 이주 노동자들에게 전수됐고 그렇게 기술을 익힌 숙련공들의 급여가 168만 원"이라며 "비슷한 수준의 한국인 숙련공이라면 220만 원가량은 받을 것"이라고 말했다. 그 차이만큼은 이들이 합법적 비자를 갖고 있지 않은 데 따라 치러야 하는 기회

비용이라고 봐야 할까?

월급이 적다고 외국인 노동자의 노동력이 한국인에 비해 떨어지는 것은 아니다. 월급을 받은 다음날 야근을 마친 뒤 공장 직원들끼리 공단 밖 치킨가게로 몰려갔을 때의 일이다. 공장에서 남들보다 2배는 빨리 걷고 일을 빨리 해 나를 놀라게 한 공장장이 말했다. "예전 공장에서 출롱과 함께 일할 때만 해도 출롱이 가구틀 1개를 짤 때 나는 2개를 짰는데, 지금은 뒤바뀌었어. 이 외국인 친구들 없으면 일하기 힘들어." 술김에 하는 말이 아니라 진심이 담겨 있었다. 민성이도 언젠가 "출롱 형 정도 실력이면 다른 공장에 가서 공장장을 할 수도 있는데 외국인이라 안 되는 것 같다"고 말한 적이 있다.

타카의 치명적 매력

공정의 모든 과정이 사람 손으로 이뤄지는데다 공장에 위험한 도구가 널려 있다 보니 다치기 쉽다. 가장 위험한 게 전기톱인데, 이를 주로 다루는 재단사들에게는 대개 20만원 안팎의 위험수당까지 준다. 재단사들은 늘 합판을 이리저리 굴려가며 양쪽 손으로 합판을 누른 채 톱날 사이로 밀어 자른다. 까딱하다가는 손가락을 비롯한 신체에 부상을 입기 십상이다.

그 다음 공포감을 불러일으키는 게 바로 '타카'다. 잘 모르는 이를 위해 쉽게 설명하자면, 공기압축기의 힘을 이용해 스테이플러를 박는 기계라고 생각하면 된다. 총신이 짧은 권총처럼 생긴 도구의 방아쇠를 당기면 핀이 발사된다. ㄷ자형으로 생긴 핀도 쓰지만, 대개 1자형을 많이 쓴다. 합판과 합판을 연결할 때 그 사이에 본드칠을 한 뒤 두세 군데 핀을 박아주면 본드가 굳을 때까지 변형을 막아준다. 핀의 길이는 20~30mm짜리를 주로 쓴다.●

사건이 터진 건 10월 20일이었다. 오전에는 조만간 출고할 물건 포장 작업을 했다. 하얀 발포지와 스카치테이프로 물건의 주요 부분을 감싸기만 하면 된다. 조금씩 일이 손에 붙는 느낌이 들던 때다. 처음엔 과한 무게를 견디지 못하고 늘어지던 근육도 조금씩 팽팽해지고 있었다. 초반에는 민성이가 내가 공구를 잘 다룬다며 "공고 나오셨어요?"라고 물어 어깨가 우쭐한 적도 있었다.

오후 들어 모텔에 들어가는 침대 받침 조립 작업에 투입됐다. 길쭉한 합판을 직사각형 모양으로 연결해 접합 부분에 본드칠을 한 뒤 타카로 고정하는 작업이다. 똑같이 생긴 걸 수십 개는 만들어야 한다. '타카가 없었다면 일일이 작은 못을 망치로 박아야 할 텐데, 간단하게 총구를 정확한 위치에 대고 방아쇠만 당기면 얇은 못이 박히다니……. 아마 20세기에 등장한 가장 위대한 발명품 가운데 하나일 것'이라며 새삼 속으로 감탄하고 있던 때다.

● **하나의 가구가 만들어지기까지**

가구 만드는 공정은 이렇다. 설계된 각 부분에 맞는 두께의 합판을 크기에 맞춰 자른 뒤 목공용 본드를 바른다. 그리고 압축공기를 이용해 얇은 못을 박는 '타카'로 고정한다. 이런 조립 과정은 한 번에 끝나지 않는다. 일부분을 하고 나면 가지런히 쌓아올려 그 무게를 이용해 비틀림을 막고 반나절쯤 뒤 추가 작업을 하는 방식으로 이뤄진다. 시간을 두고 대여섯 차례는 사람의 손길을 거친다. 여기까지가 내가 속한 '목수간'의 일이다. 이후 '도장반'에서 형태가 만들어진 가구에 도색을 한다. 도색도 한 번 칠하고 끝나는 게 아니다. 사포로 곱게 문지른 뒤 또 칠하고, 마르면 또 사포질을 한다. 대여섯 차례 해야 고운 색상이 나온다. 마지막으로 최종 조립을 거친다. 창문의 경우는 도색 작업 뒤 경첩과 문 닫을 때 쓰는 자석 등을 전동드릴로 제 위치에 고정하고 창틀에 고정한다.

엄지 손가락에 파고든 타카 핀

왼손으로 타카를 바꿔잡고 작업을 하던 도중 총구가 살짝 비껴나면서 내 오른손을 향하던 찰나, 어리석은 왼손 검지가 '어머나' 하면서 방아쇠를 당겨버렸다. 순간 오른쪽 엄지손가락을 망치로 때린 듯 멍한 느낌이 들었다. 눈동자를 굴려 엄지손가락을 보니 손톱 옆에 타카 핀이 박혀 있었다. 길이 25mm짜리 핀 가운데 6~7mm만 남기고 나머지 몸체는 신기하게도 내 엄지손가락 속으로 숨어버렸다. 함께 일하던 민성이가 소리쳤다. "공장장님, 이것 보세요." 공장장이 니퍼를 들고 달려왔다. 내게 두 눈을 질끈 감으라고 했다. 그가 니퍼로 타카 핀을 쑥 뽑아냈다. 민성이가 "세균이 남아 있을지 모른다"며 상처 부위를 눌러 피를 계속 뽑아냈다. 그러고는 소독약을 바르고 밴드를 하나 붙여줬다. 그걸로 끝이었다.

몰려든 공장 사람들은 저마다 자신들이 나처럼 당했던 사례

들로 이야기꽃을 피웠다. 누구는 길이 40mm짜리가 박힌 적도 있다고 했다. 누구는 또 박힌 타카 핀을 뽑으러 병원에 갔더니 의사도 결국 니퍼 들고 그걸 빼더라고 말했다. 가구공장에서는 일종의 통과의례였다. 출롱이 슬며시 내게 다가와 자신도 대여섯 번은 당했다며 "형, 오늘 밤 아플 거야. 슈퍼 가서 타이레놀 사먹어"라고 말했다. 경험에서 우러나온 말이다. 그날 밤 결국 야근에서 빠졌다. 밤이 되자 엄지손가락은 퉁퉁 부어올랐다. 다음날 공장을 결근한 채 마석 시내 병원에 가서 파상풍 주사를 맞고 항생제를 타왔다.

그 다음날 공장장은 "처음에는 핀이 잘 안 빠지다가 두 번째 힘껏 당기니 빠지더라"며 "핀이 뼈에 박혔던 것"이라고 말했다. 아직도 힘이 들어갈 때면 엄지가 아리다. 호된 신고식을 치르면서 가슴 한켠에선 나도 공장 사람이 돼간다는 뿌듯함도 일었다.

내 엄지손가락을 걱정하는 출롱에게 병원에서 진료비와 주사값으로 1만500원을 냈다고 하자 자신은 같은 경우에 2만5000원 이상 내야 했다고 말했다. 건강보험 적용이 안 되기 때문이다. "너네는 정말 아프면 안 되겠다"고 하자 그가 "형, 우리도 사람인데 어떻게 아프지 않아"라고 내게 물었다. 그의 말이 옳다.

노동 끝의 우울함

공장에서 문을 잠그고 계속 일하다 보면 답답할 때가 많다. 일주일에 한두 번은 가구를 싣고 현장 세팅에 나갈 일이 생긴다. 처음에는 출롱이 현장 세팅에 나가는 걸 보면 그렇게 부러울 수가 없었다. 그 뒤

나도 세 번 정도 현장 세팅을 나갔다. 서초동 ㅇ호텔, 태릉 쪽 ㅌ모텔에 이어 마지막으로 건국대 근처 ㅈ여관 세팅을 나갔을 때다. 토요일이었다. 이날 까무러치는 줄 알았다. 4명의 직원이 침대 받침대와 작은 소파, 의자 등 수십 개를 방까지 옮겼다. 엘리베이터가 없어서 1층에서 5층까지 좁은 계단을 통해 올렸다. 가구에 흠집이 나지 않도록 각종 아크로바틱한 자세로 움직여야 했다. 체력이 이미 바닥을 드러낼 때쯤 이번엔 다른 공장에서 사온 침대 매트리스를 날라야 했다. 2명이 매트리스 한 개를 붙잡고 5층까지 나르는데, 반층은 들어 나르고, 계단 꺾이는 부분에서는 매트리스를 윗쪽 계단을 향해 밀어 넘어뜨리는 방식으로 옮겼다. 매트리스는 길고 넓어 좁은 모퉁이를 돌 수 없었기 때문이다. 팔도 허리도 너무 아파 같이 일한 동료에게 "이건 일이 아니라 형벌"이라고 절규했다. 차라리 공장에서 합판을 나르는 게 낫다는 생각까지 들었다.

나중에 공장을 그만둔 뒤 하루는 밤 10시가 넘어 페드로 형에게 전화를 했다. 평상시 같으면 야근을 끝내고 집에 돌아와 쉴 시간인데 통화가 되지 않았다. 방글라데시 사람들은 밤 10시에서 11시 사이에 간식을 먹고 늦게 잔다고 했는데 이상한 일이었다. 다음날 아침 페드로 형에게서 전화가 왔다. 그는 "미안해, 어제 세팅을 나갔는데 너무 힘들어서 집에 오자마자 잤어"라고 말했다. 그래도 그는 단속만 없으면 일할 만하다고 했다.

공장 생활 일주일 정도 뒤부터는 야근이 끝난 뒤 피곤에 전 내 몸을 질질 끌고 숙소로 돌아왔을 때 소주 1병을 마시지 않으면 잠을 이룰 수 없었다. 살짝 우울증이 찾아오는 느낌도 들었다. 혼자 사는 탓인가 싶었다. 돌아보니, 불안과 공포를 잔뜩 머금은 '미등록' 동료들의 눈망울이 내 동공에 꽂아놓은 병인 듯도 싶다.

월세 16만 원에 구한 3평 옥탑방

이주 노동자들의 주거 생활

공장에 일자리를 얻은 다음에 꺼야 할 급한 불은 방을 구하는 것이었다. 공장 사람을 통해 소개받은 집주인은 2층에 있는 방 월세는 20만 원, 3층 방은 16만 원이라고 했다. 그러면서 "첫달엔 보증금조로 4만 원을 더 내라"고 했다. 돈 4만 원 아끼려 3층 방을 달라고 했다. 월급 130만 원짜리 노동자에게 4만 원은 큰돈이라고 생각했다.

주인이 안내한 3층 방은 옥상 위에 놓인 조립식 주택 안에 있었다. 3평 남짓 크기의 방 안을 들여다보니 '딱 16만 원어치만큼만 구실을 하겠다'는 생각이 번쩍 든다. 정면에는 개수대가 놓여 있고 그 옆에 기름보일러가 떡하니 위용을 자랑했다. 오른쪽 벽에는 손바닥만한 화장실이 별도로 설치돼 있다. 그 앞에 작은 옷장과 서랍장이 벽에 붙어 있다. 보일러는 두 가지 이유로 샤워할 때 빼고는 가동하지 않았다. 틀면 매캐한 매연 냄새가 나는데다 "기름이 떨어지면 무조건 10만 원어치씩 넣어야 한다"는 주인의 말도 안 되는 협박 때문이다.

먼지가 쌓인 개수대 위 창문틀에 바퀴벌레 한 마리가 죽어 붙어 있는 방을 가리키며 집주인은 "이래 봬도 청소하면 쓸 만하다"고 했다. "얼마 전까지 중국 불법 체류자가 여기 살았는데 단속돼 사라져버렸다"는 집주인의 말이 서늘하게 다가왔다. 이전 사용자의 흔적을 찾기는 쉽지 않았다. 보일러 위에는 쓰던 전기밥통 두 개만이 덩그러니 놓여 있었다.

걸레질을 두 번이나 한 뒤 드러눕자마자 화장실 벽에서 동그랗게 생긴 이상한 걸 발견했다. 자석이다. 사방의 벽에다 붙여봤다. 철썩 달라붙었다. 천장에 대니 역시 마찬가지다. 쇠로 지은 집이라니······. 당혹스러웠다. 여름엔 얼마나 햇볕에 달궈질지, 겨울엔 또 얼마나 찬 공기를 방 안으로 전달할지 짐작이 된다.

벽은 어찌나 얇은지 옆방에 사는 중국 동포 부부의 얘기 소리가 다 들렸다. 심지어 "메시지가 도착했습니다"라는 휴대전화 알림음까지 또렷하게 전해진다. 애초부터 어느 정도 사생활은 접고 들어가야겠다는 판단이 든다. 방들의 구조는 좁은 복도를 사이에 두고 양쪽에 5개씩 늘어선 형태다.

내 이웃은 물론 외국인들이었다. 그들과 친해지고 싶었지만 얼굴 보기가 힘들었다. 다들 아침에는 8시나 8시 30분까지 공장에 출근하고, 야근이 끝나고서야 밤에 돌아오니 당연한 일이다.

그 와중에도 한 이웃을 사귀는 데 성공했다. 방글라데시 출신으로 한국에 돈 벌러 온 지 13년 된 로미(34세)다. 그의 방은 내 방처럼 휑하지 않았다. 내 방에 있는 휴대용 버너와 코펠 대신 가스레인지와 식기가 놓여 있는가 하면 내 방 서랍장 위에 상온 보관 중인 술병들은 그의 집에선 시원한 냉장고에 들어가 있었다. 심지어 텔레비전까지 쌩쌩하게 나왔다. 50만 원을 주고 산 접시 안테나 덕에 그는 방글라데시 채널을 9개나 보고 있었다. 술 마시러 몇 번 놀러갔는데 그 나라도 신종플루가 유행인지 우리나라에서도 잘 팔리고 있는 손 씻는 세제 광고가 전파를 자주 탔다.

2008년 12월 마석 취재 때 한 공장 기숙사에서 만나 얘기를 들었던 몽골 친구가 내 옆의 옆방에 산다는 사실을 알았을 때는 사하라 사막에서 고등학교 동창생을 만난 기분이었다. 그의 방도 내 방과 똑같은 구조인데, 부인과 함께 쓰려고 더블침대를 두는 바람에 방바닥에서 발 디딜 틈을 찾기가 쉽지 않았다.

  이곳 마석가구공단에서 일하는 외국인 노동자들의 집이 다 이렇다. 공장에 딸린 기숙사도 비슷하다. 단속에 대한 불안감을 감싸줄 편안한 집이 그들에게는 없다.

두 번째 이야기

'영혼없는 노동'의 버팀목,
꿈 그리고 가족

피우롱의 방을 찾았을 때다. 낯선 두 남자가 눈에 띄었다.

옆방에 산다고 했다. 알고 보니 그 가운데 한 명은 피우롱의 친형이고, 다른 한 명은 그의 매형이었다.

피우롱의 형이 먼저 한국에 온 뒤 그를 불러들였고, 그 다음에 매형이 뒤따라왔다.

            공장에 출근한 지 이틀째 되는 날,
40대의 경상도 출신 여성 노동자가 내게 "처음엔 몽골에서 온 줄 알
았는데 알고보니 한국 사람이네"라고 말해 크게 웃은 적이 있다. 기
른 지 한 달이 넘은 내 콧수염을 보고 착각했다는 것이다. 그럴 법도
하다. 이곳 마석가구공단에는 워낙 다양한 국적의 노동자들이 일하기
때문이다. 필리핀과 방글라데시 출신이 대략 150~200명, 네팔과 인
도네시아 출신이 30~40명 일하는 것으로 이 지역 사람들은 추정하
고 있다. 이밖에 중국 동포를 비롯해 타이, 몽골, 스리랑카, 나이지리
아, 케냐 등지에서 온 사람들도 소수 일하고 있다.

    그러다 보니 다양한 문화가 혼재돼 있을 것 같지만 막상 겉으로 잘
드러나지는 않는다. 모두들 출입국관리사무소의 단속에 전전긍긍하는
탓에 자신의 방을 벗어난 공간에서는 이를 표현하지 않는다. 그나마

눈에 띄는 게 무슬림들이다. 공단에 해가 지고 어둠이 내려앉으면 남성 무슬림들이 '뚜삐'라고 불리는 챙 없는 모자를 쓰고 거리를 어슬렁거린다. 인도네시아 사람도 있지만 대부분은 방글라데시 사람들이다. 그들은 밤 9시 30분께가 되면 공단의 모처에 모여 서쪽을 향해 절을 한다. 원래는 하루에 네 번씩 꼬박 절을 하는 게 이슬람의 율법이지만 모두 한국 사람인 공장 사장들이 낮 시간에 무슬림 노동자가 공구를 내려놓고 절하는 풍습을 용인할 리 없다. 그래서 공장 출근 전 한 번, 퇴근 뒤 한 번으로 줄었다는 게 방글라데시 친구들의 설명이다.

그들이 자장면을 먹지 않는 까닭

공장의 강도 높은 육체노동에 허덕이는 내게 유일한 복음은 식사 시간이었다. 배를 주리는 것도 아닌데, 숟가락만 들면 구멍난 장마철 둑방처럼 입맛이 폭발했다. 그렇게 허겁지겁 숟가락질을 하다 이상한 걸 발견했다. 10월 10일 토요일의 일이다. 낮 12시 30분이 되자 밥이 배달되기에 '오늘도 연장근무구나' 했다. 반찬으로 소시지가 나와 열심히 먹고 있는데 방글라데시 친구 3명이 따로 차려 먹는 밥상에는 소시지가 보이지 않았다. '맛있는 건 나눠먹자'는 평소의 소신대로 소시지를 주려 했더니 다른 동료가 말렸다. "저 친구들은 돼지고기가 들어간 건 안 먹는다고." 흠, 무슬림이 돼지고기를 먹지 않는다는 건 알았지만, 소시지에 돼지고기가 들어가 있다는 사실을 순간 깜빡했다.

그 뒤로도 그들은 입에 척척 달라붙는 제육볶음은 물론 김치찌개도 먹지 않았다. 그게 그들의 율법이었다. 그들이 타국 땅에서 종교의 자유를 마음껏 누리기는 현실적으로 어렵지만, 먹지 않을 권리만큼은 충분히 행사할 수 있었다. 그리고 덕분에 나를 비롯한 한국인 노동자들은 돼지고기가 들어간 음식을 실컷 먹을 수 있었다. 공장을 그만두기 며칠 전에는 야근을 앞두고 중국음식점에서 볶음밥을 시켜먹었는데 또 방글라데시 친구들의 접시에는 밥만 있을 뿐 자장이 얹혀 있지 않았다. "어, 이거 잘못 나온 거 아냐?" 하다 아차 싶었다. "자장면에도 돼지고기가 들어가는구나." 방글라데시 친구들은 그 맛있는 자장면도 먹지 않는 것이다.

공장에서는 어쩔 수 없지만, 집에 가면 자기 나라 음식들을 다 해먹는다. 공단 안의 슈퍼마켓에서는 방글라데시나 필리핀 등지에서 공수해온 웬만한 음식 재료를 다 판다. 현지 물가보다 2배 이상 비싸다는 게 그들의 설명이다. 일주일에 한 번씩 현지 음식 재료 장수가 탑차를 끌고 동네를 돌아다니기도 한다.

공장을 그만둔 뒤 맞은 첫 번째 월요일, 내 앞방에 사는 방글라데시 출신 로미의 방에 들렀다. 방 안에서 고소한 냄새가 났다. 프라이팬 위에 굵고 짧은 새우가 지글거렸다. 이어 그는 호박도 함께 볶더니 물과 함께 동남아 특유의 향신료를 넣고 다시 졸였다. 음식 이름은 '라우칭그리토르카리'라고 했다. '라우'는 호박, '칭그리'는 새우, '토르카리'는 탕이라는 뜻이란다. 즉, 한국말로 '호박새우탕'인 셈이다. 여기에 그들이 즐겨먹는 양고기 조림과 함께 소주를 내왔다. 그는 맛있게 먹는 내게 "형, 맛있어?"라고 계속 물었다. 그들이 한국 음식을 처음 먹을 때 입맛에 잘 맞지 않았던 것처럼, 대개의 한국 사람들도 동남아 음식에서 풍기는 특유의 향신료 냄새를 처음에는 좋아하지 않는다는 걸 잘 알기 때문이다. 라우칭그리토르카리는 소주의 좋은 안주였다.

잠시 뒤 우리 공장 도장반에서 일하는 피우롱의 집에 갔다. 그가 사는 집도 역시 내가 사는 집처럼 한 건물 맨 꼭대기층의 조립식 건물에 있는 서너 평 남짓한 방이었다. 피우롱은 우리 공장 목수간에서 일하는 페드로와 함께 산다. 둘이 지내면 외롭지도 않고 한 달 방값 등 각종 요금도 절반만 내면 되는 장점이 있다. 페드로도 요리를 즐기는데, 그는 모처럼 찾은 한국인 손님에게 밥과 함께 국물 요리인 '달', 그리고 생선튀김과 소고기조림, 피클 종류를 내왔다. 물론 소주도 함께였다. 무슬림들은 원래 술을 마시지 않는다. 하지만 술에서만큼은 율법의 적용을 보류한 무슬림들이 이곳 가구공단에는 적지 않다. 고된 노동 뒤 찾아오는 피로와 외로움을 이런 식으로라도 달래야 한다는 사실을 아마 알라신도 이해할 거라고 생각했다. 인샬라.

페드로도 계속 물었다. "맛있어?" "응, 맛있어." 그는 전작이 있어 한 그릇을 미처 다 비우지 못한 내게 "왜 맛있는데 다 먹지 않느냐"고 추궁했다. 진짜 배가 불러서 못 먹는 건데. 내가 예전에 싱가포르, 인도, 중국 같은 다른 아시아 나라로 출장갔을 때도 그쪽 음식을 다 잘 먹었다는 구차한 설명을 들은 뒤에야 그는 내가 자신의 음식을 정말 맛있게 먹었을 것이라고 확신하는 듯했다.

방글라데시 총각들의 은밀한 사생활

단속 걱정이 머리에 꽉 찬 미등록 이주 노동자에게 별다른 취미생활이란 게 없다. 틈틈이 집에서 술 한잔 하는 게 고작이다. 고기가 그리울 때 치킨집에 전화하면 공단 안까지 배달을 해준다. 피우롱은 "야근 안 하면 술 안 먹는데, 야근하고 힘들면 잠이 안 와서 소주 반병 아니 조금 더 먹고 잔다"고 했다. 요즘 월요일 빼고는 계속 야근인데……. 토요일 밤에는 페드로와 함께 공단 밖 치킨집에 가서 소주 한두 병을 먹고 들어온다. 공장을 그만둔 토요일 밤에도 출롱과 나를 포함해 모두 네 남자가 마석 시내에서 술을 한잔했다. 내가 "오후 6시에 가자"고 했더니 피우롱이 "형, 9시에 가자, 단속할지 몰라" 그랬다. 이들은 단속이 두려워 일요일에도 낮 시간에는 밖에 잘 나가지 않는다고 했다.

밤 시간에 고국에 있는 식구나 친구들과 인터넷 채팅을 하는 것도 중요한 일과다. 전화는 국제전화카드를 사서 쓴다. 페드로의 방을 처음 찾은 날도 그는 내가 방바닥에 앉은 뒤로도 계속 헤드셋을 머리에 쓰고 통화 중이었다. 이를 엿듣던 피우롱이 전했다. 페드로의 사촌동생이 방글라데시에서 의사가 됐다는 것이다. 그 나라에서도 의사는 돈 많이 버는 직업이라며 무척이나 기뻐했다. 잠시 뒤 우리는 축하의 잔을 나눴다.

사실 무엇보다 궁금했던 건 이들 총각의 성생활이었다. 10년 동안 공단에 틀어박혀 지내면서 성적 욕구를 어떻게 해결할까? 공단 안에는 미혼 여성들도 많지 않아 사귀기도 쉽잖을텐데 말이다.

결론부터 말하자면, 알아내는 데 실패했다. 슬쩍 캐물을 때마다 그들은 말을 돌리거나 "'알라신 사람들' 그런 생각 안 한다"며 시치미를 뚝 뗐다. 내 총각 시절처럼 혼자서 해결하지 않을까 하는 성급한 결론을 내려본다. 남양주시 외국인근로자복지센터의 한 직원은 호기심 어린 내 질문에 "일부 이주 노동자들이 서울 근교 집창촌을 찾기도 하는

것으로 알고 있으나 대다수는 어떻게 해결하는지 잘 모르겠다"고 말
했다.

마석 시내 술집에서 잔을 기울이던 때 페드로는 홀서빙 여직원과 자
연스럽게 한국말로 대화하며 생글생글한 눈빛을 지었다. 내가 "형, 꼬
시는거야?" 그랬더니 그는 자주 오는 술집이라 얼굴을 아는 것일 뿐
이라고 했다. 방글라데시 총각 셋 중에 가장 잘생긴 그의 눈가 주름이
그날따라 매력적으로 느껴졌다.

가족에 저당잡힌 노동

피우롱의 방을 찾았을 때다. 낯선 두 남자가 눈에 띄었다. 옆방에 산
다고 했다. 알고 보니 그 가운데 한 명은 피우롱의 친형이고, 다른 한
명은 그의 매형이었다. 피우롱의 형이 먼저 한국에 온 뒤 그를 불러들
였고, 그 다음에 매형이 뒤따라왔다. 그들이 방에 들락거리는 동안 피
우롱과 페드로는 피우던 담배를 급히 끄고 소주잔을 감추곤 했다. 방
글라데시에서도 윗사람에 대한 예의가 엄격하다고 했다. 더구나 알라
신이 금지한 술과 담배를 입에 대고 있으니…….

피우롱의 경우는 이주 노동자의 전형을 보여준다. 어차피 자기 나라
에 일거리도 많지 않고, 같은 양의 노동을 해도 한국에서는 서너 배
넘는 돈을 벌 수 있으니, 하나보다는 둘이, 둘보다는 셋이 와서 일을
하게 되는 것이다.

우리 공장의 출롱도 마찬가지다. 10년 전 그는 4년제 대학 진학을
포기한 대신 먼저 마석가구공단에 와 일하던 친형의 뒤를 따랐다. 형

은 2년여 전 방글라데시로 먼저 돌아갔다. "빠빠·마마 다 힘든데, 빠빠가 몸이 힘들어서 그것 때문에 갔어"라고 출룽은 설명했다. 고국에 남은 다섯 식구를 그 혼자 벌어 먹여살린다. 그는 지난달에 야근 혹은 연장근무 17일이라는 살인적인 노동을 하고 그 대가로 190여만 원을 벌었다. 그 가운데 매달 80만~90만 원을 '나라'에 보낸다. 외국인 노동자들이 말하는 나라는 출신 국가를 말한다. 나머지 돈으로 방값을 내고 전기·수도·전화·케이블을 비롯해 최소한의 삶을 위해 필요한 비용을 치른다. 이제 날이 추워지니 한국보다 따뜻한 나라에서 온 그는 기름보일러를 열심히 때야 할 것이다.

이주 노동은 이처럼 가족 가운데 여러 명이 와서 노동하거나, 고국에 남아 있는 나머지 가족들의 현재와 자신의 미래를 위해 젊은 시절을 저당 잡힌 채 노동하는 형태로 나타난다. 혼자만의 노동이 아닌 '가족노동'인 것이다.

아들·딸 잘되는 게 유일한 꿈인 마리아 누나

이들은 대부분 대가족 출신인데, 4남매인 출룽은 형제가 적은 편에 속한다. 피우룽과 페드로는 형제가 모두 7남매. 필리핀 출신 마리아 누나는 무려 10남매 가운데 여섯째다. 마리아 누나의 유일한 삶의 목표는 아들 한스(20세)와 딸 아밀렌(19세)이 잘되는 것이다. 특히 사랑스런 딸 아밀렌은 곧 간호학 분야 대학을 마치는데(만 5세에 초등학교에 입학하는 필리핀에서는 2년제 대학에 진학할 경우 스무 살이면 졸업한다) 현재 한 병원에서 간호사 실습 중이다. 대학을 마치고 나면 미국 시민권이 있는 친척의 도움을 얻어 미국으로 이주할 계획이라고 한다. 누나도 아밀렌을 따라 미국으로 가 다시 딸의 뒷바라지를 하는 게 목표다.

"누나 너무 기대하지 마. 아밀렌도 결국 미국에서 남자랑 사귈 거 아냐. 매리지(결혼)할 수도 있잖아. 그럼 누나는 천덕꾸러기 될 거야. 알아, 천덕꾸러기? 누나가 아밀렌 눈치를 봐야 하고, 그럼 같이 살기 힘들 거야. 그렇잖아."

그의 방에서 함께 술잔을 기울이던 내 말을 알아들었는지 마리아 누나는 고개를 끄덕였다. 그러면서도 희망을 완전히 버리지는 못하는 눈치였다.

가족을 위해 일하지만 막상 가족과 함께하기는 어려운 게 이들의 처지다. 내 옆방에 사는 몽골 친구 뭉크는 고용허가제로 2007년 한국에 들어왔다. 그도 역시 다른 공장에서 도장일을 한다. 외국인 노동자들은 특히 도장반에 근무하는 비율이 높은데, 그만큼 한국 노동자들이 그 분야를 기피하기 때문이다. 뭉크는 비자가 있는 등록 외국인이다. 그럼에도 그의 생활은 미등록 외국인과 크게 다르지 않다. 함께 사는 부인이 관광비자로 들어와 1년 넘게 '불법 체류'하는 탓이다. 유엔의 '이주 노동자 권리 협약'은 모든 이주 노동자에게 가족결합권을 인정해야 한다고 권고한다. 물론 현실에선 쉽잖다. 고용허가제로 한국에 들어온 노동자가 가족과 함께 살 수 있는 합법적인 수단은 없다. 한국뿐만 아니라 미국, 영국, 프랑스 등 거의 모든 선진국, 이른바 인력 수입국들은 이 협약을 비준하지 않고 있다. 오로지 국가와 법만이 노동자도 사람이라는 사실을 모르거나 눈길을 외면하고 있다.

2008년 12월 마석가구공단을 취재하면서 처음 만난 뭉크는 태어난

지 두어 달 된 아들 랑고와 함께 공장 기숙사에 머물고 있었다. 그런데 이번엔 그 녀석을 볼 수 없었다. 어찌 된 일인지 묻자 그는 "올해 4월 몽골에 보냈다"고 했다. 부인과 함께 둘이서 돈을 벌기 위해서다.

그래도 삶은 계속된다

타국에서 고립된 삶을 오래 견디기란 힘든 노릇이다. 그러다 보면 간혹 이 안에서 서로 눈이 맞는 짝들이 나온다. 그들도 사람이고, 피가 끓는 청춘이다.

우리 공장 인근의 신발공장에서 일하는 인도네시아 자카르타 출신 필로이는 자국에서 열 손가락 안에 꼽히는 구나다르마 대학 경제학 학사 출신이다. 그의 첫 직장은 경기 일산의 어느 책공장이었다. 프레스 기계로 종이 자르는 일을 했다. 한국말도 일도 잘 모르는 그에게 공장장은 "이 새끼, 저 새끼"라고 막말을 하며 빨리빨리 일하기를 요구했다.*

석 달을 일하고도 한 달에 90만 원을 받기로 한 월급은 한 푼도 받

● **학대의 기억**

많은 이주 노동자들이 언어적·물리적 폭력에 대한 상흔들을 안고 산다. 맑은 미소가 매력적인 로미도 1996년 처음 한국에 들어와 대구 성서동의 한 이불공장에서 일할 때 맞은 기억이 있다. 한국인 관리자가 나무로 때렸다. "처음 오면 일 잘해요? 못하잖아요"라며 로미는 그때 일을 떠올렸다. 한국인 관리자는 "야, 이 새끼야, ××새끼야"라며 욕도 했다. 함께 일하던 아주머니들이 "왜 외국 사람을 때리느냐"며 항의했다. 먼저 한국에 와 마석 인근 월산리 가구공장에서 일하던 형에게 전화해 그 공장을 벗어났다. 네이선도 예전 공장에서 욕을 먹고 구타당한 기억이 있다. 그때 사장들은 외국인 노동자의 이름 대신 "이 새끼, 저 새끼"로 불렀다. "사

지 못한 채 현재의 공장으로 옮겼다. 그에게 맡겨진 일은 사출기계에 신발 밑창 재료인 플라스틱을 붓고, 틀에서 찍혀 나온 제품을 니퍼로 다듬어 다음 공정으로 넘기는 것이다. 그는 이 공장에서 함께 일하던 지금의 아내를 만났다. 그의 처는 필리핀 사람이다. 3년 전 서울 이태원에서 결혼식을 올렸다. 그리고 석 달 전 사랑스런 딸 겐드라노나가 태어났다.

필로이보다 한 달 늦게 한국에 와 마석가구공단에서 함께 일하던 친동생도 근방에서 영어 교사로 일하던 아일랜드 여성을 만나 결혼했다. 형제 모두가 한국에서 다른 나라 여자를 만나 국제결혼을 한 셈이다. 동생은 2007년 부인을 따라 아일랜드로 갔다.

열악한 노동조건에 대한 고민과 고향에 대한 진한 향수를 넘어서는 건 부모와 형제자매를 먹여살려야 한다는 의무감이다. 이주 노동자에게도 가족이 있다. 그리고 가족을 만들기도 한다. '이주 노동자도 사람이다'라는 간명한 진실은 그들이 여권 안에 한국 체류 비자를 갖고 있는지에만 쏠린 눈길을 조금만 거두면 보인다.

장님 욕하지 마. 똑같아, 사람"이라고 외국인 노동자들은 저항했다. 요즘엔 외국인 노동자라고 함부로 때리거나 욕하는 일은 드물다는 게 현장의 증언이다. 그럼에도 가끔씩 유사한 사건이 일어나지 않는 것은 아니다.
뭉크도 2009년 4월 현재의 공장으로 옮기기 직전 일한 일터에서 못 볼 꼴 많이 봤다. 그는 "사장이 한국말을 잘 못 알아듣는 외국인 근로자들을 '개새끼'로 봤다"고 말했다. 같은 공장의 다른 나라 출신 외국인 노동자들에게 손을 치켜들고 때리는 시늉도 했다. 그는 "외국인들다 참고 일하고 있잖아요"라고 말했다. 한때 한 개그 프로그램에서 씁쓸한 웃음을 짓게 만들던 블랑카의 "사장님 나빠요"는 언제쯤 이 땅에서 거짓이 될까?

이주 노동자들의 한국 생활

한국어: 고단한 삶 응축한 "힘들어" "괜찮아"

　필리핀 출신인 우리 공장의 마리아 누나나 인근 소파공장의 네이션 모두 한국말 구사 능력은 기대보다 영 서툴다. 한국 생활 18년째인데도, '생존 한국어' 수준을 크게 벗어나지 못한다. 그들의 생존은 공장 일에 달렸으니 공장에서 쓰는 말 빼고는 달리 배울 필요를 느끼지 못한 탓일 게다. 퇴근 뒤엔 같은 나라 사람들과 어울리고 집에서는 접시 안테나로 수신하는 고국 방송을 즐겨보는 것도 큰 요인이다.

　내가 접한 마석가구공단의 이주 노동자들이 자주 쓰는 말 가운데 인상적인 표현은 "힘들어"와 "괜찮아"다. 어떠한 상황에서도 그 두 마디는 그들의 심경을 손쉽게 드러내는 무기다. 그 활용 범위는 매우 넓다. "힘들어"는 말 그대로 그들의 고단한 노동에 대한 얘기를 할 때마다 몇 번씩 등장한다. 단속에 대한 두려움이나 공장에서의 인간관계에 대한 얘기를 나눌 때도, 정치·경제적으로 어려운 고국의 현실을 토로할 때도 "힘들어" 한마디면 상황이 정리된다. 나는 그들이 그 얘기를 할 때면 바로 이어 "힘들어" 하고 후렴을 넣어주곤 했다.

　"괜찮아"는 "힘들어"에 뒤따르는 때가 많은데 주로 어쩔 수 없는 현실에 대해 체념할 때나 스스로를 위로하는 용도로 쓰인다. 열악한 작업 환경 때문인지 몸이 아프다는 노동자에게 "어떡해?"라고 물어도 "괜찮아"라는 대답이 돌아온다. 그 말 뒤에는 "한국에서 돈 벌려면 어쩔 수 없잖아"라는 말이 숨어 있다. 이전 공장에서 수백만 원의 임금을 받지 못했다는 이에게 "지방노동위원회에 제소라도 해봐"라고 얘기해도 "괜찮아, 형" 한다. "나는 '불법 사람'인데 어떻게 관공서를 찾아가 권리를 주장하겠어"라는 말이 그의 목구멍 바로 밑에서 다시 몸속으로 기어들어가는 게 느껴진다.

즉 "힘들어"와 "괜찮아"에는 고단한 현실과 미등록 신분에 대한 좌절, 그럼에도 스스로를 위무하고 동료를 위안하려는 이주 노동자의 현실이 고스란히 녹아 있는 셈이다.

하지만 이 두 마디만 갖고는 공장에서 생존하기 힘들다. 한국말은 이주 노동자에게 큰 스트레스다. 한국말을 잘 못하면 스스로가 답답하기도 하지만, 공장에서도 차별받는다고 생각한다. 방글라데시에서 온 A는 "형, 우린 일도 잘해야 하고 한국말도 잘해야 해. 한국 사장들, 일 잘하는 것보다 한국말 잘하는 거 더 좋아해"라고 말했다. 같은 나라에서 온 로미도 "공장일 하려면 한국말 잘해야 해요. 한국말 못하면 사람들이 답답해해요"라고 말했다.

로미는 한국의 웬만한 채소 이름은 물론이고 다소 높은 수준의 추상명사들도 곧잘 사용하곤 했는데, 인근 월산리 가구공장을 다닐 때 매일 근무 뒤 한국인 동료 집에 찾아가 '실전 한국어'를 익혔다고 한다. 우리 공장의 출롱도 노력파에 속하는데, 한국 드라마를 즐겨보며 한국말을 익힌다. 요즘엔 야근이 많아 '본방사수'는 쉽지 않고 주말에 재방송을 주로 본다. 하루는 점심 휴식 시간에 휴대전화로 최근 인기리에 방송 중인 드라마를 다시보기 하다 "김태희 예쁘지" 했더니 그는 "형, 나는 최지우가 예쁜 것 같아"라고 말하기도 했다. 내가 서울 서초동 ○○모텔 현장 세팅을 다녀온 뒤 "뭘 시뻘건 대낮에 공사 중인데도 모텔을 들락거리는 ××들이 그렇게 많지?"라고 묻자 그는 "형, 마누라는 마누라고 애인은 애인이야"라고 답해 나를 웃기기도 했다.

이들과는 반대로 한국말을 아예 작정하고 배우지 않는 외국인 노동자도 있다. 나이지리아에서 온 웰링턴의 경우다. 한국에 온 지 5년 가까이 됐음에도 그가 구사하는 한국 단어는 몇 개 되지 않는 듯했다. 그는 영어 90%에 한국말 10%를 섞어 쓴다. 자기 나라 대학에서 지질학 학사 학위를 받았다는 그에게 왜 한국말을 잘 못하는지 물었다. "일부러 안 배웠어. 사장님 한국말로 욕하는 거 알아듣기 싫어서." 웰링턴은 2년여 전부터 공장을 그만두고 공단 근처에서 컴퓨터 부품 거래를 하고 있다. 피부색이 어두워질수록 사람을 무시하는 강도가 세지는 한국의 정서상, 공장 다닐 때 사장에게 맞아본 적이 있느냐고 묻자, 그는 그런 적이 없다고 했다. 왜? 그의 답변은 "마이 사이즈"(내 덩치)였다. 그는 근육질의 탄탄한 몸을 갖고 있었다.

노래방: 본국 노래 없으니 '꿀 먹은 벙어리' 신세

나는 참 운도 좋다. 1년에 두어 번 한다는 공장 회식을 취직 이틀 만에 겪었으니 말이다. 금요일 야근을 빼먹는 맛도 쏠쏠한데 게다가 회식까지……. "사장님, 나이스!"를 속으로 외치며 차를 타고 달렸다. 20여 분 달려 산골의 한 호젓한 고깃집에 도착했다. 소불고기와 돼지 삼겹살이 불판에서 번갈아가며 3도 화상을 입는 동안 술잔이 거나하게 돌았다. 방글라데시 친구들은 여기에서도 무슬림이라는 거룩한 이유로 소고기만 먹느라 나를 비롯한 공장 식구들의 눈총(?)을 샀다.

취기가 오른 뒤에는 고깃집 한쪽에 마련된 노래방 시설에서 다들 몇 곡씩 불러젖혔다. 화기애애한 분위기였다. 다만 외국인 동료 4명은 그냥 소극적으로 분위기를 맞출 뿐이다. 음주가무를 유독 좋아하는 한국과는 습속이 다르기 때문일까? 아니다. 노래방 책에는 방글라데시나 필리핀 노래가 들어 있지 않은 탓이다. 노래만이 아니다. 한글과 알파벳, 히라가나는 들어 있어도 타갈로그식 알파벳이나 벵골 문자는 그곳에 없다. 아는 노래가 없으니 흥이 날 리 없다. 여기까지는 '회사 회식이니까' 하고 그들도 양해를 하는 분위기였다.

그런데 회식이 끝나고 마석 시내까지 함께 나온 회사 동료들은 또 노래방을 가자고 했다. 외국인 동료들과 나는 그냥 집에 가기 위해 '비밀 귀가 작전'까지 짰으나 금세 들통이 났고 결국 어느 지하 노래방 문을 열어젖히고야 말았다. 외국인 동료들의 무관심 속에 우리끼리만 노래하는 것 같아 마음이 불편했다.

그래서 마이크를 든 내가 부른 노래는 20여 년 전 휘트니 휴스턴이 히트시킨 〈그레이티스트 러브 오브 올〉(The Greatest love of all). 서울에서 출판사를 다니다 때려치우고 가족마저 남겨둔 채 가구일을 배우겠다고 마석으로 굴러든 녀석(이라고 처음에 공장 식구들에게 날 소개했다)이 공장 식구들 앞에서 잘난 척하는 것 같아 얼굴이 화끈거렸지만, 나로선 분위기 반전을 위한 불가피한 선택이었다. 마리아 누나가 필리핀 출신이고 그 나라는 공용어로 영어도 함께 쓰니 알지 않을까 싶었기 때문이다. 누나는 나와 함께 부르고 나서 막판에 이 노래를 한 번 더 신청해 혼자 부르는 것으로 내 의도에 화답했다.

사실 늘 수세적일 수밖에 없는 이주 노동자들이 한국인과의 흥겨운 자리에 밋밋하게 앉아 있는 모습은 영 껄끄럽다. 노래방 책에 동남아 노래를! 아니면 그들에게 노래방에 가지 않을 권리를!

20년 만의 귀향,
그러나 딸에겐 국적이 없네

"형, 어떡해. 우리 파티마 방글라 사람 아니래."

전화선 너머 무띠가 어눌한 한국말로 말했다. 방글라데시 법원은 한국에서 낳은 아기니까 한국 사람으로 봐야 한다고 했다.

"다른 데(나라)는 아기 거기서 낳으면 (영주권) 다 주는데, 한국은 왜 안 그래요?"

           '노동'이라는 열차의 종착역은 나와 내 가족의 행복이다. 외국인 노동자건 한국인 노동자건 결론은 다르지 않다. 노동 그 자체가 목적인 삶은 피곤할 것이다. 하지만 칙칙폭폭 달려가는 노동의 목적지가 같다고 해서 출발역도 동일한 건 아니다. 마석가구공단에서 만난 방글라데시 노동자 무띠의 경우가 대표적이다. 그는 배움과 보살핌의 우산 아래 머물러야 할 나이에 일찌감치 노동의 시장에 자신을 내어놓고 돈을 벌어왔다. 그의 삶에는 저개발 국가에 태어난 이유로 국경을 넘어 몸을 팔아야 하는 아시아 노동자의 고단함이 그대로 묻어 있다. 그 후유증 또한 만만찮다.

89년 콧수염 붙이고 사우디행

1989년 봄, 한반도는 문익환 목사와 김일성 주석의 포옹 사진이 가져다준 충격이 채 가시지 않았고, 미국은 흑인 성직자와의 키스신이 담긴 마돈나의 〈라이크 어 프레이어〉(Like A Prayer) 뮤직비디오가 논란이 되던 4월 25일. 사우디아라비아에서 세 번째로 큰 도시 담맘의 다란 공항에 낮 12시 30분 비행기 한 대가 멈췄다. 7시간 전 방글라데시 다카를 출발한 비행기의 바퀴가 멈추고 문이 열리면서 앳된 얼굴의 한 소년이 가방을 들고 나타났다. 그는 방글라데시 노동자 15명 중 유독 어려 보였다. 소년의 이름은 무띠, 당시 열세 살이었다. 그의 코 밑에는 얼굴과 어울리지 않는 콧수염이 달랑거렸다. 2009년 10월 말 마석가구공단 안에 있는 셋집에서 만난 무띠는 "나이 들어 보이려고 드라마에 나오는 것처럼 수염을 달고 갔다"며 당시 상황을 떠올렸다. 어린 나이를 속이기 위해 여권도 위조했다. 실제 1976년생이라는 그의 여권을 보니 1966년생이라고 적혀 있다. 그는 가난한 가정환경 탓에 초등학교 과정을 3년 만에 그만두고, 언제 끝날지 모르는 노동의 세계로 나서는 참이었다.

무띠는 담맘의 한 대형병원에서 청소일을 맡았다. 450여 명이 일하는 병원에서 의료진은 모두 미국 사람이었고, 방글라데시와 필리핀 등 동남아시아 국가에서 온 노동자는 청소 등의 허드렛일을 맡았다. 오전 7시부터 시작된 청소일은 오후 3시께 끝났다. 그 뒤에도 미국인 의사의 집을 청소하거나 정원을 정리하는 잡무를 맡았다. 그렇게 일해서 고국에 있는 엄마와 두 누나, 형을 먹여살렸다.

7년 8개월의 고된 이주 노동을 마치고 스무 살 되던 1997년 초 무띠는 방글라데시로 돌아갔다. 하지만 집은 여전히 어려웠다. 이듬해 6월 이번엔 한국 땅을 밟았다. 산업연수생 신분으로 들어오기 위해 그는 브로커에게 1000만 원을 지불했다. 경기 화성에서 휴대전화 케이스를 만드는 회사에 취직했는데, 오전 8시 30분부터 11시간 일한 대가로 받은 월급은 고작 31만 원. 한 푼도 안 쓰고 3년을 모아야 겨우 브로커 비용을 댈 수 있는 급여 수준으로, 아무리 계산기를 두들겨도 답이 나오지 않았다. 그는 1년여 뒤 경기 광주에 있는 종이상자 제작 공장으로 옮겼다. 월급이 70만 원으로 껑충 뛰었다. 2년 뒤 그는 한 달에 20만 원을 더 받기로 하고 용인에 있는 다른 공장으로 옮겨 오전 8시부터 오후 11시까지 뼈빠지게 일했다. 수당까지 합하면 한 달에 130만 원은 챙길 수 있었다.

이 공장에서 일할 때 그는 열한 살 어린 지금의 아내 타냐와 '전화 결혼'을 했다. 한국 정서상 전화로 결혼한다는 것이 우스갯소리 같지만, 자유연애를 터부시하는 무슬림에게는 익숙한 혼인 방식이다. 양쪽 부모가 자녀의 혼인을 결정하면, 서로 얼굴 한 번 본 적 없는 남녀가 전화기를 들고 몇 마디 나눈 뒤 부부가 된다. 마석가구공단에서는 방글라데시 노동자들이 즐겨 찾는 한 식당에서 가끔씩 전화결혼식을 치른다. 이때는 방글라데시 노동자들이 자리를 함께 해 축제를 즐긴다. 오랜 이주 노동의 역사를 가진 사회에서 볼 수 있는 풍경이다.

이듬해인 2005년 무띠는 1년 전 결혼한 아내 타냐의 얼굴을 처음 봤다. 이미 미등록 신분이 된 그를 따라 미등록 이주 노동을 자청한 타냐가 관광비자를 얻어 한국에 들어온 것이다. 무띠는 다니던 공장을 그만두고 한국에서의 첫 직장이었던 화성의 휴대전화 케이스 공장을 찾았다. 타냐와 함께 일하기 위해서다. 임금인상 문제로 얼굴 붉히고 등 돌렸던 사장에게 "사장님, 미안해" 하고는 취직을 부탁했다.

어머니까지 사망, '고아'로 귀향

무띠는 90만 원, 타냐는 80만 원을 받기로 한 그 공장을 반년 만에 그만둔 건 오로지 본인의 양심 때문이었다. 공장의 남성 과장은 휴대전화 케이스를 만들고 남은 자투리 플라스틱으로 남성 성기 모양을 만들어 타이와 베트남에서 온 여성 노동자들에게 들이댔다. 무띠는 사장에게 "우리 이슬람 사람이잖아요. 이런 거 안 돼"라고 항의했다. 그러자 사장은 "사람이 다 그렇지 뭐, 괜찮아 임마"라고 말했다.

공장을 그만둔 뒤 두 사람은 성남 모란시장 근처 비닐하우스에서 일했다. 거대한 비닐하우스 17개 동에서 자라는 상추와 겨자 등에 물과 농약을 줘 재배하고 틈틈이 수확해서 포장까지 했다. 그러던 중 2005년 12월 22일 사랑스러운 딸이 태어났다. 서울 중랑구 ㅈ산부인과에서 임신 39주 만에 태어난 딸 파티마는 무띠에게 삶의 전부가 됐다.

그들은 비닐하우스의 지독한 농약 냄새가 어린 딸의 건강에 좋지 않겠다고 판단했다. 그 뒤 마석가구공단은 세 식구의 삶의 안식처가 됐다. 무띠는 마석의 다른 이주 노동자들 대부분이 그렇듯 가구공장 도장반에서 샌딩일을 했다. 도장 작업 사이사이 샌딩기로 가구를 문지르고 빈틈에는 사포를 들이댔다.

날이 갈수록 파티마는 쑥쑥 크는데, 미등록 노동자인 두 사람의 신분은 불안했다. 언제 단속반이 들이닥칠지 몰랐다. 새 정부 들어 단속은 갈수록 심해졌다. 마침내 오랜 노동의 대가로 다카에 작은 집을 하나 지었다. 그래서 2008년 9월께 타냐와 파티마는 먼저 방글라데시로 돌아갔다. 그러고 나서 두 달 뒤 마석에는 거센 단속의 폭풍이 몰아쳤다.

무띠가 다카행 비행기에 오른 2009년 11월 1일은 이주 노동자 삶에서 희망과 불안의 쌍곡선이 만나는 교차점이었다. 일단 방글라데시에 돌아가더라도 굶어죽지 않겠다는 자신감과 희망이, '이대로 헤어져 살아도 내 가족이 온전할 수 있을까'라는 마음 깊은 곳의 불안이 그의 고국행을 부추겼다. 전화선 너머 파티마는 "아빠가 없어 안 좋아. 보고 싶어서 한국 갈래"라고 계속 칭얼댔다. 아버지를 다섯 살 때 여읜데 이어 두 달 전에는 어머니가 돌아가셨다는 연락을 받았다. 열세 살 때부터 이주 노동을 해온 무띠는 그렇게 나이 찬 '고아'가 돼 고향으로 돌아갔다.

방글라데시 법원 "한국서 낳은 딸은 한국인"

무엇보다 그의 고국행을 서두르게 한 요인은 하나뿐인 금지옥엽을 방글라데시 정부가 국민으로 인정해주지 않는다는 소식이었다. 마른 하늘에 날벼락이었다. 타냐가 전하길, 방글라데시 정부는 파티마가 그곳에서 태어나지 않았기 때문에 자국민인지 아닌지 판단할 수 없다고 한단다. 출국 전 무띠는 즈산부인과에서 발행한 영문 출생증명서를 내게 보여주면서, "출생증명서를 방글라데시 정부에 제출했는데 왜 인정할 수 없다는 건지 이해할 수 없다"고 했다. 그렇다고 한국 정부가 한국에서 태어나거나 거주한 지 오래된 미등록 이주 노동자의 자녀에게 체류 자격을 주는 것도 아니다. 무띠가 방글라데시에 가면 파티마는 '무국적자'를 벗어날 수 있을까?

"형, 어떡해. 법원에 갔어. 우리 파티마 방글라 사람 아니래." 11월 25일 전화선 너머 무띠가 어눌한 한국말로 말했다. 법원에서 파티마를 국민으로 받아들이지 않아 상급법원까지 대여섯 번 찾아갔는데도 인정받지 못했다며 곤란함을 호소했다. 방글라데시 법원은 한국에서 낳은 아기니까 한국 사람으로 봐야 한다고 했다. 무띠는 내게 세 식구가 한국에 올 수 있는 서류를 하나 만들어 달라고 했다. 잠시 뒤 타냐가 전화기를 낚아챘다. 그는 얼굴 한 번 본 적 없는 내게 "형, 다른 데 (나라)는 아기 거기서 낳으면 (영주권) 다 주는데, 한국은 왜 안 그래요?"라며 따졌다. 속지주의와 속인주의의 차이를 전화로 설명하려다 포기했다.

이들은 파티마보다 한 살 더 많은 알리프도 똑같은 처지에 있다고 전했다. 알리프의 엄마는 2008년 11월 마석가구공단에서 벌어진 대대적인 단속 때 출입국단속반원들에게 잡혔다. 엄마만 방글라데시로 강제출국당할 뻔했으나, 가구공단 사람들이 "엄마만 보내면 아기는 어떡하느냐"고 항의해 알리프도 함께 방글라데시로 돌아갔다. 그런데 알리프 역시 현지에서 방글라데시 사람으로 인정받지 못했다는 것이다. 알리프의 아빠는 여전히 마석가구공단에서 일하고 있다.

타냐는 "신랑이 돌아오니까 좋다"면서도 "온 가족이 다시 한국으로 갔으면 좋겠다"고 했다. 많은 이주 노동자가 한국 사회에서 몇 년 동안 적응한 뒤 고국에 돌아가 겪는 재적응 스트레스를 그도 겪고 있었다. 특히 여성의 외부 활동이 자유롭지 않은 무슬림 사회에서 벗어나 외국 바람을 쐬어본 타냐로서는 더욱 그런 듯했다. "여자들 여기 안 좋아요. 계속 집에만 있어야 해요. 밖에도 잘 못 가고……. 우리나라 여자들 그래요. 한국 좋잖아요. 거기서는 일도 하고, 맛있는 것 먹고, 친구도 만났는데……." 타냐는 전화 말미에 파티마 문제를 다시 꺼냈다. "파티마 한국에서 낳았으니까 한국 아기예요. 형, 잘 생각해봐요."

무띠는 오로지 가난 때문에 어릴 적 배움을 박탈당했다. 그리고 국제 이주 노동의 전선에 뛰어들었다. 20년 가까운 세월이 흐르고서야 그는 이주 노동의 2막을 끝냈다. 3막은 언제 어디서 펼쳐질지 모른다. 그의 딸 파티마는 부모가 이주 노동자라는 이유만으로 무국적자가 됐다. 수많은 아시아 민중이 이처럼 고단한 노동의 삶을 이어가고 있다. 한국도 아시아 국가다. 그나마 먹고살 만한…….

보호받지 못하는 고된 노동

국내 체류 외국인 노동자 실태

하루 12시간 노동, 1주 6일 잔업……

국내에 체류하는 미등록 외국인 노동자들의 실태에 대해서는 근래 정확한 조사가 이뤄진 적이 거의 없다. 외국인이주·노동운동협의회가 2009년 8월 이주 노동자 462명을 대상으로 조사한 결과를 발표했으나, 모두 고용허가제를 통해 입국한 등록 노동자들이었다. 법무부는 2008년 우리나라에 체류하는 등록 외국인 노동자가 약 65만여 명, 미등록 노동자가 20만여 명에 이른다고 발표했다.

경남외국인노동자상담소가 2009년 4월 경남에 거주하는 외국인 노동자 400명을 대상으로 조사한 결과를 보면 이들의 대체적인 상황을 엿볼 수 있다. 이 조사 대상에서 등록 대 미등록 외국인의 비율은 대략 6 대 4라는 게 상담소 쪽의 설명이다. 하루 평균 노동시간을 묻는 질문에 '11~12시간 일한다'는 응답이 가장 많은 47%를 차지했다. 내가 일한 마석 가구공장도 평일 기준으로 따지면 노동시간은 11시간 남짓 된다. 상담소 조사에서 그 다음으로 많이 차지한 하루 노동시간은 9~10시간(19.75%)이었다. 하루 13시간 이상 일한다는 노동자도 7.75%에 달했다.

일주일 평균 잔업 횟수를 묻는 질문에도 '6일'이라는 응답이 23%로 가장 많았다. 휴일인 일요일을 빼고는 항상 야근이나 연장근로를 1

시간 이상 한다는 얘기다. 17.5%가 '5일'이라고 응답해 두 번째를 차지했는데, 월요일과 일요일을 빼고 5일 동안 야근을 하는 우리 공장이 이에 속한다.

작업장 유해 요인 및 조건을 묻는 질문에 대한 답변도 내 주관적 경험과 거의 일치했다. 5점으로 갈수록 '매우 심각'에 가까운 1~5점 척도로 조사했는데, 5점에 가장 가까운 게 '분진'이었다. 평균 3.06점을 얻었다. 두번째가 '반복적으로 무거운 물건 들기(2.80점)'였고, '소음'

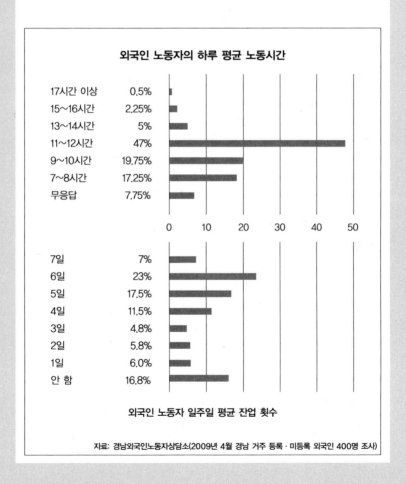

외국인 노동자의 하루 평균 노동시간

17시간 이상	0.5%
15~16시간	2.25%
13~14시간	5%
11~12시간	47%
9~10시간	19.75%
7~8시간	17.25%
무응답	7.75%

7일	7%
6일	23%
5일	17.5%
4일	11.5%
3일	4.8%
2일	5.8%
1일	6.0%
안 함	16.8%

외국인 노동자 일주일 평균 잔업 횟수

자료: 경남외국인노동자상담소(2009년 4월 경남 거주 등록 · 미등록 외국인 400명 조사)

이 2.78점으로 그 뒤를 이었다. '화학물질'과 '불편한 자세로 오랫동안 일하기'는 각각 2.58점이었다. 나는 처음엔 무거운 물건 들기가 가장 힘들었으나 시간이 지날수록 조금씩 적응이 된 반면, 분진은 공장을 나올 때까지 지속적으로 나를 괴롭혔다.

평균 임금은 132만8000원이었다. 190만 원대에 이르는 우리 공장의 10년차 방글라데시 외국인 노동자에 비하면 턱없이 작다. 이는 조사 대상의 60% 가량을 차지하는 고용허가제 입국 노동자들의 경우 오래된 미등록 외국인 노동자들에 비해 숙련도가 낮고, 여성 노동자도 다수 포함됐기 때문으로 보인다. 실제로 공장에서도 고용허가제로 들어온 외국인들은 기피하는 경향이 있다.

참다 키워온 병, 병원비 엄두 못 내

여러 가지 이유로 밖에 나서기 힘든 미등록 이주 노동자들은 일상에서 종종 어려움에 맞닥뜨린다.

임금체불이나 산재, 건강 문제가 가장 흔한데, 최근 의료 관련 상담이 많이 늘고 있다는 게 남양주시외국인근로자복지센터 조은우 팀장의 설명이다. 2008년 8건이었던 게 2009년 들어서는 24건의 상담이 들어왔다. 의료의 중요성에 대한 인식이 커지다보니 사소한 질병을 갖고도 센터를 찾기도 한다. 반면 병원비 걱정에 한참 병을 참다가 키워서 오는 경우도 적잖다. 건강보험 적용이 안 되기 때문이다.

한 방글라데시 여성은 치질 상담을 해왔는데, 한국 사람이면 20만 ~30만 원에 그칠 병원비가 건강보험 없이는 70만~80만 원에 이른다는 얘기를 듣고는 여전히 참고 있단다. 2009년 5월에는 '메르'라는 이름의 필리핀 남성 노동자가 몸이 너무 아프다고 찾아와 함께 병원에 갔다. 의사는 위암 판정을 내렸다. 천문학적인 병원비에 그냥 필리핀으로 돌아간 그는 귀향 6일 만에 숨졌다.

조 팀장은 "미등록 이주 노동자는 자기 이름으로 병원 입원도 안 되기 때문에 센터가 보증을 서는 방법으로 입원한다"고 설명한다.

미등록 이주 노동자가 쉽게 경찰에 신고를 하지 못하는 어려운 처지를 악용하는 사건도 끊이지 않는다. 얼마 전에는 방글라데시 노동자가 사장의 부탁으로 200여만 원을 빌려줬는데 도박으로 그 돈을 날린 사장이 '배째라' 한다며 상담소 문을 두드리기도 했다. 이주 노동자들의 주요 교통수단인 스쿠터를 훔치다 걸린 한국 청소년들이 "경찰서 가자"며 되레 큰소리를 치는 바람에 그냥 놓아준 사례도 있다.

"편협한 나라의 국민이어서 미안해요"

앗살라무알라이꿈!

무슬림들이 만날 때 하는 인사말. 어둠이 내려앉은 마석가구공단의 거리를 걷던 그대들은 뚜비를 머리에 쓴 채 만나는 방글라데시 동료들과 이렇게 인사했지요. 한국말로 "잘 가요"는 '발로꼬레젠'이라는 것도 배웠어요. 제가 공단을 떠난 지도 벌써 한 달이 다 돼가네요.

어때요? 아직도 공장 문을 굳게 잠근 채 일하나요? 출구를 찾지 못한 그 많은 톱밥 먼지와 소음은 그대로 코와 입과 귀로 들어가겠지요. 여전히 하루에 한두 번은 합판이 들어올 테고 일주일에 두어 번은 납품할 물건을 포장해야지요. 월요일을 뺀 매일 밤 야근을 하고 그 뒤에는 집에 가서 소주병을 기울이고 있을 테고요.

그대들의 이름을 가명으로 쓰면서도 많이 조심스러웠어요. 실수로라도 진짜 이름을 썼다가 그대들의 존재가 한국 땅에서 순식간에 '삭제'될까봐 저는 계속 조심했어요. 혹여 공장과 일, 인물에 대한 자세한 묘사가 출입국관리사무소 직원에게 좋은 단속 정보가 될까봐, 독자에게는 미안한 일이지만, 더 생생하게 현실을 전하지 못했어요. 만약 누구 하나 추방당한다면 저는 얼마나 괴로울까요?

그대들과 함께 조립식 주택의 방에서, 마석의 술집에서 나눈 대화가 아직 귓가를 맴돕니다. "생각해봐, 형" 하면서 단속이 얼마나 그대들의 영혼을 파먹고 있는지 설명하던 그 눈망울. 불안과 불만이 9 대 1 만큼 섞인 그 눈동자, 그 동공에 초점을 맞추는 내 마음도 어지간히 불편했더랬지요. 사람의 존재 자체가 '불법'이라니요. 이런 모순이 세상에 또 어디 있을까요?

우리 공장 방글라데시 총각 삼총사 가운데 가장 귀엽게 생긴 피우롱. 도장반에서 머리에 허옇게 먼지와 도료를 덮어쓴 채 샌딩기를 돌리던 모습이 눈에 선해요. 피우롱은 내게 "도장반에서 일 오래 하면 성기능에 문제 생긴다"고 했죠. 그렇지 않기를 바랄게요. 나중에 방글라데시 가서 예쁜 여자 만나 결혼하고 귀여운 아기도 낳아야지요.

출롱은 아직도 한국 드라마를 즐겨보나요? 똘망똘망한 눈매의 출롱이 어느 날 저녁 야근을 앞두고 난로에 나무를 너무 많이 집어넣는 바람에 땀을 줄줄 흘리며 일했던 생각이 나요. 내가 기자인 걸 알고 나서는 "형, 진짜 우리 얼굴 나오면 안 돼요"라고 신신당부했죠. 그럼요. 나중에 '나라'에 간 뒤 작은 배 한 척 사서 친형하고 운수업 해야지요. 그때까지 돈 많이 벌어야지요.

페드로 형. 나보다 한 살 많다고 내가 형에게 "형" 하고 부르면, 형도 자꾸 나를 "형" 하고 불렀죠. 난 좀 이상했어요. 그런데 어제 방글라데시에 전화해서 파티마 엄마 타냐와 통화하는데 그 스물두 살짜리 여성도 나한테 "형"이라고 부르는 거 있죠. 어쨌건 형의 수줍은 미소가 아직도 잊히지 않아요.

마리아 누나는 어때요? 아직도 밤이면 소주를 마시고, "힘들어"를 입에 달고 사나요? 언제 기회가 되면, 단속 걱정에 14년 동안 남양주시를 벗어나본 적이 없는 누나를 제 차에 태우고 강릉 경포대 바닷가에 가서 오징어회에 소주 한잔하고 싶은데, 그럴 시간이 될까 모르겠어요. 함부로 약속은 하지 않을게요. 아참, 그리고 누나 방에서 술 마실 때 내가 얘기했지만 딸 아밀렌과 내년에 미국에 가더라도 너무 기댈 생각은 하지 말아요. 마석에서도 힘겨운 삶을 이어온 누나가 미국에 가서 딸 눈치 보고 살게 되면 내 마음이 아플 것 같아요. 그러니……

서울도 찬바람 쌩쌩 부는데 마석은 또 얼마나 추울까 걱정됩니다. 모두들 건강하세요.

그대들에게는 삶인 고단한 노동을 잠시만 경험하고 떠나서 미안합니다. 미등록 이주 노동자들을 필요할 땐 놔두고 그렇지 않으면 기를 쓰고 붙잡아 나라 밖으로 내동댕이치는, 그런 편협한 민족국가의 국민이어서 미안합니다. 그대들의 아픔은 여전한데, 타카핀 박힌 내 엄지손가락의 상처는 다 나아서 미안합니다.

발로꼬레젠.

2009년 11월 26일

전종휘 드림

'단속'은 영혼을 좀먹는다

  난로공장과 감자탕집이라는 비정규 노동의 공간을 훑은 우리의 시선은 어디로 향해야 할까? 사실 고민은 길지 않았다. 나는 외국인 이주 노동 현장을 찾고 싶었고, 동료들도 이미 직감하고 있었다. 갈수록 그 수가 늘고 있고, 조금씩 한국 사회에서 이슈로 등장하고 있는 그들의 노동 현장을 자세히 들여다보고 싶었다. 특히, 한국 사회에서 존재의 형태가 법적으로는 '불법'인 미등록 이주 노동자들이 어떻게 노동을 하고, 노동의 고단함을 달래고, 일상 생활을 이어가고 있는지 궁금했다.

  좌고우면하지 않고 마석가구단지로 향했다. 마석은 1년여 전 방글라데시 어린이 마히아를 취재해 다룬 적이 있는 공간이다. 마히아는 미등록 이주 노동자 부모 사이에 태어나 한국과 방글라데시 어느 쪽에도 국적을 갖고 있지 못하다, 여전히.

  첫번째 해결 과제는 당연히 취직이었다. 나처럼 가구공장 경험이 전혀 없는 왕초보를 받아줄 공장을 찾는 게 급선무였다. 생활정보지를 뒤적거리다 구인광고를 낸 한 가구업체를 찾아가 면접을 봤다. 채용할지 말지 연락이 늦어졌다. 취재 일정이 급했던 나는 일단 알음알음으로 한 가구공장에 취직했다. 한국인 8명가량과 미등록 이주노동자 4명이 함께 일하고 있었다. 주로 호텔이나 모텔 객실용 가구를 만드는 그 공장에서 방글라데시 총각 3명과 필리핀 여성 노동자 1명이 하루

하루 고된 노동을 이어갔다. 그들 말마따나 모두 '불법 사람'들이었다.

일은 힘들었다. 무거운 합판과 가구를 드는 등 그들과 똑같은 일을 하기에 내 몸뚱아리는 적합치 않은 듯했다. 아침 8시 30분부터 시작한 공장 일의 고단함은 밤 9시 30분이 돼야 끝났다. 지친 몸을 이끌고 공장에서 3분 거리의 숙소로 돌아가 소주 1병을 마시고서야 잠이 들었다.

몸이 힘든데 취재가 잘 될 리가 없다. 주중에는 매일 이어지는 야근에 그들과 대화할 시간이 부족했다. 토요일 연장근무가 끝나는 오후 5시가 가까워 오면 "내가 여기서 뭐하고 있는 거야?"라는 자기방어 본능이 폭발했다. 집에서 기다리고 있을 두 아들도 보고 싶었다. 일이 끝나자마자 서울 집으로 내뺐다.

현지 숙소는 단독주택 3층 옥상에 조립식으로 지은 방이었다. 보증금 없이 한 달에 16만 원인데(첫달엔 보증금조로 4만 원 더 냄), 가구단지 외국인 노동자들이 살고 있는 것과 같은 형태다. 내가 사는 곳은 방 10개가 벽을 마주하고 붙어 있는 형태였다. 나 빼고 나머지 9가구는 모두 외국인 노동자들이었다. 내 이웃들과 친하고 싶었다. 그러나 기회가 주어지지 않았다. 낮에는 나나 그들이나 공장에서 일해야 했고, 야근 끝내고 돌아온 늦은 시각 그들에게 "얼굴 좀 보자"고 하기는 미안한 일이다. 1년 전 취재할 때 만났던 몽골 노동자와 그의 부인이 내 방에서 세 방 건너 이웃으로 살고 있다는 사실을 어느 날 발견한 건 기적에 가까운 일이었다. 그도 나를 알아보고는 친근하게 대해주었다.

취재하면서 가장 애를 먹은 건 의사소통 문제였다. 이주 노동자들과 말이 잘 통하지 않았다. 한국에서 10년 안팎 지낸 방글라데시 총각들의 언어구사 능력은 내 기대에 한참 못 미쳤다. 마석에서만 15년째 살고 있는 필리핀 여성도 마찬가지다. 나는 그들에게 묻고 싶은 게 많았지만, 그들은 그 뜻을 충분히 이해할 만큼 한국어에 익숙하지 않았고, 질문을 이해했더라도 자신의 생각을 표현하지 못했다. 공장에서는 작업과 관련한 단순한 한국말만 습득하면 되고, 간단한 대화만 가능해도 크게 불편함이 없기 때문이다. 나는 그들의 깊은 내면을 들여다보고자 했으나 쉽지 않았다. 이번 취재에서 가장 아쉬운 부분이다.

늘 스스로를 가둔 채 일을 해야 하는 그들의 노동 환경은 열악하기 그지없다. 단속에 대한 그들의 깊은 두려움을 잘 아는 한국인 동료들도 물론 함께 먼지와 소음을 먹고 산다. 말을 하지 않아도, 눈빛만으로도 '단속'이 그들의 영혼을 얼마나 좀먹고 있는지 알 수 있었다. 눈은 작업대를 향하고 있지만, 머릿속 관심은 늘 공장 문에 쏠려 있다. 언제 단속을 나올지 모르기 때문이다.

취재를 마칠 즈음 내가 신분을 밝히자 그들은 계속 나를 붙잡고 따졌다. 한국에서 10여 년 살았으면 체류 허가를 내어줘도 되는 것 아니냐는 것이다. 다른 건 다 참고 일할 수 있지만, 단속에 대한 공포만은 참기 힘들다고 했다. 그런 식으로 '불법 이민자'들에게 체류 허가를 내어준 경우가 다른 나라들에는 몇 차례 있다. 아직 한국은 그럴만한 사회적 관용을 갖고 있지 못하다.

많은 사람들이 "단속이 두려우면 너희 나라로 돌아가라"고 말하고 싶을지 모른다. 불법인 상태를 해소하면 된다는 이 간단한 답변은 사실 많은 중요한 질문들을 뒷춤에 감추고 있다. 내가 집이나 사무실에서 쓰는 가구들은 어디서 어떤 과정을 거쳐서 만들어졌는지, 한국인 노동자들은 왜 마석가구공단에 가서 일하지 않는지 등의 질문 말이다. 반대로 저임금의 미등록 외국인 노동자들 때문에 한국인 노동자의 저임금 현상이 지속된다는 지적도 있으나, 그 또한 부분의 진실일 수밖에 없다.

또 자본의 월경은 그리도 쉬운데, 왜 노동은 그리할 수 없는가도 물어야 한다. 세계 경제가 서로 연관 맺는 네트워크는 갈수록 공고해지는 상황에서 일자리는 없고 임금 낮은 동남아 국가의 시민들이 한국이나 일본 등으로 흘러드는 건 상당 부분 불가피한 속성이 있는데 그건 어쩔 것인가? 자본은 이 나라 저 나라 돌아다니며 각종 초과 이윤을 챙기고 다니지 않는가. 미등록 외국인 노동자들을 모조리 붙잡아 추방할 게 아니라면, 대한민국은 그들의 열악한 노동 현실과 인권 침해를, 그들이 '불법 사람'이라는 이유로, 그냥 두 눈 질끈 감고 뒷짐짓고 있어서는 안 된다.

이런 문제들에 대한 답을 내기보다는 문제를 제기하고자 했다. 언론의 구실은 답을 내기보다는 독자들이 쉽게 접할 수 없는 이 세상의 단면들을 충실히 보여주는 게 첫 손가락이라고 생각한다. 미네르바의 부엉이가 황혼녘이 돼야 날개를 펴듯, 하나의 생각 혹은 철학이 만들어지기 위해서는 현실에 대한 충분한 이해가 우선이다. 그러한 문제에 답을 내기에는 우리 사회가 아직 미성숙하고 문제인식의 공유 자체가 부족하다. 내가 의도한 바대로 됐는지는 잘 모르겠다. 그들과 함께 한 한 달은 충분치 않았던 성싶기도 하고 기자로서의 내 열정이 모자랐다는 반성이 밀려온다.

아직도 주말이면 그들의 얼굴이 떠오르곤 한다. 3월 중순 그들 가운데 한 명과 통화했다. 날 따뜻해지면 캠핑이나 함께 가자고 말을 해놨다. 나는 그들과 오래 되지 않은 추억을 곱씹을 것이다. 하지만 2010년 3월 말에도 여전히 봄은 멀리 있고, 이 글을 쓰는 지금 창 밖에는 때 늦은 함박눈만 내린다. 대한민국 국민의 인권이 후퇴하는 이 시대, '불법 사람'의 인권이 향상되리라 기대하기는 어려운 노릇인가.

4

'9번 기계' 노동일기

난 계약서를 쓰자마자 A사로 '배달'됐다.

함께 '을'이 되어 공장에 온 무리는 다른 인력회사에서 온 이들을 포함해 19명이었다. 이들은 통상 '용역'으로 불린다.

인력회사 관리들이 줄을 세웠다. 아침 8시가 조금 넘자 A사 생산부장이 와 사열해 있는 우리를 뭉텅뭉텅 갈랐다.

● "4 '9번 기계' 노동일기"에 실린 일러스트레이션은 화가 최규석 님의 작품입니다.

나는 아침이 두려운 '9번 기계'였다

오전 10시가 되자 허기로 멍해졌고, 11시가 되자 다리를, 오후로 들어서자 머리를 떼어내고 싶었다.

오직 한마디만 머릿속에서 살아 움직였다.

'단전돼라, 단전돼라, 신이시여 단전되게 하옵소서.'

              2009년 여름 한철, 나는 대한민국에서 가장 값싼 '을'이었다. 1970~1980년대 공장 노동이 '여공'과 '미싱'으로 상징된다면, 지금은 전동 드라이버. 계절 따라 빨간 꽃, 노란 꽃 꽃밭 가득 피어도 공장 시계 돌아가는 소리는 아니 들리고, 일주일에 7일, 하루 12시간씩 나사 돌리는 소리만 요란하다. 곡절 끝에 취업한 A사, 대부분의 여공 손에도 드라이버가 쥐어져 있다.

  날 알선해준 '갑(ㄷ인력파견업체)'의 ㅇ과장은 "한 달에 140만 원 플러스 알파, 그래서 170만 원까지 받아간다"고 설명하며 액수를 메모까지 해줬다. 8월 11일 아침 7시 30분께 서명한 계약서 뒷면에 그가 볼펜으로 새겨준 '희망'이 선명하다. 하지만 그 희망이 얼마나 고되며, 또한 야망에 가까운가 깨닫기까진 채 하루도 걸리지 않았다.

아침 8시 30분 종소리와 함께 라인에 서다

난 계약서를 쓰자마자 A사로 '배달' 됐다. 함께 '을' 이 되어 공장에 온 무리는 다른 인력회사에서 온 이들을 포함해 19명이었다. 이들은 통상 '용역' 으로 불린다. 인력회사 관리들이 줄을 세웠다. 아침 8시가 조금 넘자 A사 생산부장이 와 사열해 있는 우리를 뭉텅뭉텅 갈랐다. A사는 경기 안산시 반월공단에 있다. 석유난로·냉장고·비데 등 여러 가전제품을 컨베이어벨트 따라 쉴 새 없이 쏟아내는 탄탄한 중소기업이다. 나는 다른 6명과 함께 '라인 55R' 에 배치됐다. 이 회사의 주력사업인 중소형 석유난로 제작 라인이다.

'아, 마음의 준비가 덜 됐는데…….' 아찔해하고 있을 찰나 종이 울렸다. 정확히 아침 8시 30분, 탱크 바퀴처럼 육중한 라인이 돌기 시작했다. 그렇게 (내겐) 기습적으로 시작된 첫 공장 근무는, 급류에 떠밀리듯 허우적대다 밤 9시가 되어서야 끝이 났다.

오전 10시가 되자 허기로 멍해졌고, 11시가 되자 다리를, 오후로 들어서자 머리를 떼어내고 싶었다. 한자리에 꼼짝없이 서서 작업하는 상체를 받치는 다리가 꺾일 것 같았다. 사타구니 높이의 컨베이어벨트에 놓인 난로를 내려다봐야 하는 머리는 불필요하게 무거웠다. 오직 한마디만 머릿속에서 살아 움직였다. '단전돼라, 단전돼라, 신이시여 단전되게 하옵소서.'

텅 비우지 않으면, 머리가 컨베이어벨트 위로 고꾸라질지 모른다는 생각을 했을 즈음, 30대 후반의 반장은 "오늘 잔업은 9시"라고 알렸다. 오후 4시 남짓이었다. 이후 5시간이 어떻게 갔는지 알 수 없다.

휴대전화를 꺼내 처음으로 시간을 봤던(작업 중 휴대전화를 꺼내는 이는 거의 정규직이라고 보면 된다) 8월 19일의 기억이 선명하다. 오후 6시 야간 잔업이 시작되고 밤 9시가 멀었나 싶어 시계를 보면 7시 10분이었고, 9시가 됐나 싶어 시계를 보면 8시였으며, 9시가 됐겠지 싶어 시계를 보니 8시 40분이었다. 9시 라인이 멈추자마자 짧은 비명을 내뱉었다. 그리고 생각했다. '신은 없다.'

난로 제작 라인에서 내게 맡겨진 일은 간단하다. 아니 30~40명 작업자 모두의 일이 간단하다. 드라이버로 나사 두 개만 박는 이도 있었다. 내 작업표준서를 보면, '9번 공정'으로 '동편심 검사'라고 적혀 있다. 옆 공정에서 석유난로의 공기통에 심지를 끼워 전달하면, 나는 공기통 높이가 일정한지(동심), 공기통이 쏠리진 않았는지(편심), 심지의 높이는 일정한지(심지)를 육안, 링, 디지털 게이지 등을 이용해 검사한다.

그래서 심지 높이가 7~9mm 범위를 벗어나면 펜치로 심지를 집어 올리거나 쇠주걱으로 눌러내린다. 편심 허용 범위(3.95~4.75mm)를 벗어나면 쇠주걱으로 좁은 곳을 벌려준다. 그러면서 이제 갓 '엔진'을 단 난로 하나당 두세 번씩 손잡이를 돌려 심지가 올라오는 것을 살핀다. 그리고 공기통 캡을 '꼬챙이'라는 도구로 공기통에 고정한다. 대략 1분 안팎에 서둘러 해야 할 일들이다.

보람도 사회적 자존감도 없는 노동

무엇보다 초반엔 서서 일하는 고통을 버티기 힘들었다. 노동 세계엔 서서 일하는 저주받은 자와 앉아 일하는 복된 자, 두 부류만 있다는 생각마저 들었다. 하지만 2주 정도 지나자 좀 익숙해진다. 이후에 경기 수원에서 일하는 40대 여성 노동자를 만날 기회가 있었는데, 그는 "앉아서 일해도 집에 가면 다리가 퉁퉁 붓는다"고 하소연했다. 첫쨋 주에 발바닥·목·어깨가 쑤셨고, 3주차로 접어들자 허리도 아팠다. 일곱 군데에 굳은살이 박인 손바닥과 손마디는 일을 그만 두고서도 2주 남짓 통증이 지속됐다.

물론 '라인'은 '인간'을 개의치 않는다. 붕어빵 찍어주듯 물량이 내게 건네진다. 오전 8시 30분~10시 30분 A타임에도, 10시 40분~12시 30분 B타임에도, 점심 먹고 오후 1시 30분~3시 30분 C타임에도, 3시 40분~5시 30분 D타임에도, 그리고 30분 저녁 식사 뒤 6시부터 저녁 8시나 9시까지 한번에 이어지는 야간 잔업 때도 기계처럼 서서 목장갑이 닳도록 손잡이를 돌리고, 펜치를 쥐며 쇠주걱을 들이댄다.

안산에서 만난 수많은 노동자들에게서 일의 보람이나 사회적 자존감 따윈 찾아볼 수 없었다. 지금은 사라졌으나 다시금 '공순이' '공돌이'란 사회적 비하가 유행한대도, 이들은 침묵으로 '내면화'할 것이다. 별이 뜬 퇴근길은 그저 피곤할 뿐이다.

일해도 가난한 노동자에게 희망은 오직 돈이다. 나부터도 날품으로 팔려가는 계약서에 서명할 때 '170만 원'만 눈에 들어왔다. 2009년 4인 가구 기준 최저생계비인 132만7000원을 훨씬 웃돌지 않나.

1. 시급 4000원, 상여금 230%, 임금 지급일 매월 11일.

2. 근로시간 아침 8시 30분부터 오후 5시 30분까지(휴게 시간 12시 30분

~1시 30분).

3. 갑이 필요하다고 인정할 경우에는 을과 합의하여 1주일에 12시간을 한도로 근로시간을 연장할 수 있다.

4. 갑이 필요하다고 인정할 경우에는 을의 의견을 들어 근무 장소 또는 업무를 변경할 수 있다.

5. 정규작업 시간 이외에 야간근로 및 휴일근로를 실시하는 것에 동의한다.

6. 최초 1개월 미만 근무 시 작업복 대금 1만5000원을 공제한다.

하지만 결과적으로 '갑'이 내게 준 계약서 조건대로는 한 달 170만 원을 웬만해선 벌 수 없다. 나와 한날 한 라인에 배정된 7명 가운데 5명이 2주가 채 안 돼 그만뒀다. '가난한 희망'마저 별빛처럼 멀어진다.

공단 담벼락 너머 연기 뿜는 여느 공장 안을 상상해본 적이 없었다. 첫날 풍경은 둘로 집약됐다. '공장 노동자'는 쉴 새 없이 같은 작업을 반복하는 반자동화 기계로 서 있다. 그들 머리 위 공장의 시계는 '국방부 시계'보다 천천히 간다. 그렇게 난로는 유유히 하루 1500개가량씩 완성돼간다.

이것이 어렵다, 어렵다 곡소리를 내는 중소기업들도 조금씩 살을 찌우는 비결일 것이다. 다시 짚어볼 문제지만, 모든 중소기업이 보호받을 만하거나 위약한 건 아니고, 모든 반장이 위악한 것도 아니다.

"멍 때려야 시간이 간다"

단순 조립 노동. 안산에만 8만6000명가량(2008년 안산시청 통계)이 일한다. 투자 없이 할 수 있는 유일한 일자리다. 모두에게 그렇진 않겠으나, 그래서 가장 값싼 '막장 노동'이 된다. 하지만 '단순하다'가 '손쉽다'는 의미는 아니다. 이들은 기술이 아닌 요령으로 일한다. 요령의 부족분은 무조건 힘으로 때워야 한다. 극도의 단순 공정은 몇몇 신체 부위만 집중적으로 닳게 한다. 하룻새 양손에 물집이 잡혔다. 가만히 한곳에 서서 순간적으로 허리힘까지 써가며 편심을 맞추고, 악력을 키워 심지를 올리며, 손바닥과 어깨힘으로 심지를 누르느라 고통을 느끼는 일조차 분주했다.

특히 내 바로 옆 10번 공정은 '파견 노동자의 무덤'이었다. 난로의 내부 덮개를 씌우는 단순한 일이다. 홀더를 양옆에 끼워 볼트 4개만 조이면 된다. 이렇게 단순한 일인데, 2~3일 간격으로 사람이 바뀌었다. 대개 드라이버는 줄로 공중에 매달려 있는데, 이 공정은 특성상 직접 손으로 쥐어야 한다. 무게가 있다. "팔이 마비되려고 해" "손이 펴지지 않는다"는 작은 절규가 사람마다 이어졌다. 파견 노동자는 쉽게 그만두거나 느리니까, 다른 라인의 정규직 노동자를 데려다 앉힌다. 그 또한 이튿날 파스를 붙이고 왔다.

'단순하다'는 '지겹다'와 통한다. 손에 익지 않을 경우 고통은 천천히 오밀조밀 전해지고, 손에 익으면 고통보다 더 큰 피곤함으로 잠이 쏟아진다. 시간이 거꾸로 가는 것 같은 공포만큼 이들에게 버거운 것도 없다. 지방대를 다니다 8월 초부터 일해온 스물네 살 정원식 씨는

"A타임에는 김태희를, B타임에는 전지현을 생각한다"고 말했다. 나부터가 온통 음흉, 불량한 생각들에 사로잡혔다. 경기 부천에서 공고를 나온 염철수(28세) 씨는 "멍 때려야 시간이 간다"며 "그땐 (자신이) 완전 기계예요, 기계"라며 한숨을 쉰다. 실제 라인 속도는 목표량에 맞춰 반장이 자유롭게 조정한다. '멍 때린' 채 라인의 노예가 된다. '의식'이 비집고 설 틈이 없다.

공장에 근무한 4주 동안, 생산직 노동자들이 김대중 전 대통령의 서거에 관해 얘기하는 걸 들어보지 못했다. 딱 한 번 전날 뉴스가 회자됐는데, 탤런트 이영애 씨 결혼 소식이었다. 한 남성 동료가 "더 이상 돈 벌 이유를 잃었다"며 경악했다. 농담이었지만 웃음은 썼다. 그들은 알까? 이영애 씨가 드라마 〈대장금〉에서 받은 회당 출연료는 600만 원 정도라는 사실. 5시간 동안 촬영한다면 시급 120만 원꼴이란 사실. 2003년 얘기다.

의지와는 상관없다. 오전 10시가 넘으면 허기가 져 텅 비고, 오후로 접어들면 지쳐 텅 빈다. 팔과 몸뚱이만 라인 따라 움직이는 완벽한 일체감을 맛본다. 내 공정을 자동화 설비로 바꾸려면 꽤 많은 돈이 들어갈 것 같다. 하지만 나는 1시간에 4000원을 받고, 평균 250~300개의 난로를 검사한다. 아주 저렴한 기계 설비인 셈이다.

하루도 못 버티고 떠나는 사람들

그러니 떠난다. 텅 빈 노동, 빈곤한 노동에 기겁한다. 공고를 갓 졸업한 스무 살 하민우 씨. 8월 13일에 들어와 19일 그만뒀다. 그는 "공장이 제 일터가 될 줄은 꿈에도 생각해본 적이 없다"고 했다.

서른네 살 안산 출신 김정민 씨. PC방과 부동산중개업을 하다 빚을 졌다. 수개월 실직 상태로 지내다 결국 공장문을 두드렸다. 여성과 동거 중이다. 10번 공정을 맡았다. 8월 12일 출근해 사흘 일한 뒤 더는 볼 수 없었다.

옌벤 출신 중국동포인 42세 남성. 가족과 함께 2006년 한국에 들어왔다. 올해 국적을 취득했다. 아내는 화장품 상자 공장에서 일한다. 보증금 200만 원에 월 20만 원의 방값을 낸다. 웃는 얼굴이 자애로운데 여러 공장에서 잔뼈가 굵었다. 8월 24일부터 닷새 동안 일한 뒤 나오지 않았다. 마지막 사흘은 10번 공정을 맡았다. A타임이 끝나며 그는 "팔이 너무 아프다"고 말했는데, 점심시간을 앞두고 시간을 확인하려 휴대전화를 꺼내는 손이 부들부들 떨리는 걸 보았다.

20대 초반의 연인 관계로 보이는 남녀가 8월 11일 나와 함께 한 라인에 배정됐다. 그 주 금요일까지 나흘을 채운 뒤 그만뒀다.

8월 18일, 30대로 보이는 남성. A타임 2시간만 일하고서 말도 없이 가버렸다. 그도 10번 공정이었다. 반장이 작업 속도가 더디다고 채근을 좀 했다.

스물한 살 남성. 동거 중인 스물세 살의 여자친구가 몇 달 아픈 바람에 전에 하던 공장일을 쉬었다. 9월 3일 이곳으로 왔다. 그를 본 건 그날 하루뿐이다. 공기통에 심지를 끼우는 초반 공정을 맡았다.

내 위치에서 볼 수 있는 파견 노동자들의 '입출'이 대략 이러했다. 난로 라인은 작업표준서상 모두 28개 공정으로, 보통 35~40명 남짓이 울력한다. 후반 공정에서 얼마나 많은 이들이 손가락 사이 모래처럼 예고 없이 빠져나갔는지 알 수 없다. 대략 하루 6~7명이 라인에 새로 오면 그 가운데 2~3명이 다음날 '증발'한다.

그런데도 공장은 계속 돌아간다. 기업은 수익을 낸다. 납득이 어려웠다. 인력회사 관리들의 말을 종합하면, A사의 생산 정규직은 140명 정도인데, 파견 노동자는 한창 많던 8월 중순 340~400명에 달했다. 기업공시를 보면 정규직은 사무직을 포함해 240여 명이다.

최저임금에 일도 고돼 기척 없이 그만두는 이의 수를 예측하기 어렵다. 게다가 8월 마지막 주로 접어들면서 파견 노동자 자체가 급감했다. 전체 260명 정도만 조달된다는 것이다. 8월 27일 라인 반장은 "50여 명 정도가 인력회사에 등록하고선, 겨우 20명 정도만 온다"고 말했다. 대학생 '알바'가 대거 빠지고, 추석을 앞둔 시점에서 단가가 센 할인마트나 택배 쪽으로 사람들이 빠져나간 탓이다.

인력이 빠져도 목표량을 채우는 비결

그런데도 생산량은 또 큰 차이가 없다. 일일 1200~1500개 사이를 오가는 것이다. 원리는 간단했다. 라인 가동 속도가 줄긴 하지만, 남은 자들이 다른 공정까지 바삐 수행하며 목표량에 근접시킨다. 라인이 느려도 맡은 공정이 많으면, 라인이 빠른 것과 다름이 없다. 당연히 업무 강도가 높아진다. 나 또한 8월 말 인력이 부족하자 검사 공정을 끝내고 드라이버로 나사까지 박으라는 지시를 받았다. 실소했다. 반장을 포함한 정규직도 피해를 본다. 라인을 돌며 관리·지시하던 반장도 꼼짝없이 공정 하나를 도맡는다. 그는 점심을 거르기도 한다.

그래서 모든 반장이 가장 중요하게 여기는 대목이 파견 노동자들의 잔업 통제다. 우리 라인 반장도 잔업 거부자가 많은 날엔 '육두문자'를 쓰며 방방 뛴다. 조례 때마다 "우리 라인 근태표가 가장 지저분하다"거나 "제발 잔업을 빠질 거면 3시 30분 이전에 알려달라"고 말한다. 하지만 그는 상대적으로 미움을 덜 산다. 잔업 못한다고 하면 즉시 관두라고 하는 라인 반장도 있다. 잔업을 빠지려면 별의별 수모와 눈치를 감수해야 한다.

당연히 파견 노동자에게 소속감이란 찾아볼 수 없다. 관두라면 관둔다는 식이다. 2시간만 일하고, 또는 오전만 일하고 가버린다. 4000원짜리 노동은 차고 넘친다. 상징적으로 이 공장 화장실을 보면, 변두리 공원 화장실처럼 더럽다. 담배꽁초가 수북하고, 휴지가 가득 널려 있다. 누구도 깨끗이 써야 할 이유를 갖고 있지 않다.

이런 상황에서 품질이 일정할진 알 수 없다. 다만 8월 31일 밤 9시 잔업 뒤 종례를 기억한다. 반장은 "난로 3100개 가운데 3000개가 불량으로 나왔어요. 스크루 박다 기스 나고, 라벨 비뚤어지게 붙이고……. 그거 나올 때까지 생산부장이 뭘 했냐고 그러는데, 나도 뭘 했는지 모르겠어요." 시말서를 써야 할지도 모른다고 말했으나, 사실 그는 인력이 빌 때마다 누구보다 바빴고 성실했다. 결국 9월 첫쨋주 야간 작업은 불량 제품의 재작업으로 대신했다. 경영진은 손해를 보았을까, 이득을 보았을까.

대부분의 중소기업이 단가 후려치기 등 원-하청 관계에서 발생하는 불합리를 탓한다. 그러면서 강요되는 손해분을 제 노동자에게 전가한다.

1분만 지각해도 30분치 시급 공제

대기업의 냉장고를 하청 생산하는 A사 역시 생산 효과를 극대화하기 위한 이기적 근태 관리들이 있다. 가령 업무 시작은 아침 8시 30분이지만, 반장 조례를 8시 15분에 한다. 조례가 끝나면 대체로 자기 위치에 가 부품을 정렬하거나 드라이버에 기름을 넣는다. 밤 9시 작업 종료 뒤엔 청소와 종례를 한다. 10분 안팎이 소요된다. 공원들은 실상 하루 20~30분의 공짜 노동을 하고, 사용자 처지에선 1명당 2000원씩을 버는 셈이다. 대신 노동자가 1분만 지각을 해도 30분어치의 시급을 제한다. 당근은 최소화하고 채찍은 최대화하는 메커니즘은 언제나 가진 자가 더 가질 수밖에 없는 동력이 된다.

준비운동으로 정확히 근무를 시작하는 공장이 엄연히 있다. 청소까지 근무 시간 내 공정으로 포함해둔 곳도 있다. 물론 더 인색한 기업도 많다. 시급으로 책정되는 2시간 간격의 쉬는 시간을 5분만 배정한 기업이 대표적이다. 그곳에서 일하다 온 한 파견 노동자는 "담배 하나 피울 시간이 안 됐다"며 증오했다.

일당으로 계산해 한국인에겐 5만 원, 중국인 3만5000원, 동남아인에겐 3만 원만 주는 공장도 있다. 이 공장은 때때로 새벽 3시까지 철야를 시킨 뒤 아침 8시에 출근하게 한다. 철야는 경영진에 이득이다. 값비싼 생산설비를 쉬지 않고 가동할 수 있고, 시급이 워낙 낮으니 수당 부담은 크지 않기 때문이다. 그러나 이 회사는 2008년 11월 자동차 산업이 어려워지자 파견 노동자를 먼저 정리했다. 일괄 정리였다. 당시 쫓겨난 뒤 2009년 9월 초 A사에 마찬가지 파견 노동자로 들어온 스물두 살 공원의 이야기다.

A사는 각기 다른 노선의 통근버스 3대로 노동자를 태워온다. 하지만 밤 9시 야근자가 많을 경우, 오후 5시 30분이나 저녁 8시에 퇴근하려는 이들에겐 한 노선 1대만 운영한다. 상당수가 대중교통비를 써야 한다. 모든 라인이 잔업을 할 경우 오후 5시 30분에 퇴근하는 이에겐

그조차도 없다. 결국 1000원이라도 아끼기 위해 공장 퇴근버스를 타려는 사람은 잔업을 한다. 비용도 비용이지만, 대중교통 노선은 우회하기에 시간을 많이 빼앗긴다. 난 회사버스를 타도 밤 9시에 끝날 경우 집에 가면 10시가 넘었다.

잔업과 철야가 연일 가능한 것은 '빈곤한 노동자'가 넘치기 때문이다. 이달 A사에서 일한 지 3개월째가 되는 40대 후반의 정성훈 씨는 잔업이 저녁 8시에만 끝나도 화를 냈다. "저녁까지 먹었는데, 9시까진 해야지 돈이 좀 모이는데, 이게 뭐냐"며 '단전'을 외쳤던 내게 들으라는 듯 혼잣말을 던진다. 많은 이들이 생활이 아닌 생존, 부유가 아닌 충족을 원한다. 그를 위해 '착취'조차 달게 받는다.

침묵의 노동

근무 첫날 다섯 마디가량 말을 했다. 오전 10시 30분 종이 치며 라인이 서자 "쉬는 시간이냐"라고 묻고, 낮 12시 30분 종이 치자 옆 공정 중년의 정규직 여성에게 "점심시간이냐"라고 물었던 몇 마디다. 그 여성은 "응" 하면서 쏜살같이 식당으로 달려갔다. 안산에서 가장 끔찍한 기억 가운데 하나다.

이후로도 별반 다를 건 없었다. 근무 중 말을 하지 않는다는 사실은 충격적이었다. 특히 파견 노동자들은 입이 없다 해도 지나치지 않다. 말을 하는 이는 대개 정규직이다. 휴대전화 통화나 문자 확인은 도덕과 상식, 인륜을 망각한 짓이 된다. 반장이나 경력 높은 정규직만 사용한다.

침묵의 노동은 일터의 행복, 연대감, 일을 통한 사회화를 일거에 잘라낸다. 몇 가지 이유가 보였다. 뜨내기 날품이 많은 탓이다. 처음 온 파견 노동자의 이름을 물어봤댔자, 그가 내일도 올지 알 수 없다. 게다가 가장 값싼 파견 노동자들은 안면을 익혔거나 친해진 동료가 떠나는 걸 두려워한다. 더 좋은 일자리를 모른 채 자기만 정체돼 있다는 불안과 열패감이 있다. 실제 신입 파견 노동자가 많은 날은 공장 전체의 활력을 발견하게 된다. '동질감' 덕분이다.

나와 비슷한 시기에 들어온 20대 여성은 며칠 만에 공장을 그만둘 즈음 이런 말을 했다. "왜 여기 사람들은 웃지도 않고, 말도 안 걸어줘요?" 그건 아마 시급으로 계산되지 않기 때문일 것이다. 물론 가장 직접적인 이유는 생산 관리의 통제다. 작업 효율을 높이기 위해 음악도 듣지 못하게 하는 마당이다. 침묵은 그렇게 관례화된 것이어서 파견 노동자는 첫날부터 자연스레 몸에 익힌다. 누구도 말을 잘 걸지 않기에 침묵은 강요된다고도 할 수 있다. 오후로 넘어가면 힘들어서 말을 하려도 할 수 없는 상황이다.

말 걸자 반장 눈치 보며 외면

이미 제 커뮤니티를 잃거나 떠나, 홀로 인력회사를 통해 들어온 뒤, 혼자 일하다 혼자 밥을 먹는 이가 상당수다. 입 없는 이의 입으로 밥이 사라지는 풍경은 슬펐다. 내가 유일하게 받은 복은, 10번 공정에 다른 라인의 7~8년차 여성 정규직이 배치돼 말을 걸어주는 것이었다. 근무 3~4주차로 접어들며 조금이나마 적응이 된 배경이기도 하다.

"몇 살이야?"

"서른다섯 살이오."

"아이고 미안해, 반말해서."

"아, 아니에요. 저랑 동갑도 아니시잖아요."

"하하호호하……. 결혼했어?"

"아뇨."

"에구, 엄마 속 타 죽겠네."

"예. (그러게 말입니다. 그런데 여기서 이걸 하고 있어요.) 그런데 반장은 돈 많이 받아요?"

"월급? 얼마 못 받아. 시급 좀 높고, 수당 6만~7만 원인가 더 받을걸."

"일주일에요?"

"뭐, 한 달에. 그러니까 반장 말 잘 들어."

8월 21일 처음 말을 걸어준 40대 정규직 여성(7년차)은 친절하고 활달했다. 하지만 이들조차 반장의 눈치를 본다. 작업 중 내가 얼굴을 보며 대화할라치면 "왜 날 보고 말해?" 하며 자세를 교정시킨다.

생산 정규직 대부분이 여성이므로 근무 중 대화도 대개 여성들의 것이다. 그 사이 넉살 좋은 20대 젊은 청년이 '대화 무리'에 쉽게 끼는 '우대'를 받기도 한다. 하지만 대부분의 남성은 휴식 또는 점심시간에 담배를 피우며 주고받는 몇 마디가 그날 대화의 전부다. 시급에 대한 불만, 각 라인 반장에 대한 험담, 그리고 음담패설까지 담배 연기에 뒤섞여 더 자욱하고 질펀해진다.

비흡연자들은 도대체 무엇을 할까? 점심시간 공장을 돌아봤다. 불꺼진 건물 안에서 혼자 멀뚱히 앉아 있거나 탈의실에 누워 쪽잠을 잔다. 휴식조차 침묵이다.

정규직과 비정규직

출근 초반 파견 노동자들 사이에 회자되는 A사의 세 가지 단점을 들었다. "음식이 맛없다"와 "겨울에 춥다" 그리고 "반장이 까다롭다." 대신 (정규직) 아줌마 텃세는 적다고 했다. 공장 경력이 꽤 되는 여성 파견 노동자들이 가장 반겼다. 하지만 어디든 군기반장을 자처하는 이들이 있게 마련이다. 우리 라인에서도 근처 공정에서 막히거나 게으름을 피우는 파견 노동자에게 보란 듯 소리친다. "아이구 속 터져~, 아주 그냥 세월아 네월아 하네~" 식이다. 대부분의 40~50대 정규직 여성은 인자한 말년 병장과 매서운 일병의 얼굴을 동시에 지녔다. 오지랖도 넓으시다. 저 멀리 보이지도 않는 공정의 작업자한테까지 지적을 한다. 그러면 반장이 출동해 '해결'하는 식이다.

우리 라인 파견 노동자들이 금요일 잔업을 못한다고 해서 반장이 성을 내며 오후 5시 28분에 라인을 세웠다. 8월 21일의 일이다. 줄 선 작업자들 앞에서 "주간 목표량을 못 맞췄는데, 금요일 밤에 약속을 잡는 게 말이 되냐"며 한참을 질책한 뒤, 다른 라인에 지원 갈 남자 4명만 나오라고 했다. 급할 때 라인별로 인력을 서로 지원한다. 미리 품앗이하는 것이다. 하필 반장 코앞에 내가 섰다. 어이없이 나가고 말았다.

온풍기 제작 라인이다. 큰 온풍기통을 옮기고 거기에 몇 가지 부품을 장착하는 첫 번째 공정이었다. 내 작업 속도가 빠른지, 더는 온풍기통을 옮겨놓을 공간이 없을 만큼 일감이 쌓였다. 난 잠깐 스트레칭을 했다. 그러자 저 멀리 한 정규직 여성이 잽싸게 다가와 빗자루를 쥐어준다.

"청소해."

"예? 이따 할 거잖아요."

"그래도 해. 사람들이 싫어해."

"공장 바닥 닳겠어요, 하하하."

실소하며 난 청소를 했다. 또 다른 실소의 기억은 20대 후반의 젊은 남성 정규직이 줬다. 중년인 파견 노동자에게까지도 반말을 하는 등 자주 위압적이다. 뒤에 보니 '공공의 적'이었다. 한쪽에서 난로에 장착할 부품을 다른 파견 노동자들과 조립하고 있었다. 다리가 아파 바닥에 털썩 주저앉은 상태였다. 지게차를 몰던 '공공의 적'은 경적을 울리며 내게 소리쳤다. "야, 너 일어나서 일해." 속으로 '그렇게' 하며 자세를 바꿨다. 나도 어렵지 않게 '공공'으로 포섭됐다.

사실 이곳의 정규직과 파견 노동자의 처우는 거의 같다. 시급 4000원짜리 노동자다. 다만 정규직은 상여금 600%를 받는다. 파견은 230%다. 처우가 비슷하니 정규직·비정규직의 차별이나 그에 대한 문제의식 자체가 파견 노동자에겐 드물다. 대신 '인간에 대한 예의'가 거의 모든 갈등의 불씨가 된다.

비정규직법이나 차별 문제는 사무직 또는 대기업의 이야기로만 받아들인다. 그런데도 정규직을 희망하는 이들이 없지 않다. 스물넷 정원식 씨는 "내년까지 다녀 정규직이 될까도 생각 중"이라고 말했다. 내년엔 시급도 오르고 두 달에 한 번씩 90만 원가량 상여금도 나오니

안정적이란 얘기다.

옆의 동료를 미워하게 만드는 시스템

육체적 고통, 침묵의 고통, 차별 따위가 라인 따라 쉴 새 없이 전해진다. 하지만 공장 라인 노동의 진정한 악질은 같은 노동자를 증오하게 하는 데 있다. 호흡이 맞지 않는 옆 노동자가 밉다. 내 공간이 좁아지며 불편해진다. 작업을 방해받는다. 나보다 쉬운 공정만 처리하며 같은 시급을 받는 또 다른 노동자들을 인사 한 번 주고받은 기억 없이 미워한다. 시간이 갈수록 더하다.

소화 뭉치를 장착하기 위해 스크루 두 개만 박는 8번 공정과 공기통 상단부를 고정하려고 스크루 4개만 박는 7번 공정 동료를 흔쾌히 받아들이지 못했다. 신입 파견 노동자가 내 양 옆을 차지했을 땐, 내 작업에 지장이 없도록 부드러운 기계처럼 일해주길 바랐다. 거짓 표정 지으며 상대를 기계로 대한다. 그의 인간성을 부정하고, 내 인간성을 파괴한다.

8월 중순은 특히 더웠다. 선풍기 몇 대만 게으르게 돌고 있었다. 라인이 빠르면 땀 닦을 시간도 없었다. 처마 아래 빗방울처럼 심지로, 공기통으로 땀이 뚝뚝 떨어졌다. 첫쨋주가 지나자 목과 오른 팔뚝에 땀띠가 생겼다. 하지만 사실 추위가 더 무섭다고들 한다. 난로가 주력인 회사에 난로 하나 없어서 자기가 구입한 털바지에 털실내화를 갖춰 입어도 춥다고 정규직들은 말한다.

9월 1일 아침 8시 10분, 이 회사 회장의 아들인 전무가 월례 조례를 주재했다. 그는 "올해 잘하면 최대 수익을 낼 수도 있을 것으로 본다"며 "자부심을 갖고 경쟁력을 높여달라"고 주문했다. 강당에서 정규직과 파견 노동자가 뒤섞여 선 채로 20분 넘게 들어야 했던 연설의 고갱이였다.

하지만 그런들 파견 노동자와 무슨 상관이겠는가. 100억 원을, 1조 원을 돌파해도 시급은 주근 4000원, 야근 6000원이다. '용역'들도 모르지 않는다. 나는 다만 종일 서서 일해야 하는 노동자들인데, 의자라도 주고서 조례를 했다면 조금은 더 귀담아 들었겠다는 생각을 했을 뿐이다. 한 사람이 허리가 아픈지 대놓고 "끄응~" 하며 몸을 숙인다.

인력회사에서 얘기하는 월급은 대부분 월~금요일, 주근과 2~3시간의 야간 잔업을 하루도 거르지 않고, 그러면서 때때로 주말 특근까지 해야 받는 액수다. 당초 돈 쓸 시간이 없기에 절약이 조금이라도 가능하다면, 그건 이들 빈곤한 노동의 유일한 장점이다.

8월 20일, 조립품에 손가락을 베어 연고를 사려고 약국에 들렀다. 드디어 파스도 샀다. 이튿날부턴 목과 양어깨 부위에 파스를 2개씩 붙이고 다녔다. 거른 날이 드물다. 황량한 공장 마당에도 8월 말이 되자 결결이 바람이 불었다. ㄷ인력회사 과장이 야외 휴게소에서 "이게 무슨 냄새지? 향수 냄새가 나는데" 하며 미소지었다. 옆에 있던 염철수 씨가 "이건 (사방 사람들이 붙인) 파스 냄새"라고 잘라 말했다. 또 한 번의 실소를 가을 초입 바람에 한참 흘려보냈다.

"9월 5일. 햇살 따갑다. 손금은 변하지 않았다. 다만 일곱 군데 굳은살이 박인 손이 몹시 거칠다. 손마디와 바닥이 많이 결린다. 이조차도 몇 주 뒤엔 사라질 것이다."

4주간의 노동을 끝낸 다음날 일기에는 이렇게 적혀 있다. 다시 기자로 돌아갈 수 있어서라기보다 지난 한 달이 운명이 아닌, 오직 '실험'이어서 다행이란 생각을 했던 것일까. 공장 노동자의 손금이 따로 있진 않을 것이다. 하지만 노동자를 사열시키는 컨베이어벨트는 영원히 쉬지 않고 돌며, 스무 살 여공부터 50대 안팎의 가족을 책임지는 중년 남자까지 여전히 제 손금 원망하며 나사만 하루 11시간씩 조이게 할 것이다. 그들이 선하다.

안산은 거대한 '인간시장'

구직과 파견회사

구직을 위해 경기 안산시를 처음 방문한 건 2009년 8월 6일, 뙤약볕이 포탄의 파편처럼 온몸에 박히는 날이었다. 그늘조차 말려버린 듯, 연고 없는 도시의 첫인사는 거칠었다. 한 달을 살아보니 안산에는 다섯 가지가 많다. 생활DC마트, 외국인, 관광버스, 노래방, 어린이집이다. 이 부조화로운 요소들은 하나같이 '가난한 노동'과 직결돼 있다. 그곳에서 나는 '35세 남성, 대졸, 군필, 공장 근무 경력 전무, 안산 거주(이사 예정)'라는 이력으로 '파견 노동자'가 되려고 종종거리고 있었던 것이다.

사실 구직은 7월 후반에 전화로 시작했다. 그런데 첫 통화에서 막혔다.

"일자리를 구하고 있는데요."

"요즘 모집 안 합니다. 일자리가 없어요."

안산에 소재한 한 인력회사였다. 시작도 못하나 싶어 벼룩시장을 뒤지기 시작했다. 인력회사의 말과 달리 구인광고는 넘쳤다. 하지만 직접 고용은 드물었다. 거개 인력회사의 광고가 지면을 채우고 있었다.

인력회사는 전화를 통한 긴 문답을 마다했다. 예외없이 나이와 야간 잔업이 가능한지만 묻고 "직접 와서 상담한 뒤 신상정보를 등록하라"고 말한다. 7월 24일 ㅁ인력의 설명은 예외적이었다.

"광고 보고 전화드렸는데요. 자리 있습니까?"

"몇 살이세요?"

"서른다섯 살입니다. 자동차부품 쪽을 찾는데요."

"요즘엔 F-PCB(휴대전화 등의 칩 조립)가 더 많이 받아요. 일거리도 많고."

"아 그래요, 얼마나……."

"5일 근무에, 토·일 특근, 주야 교대(일주일은 주근, 일주일은 야근)도 있고요. 그래서 생산 쪽에서 200만 원이 좀 안 되게 벌기도 해요. 한 국분들한텐 여기 먼저 소개하고 있거든요."

"본사 면접도 본다면서요. 제가 공장 경험이 없어서. 이력서 필요한가요?"

"있으면 좋고요."

"뭐, 내세울 게 없어서요."

"없으면 뭐. 아무튼 면접 떨어지는 일은 거의 희박해요."

"안산에 안 사는데, 기숙사 가능합니까?"

"요즘 기숙사 있는 경우는 거의 없어요. 가까운 데 방을 구해야죠. 일단 와서 등록부터 하세요."

8월 6일, 나는 이 회사의 박아무개 과장 앞에서 이력서를 작성하고 있었다.

"정규직 되려면 얼마나 걸리나요?"

"보통 3~6개월 이상인데, (일을) 잘 못하고 좀 늦어지면 1년도 걸립니다."

"제가 가게 되는 팀은 얼마나 일하고 받죠?"

"주야 교대조인데, 180만 원 정도 돼요. 일요일 근무 같은 건 선택이지만, 되도록 해야죠."

"보험은요?"

"고용·산재만 돼요. 나머진 지역에서 알아서……."

나흘 뒤엔 이 회사가 인력을 대는 O사(반월공단)로 실려가 면접을 보고 있었다. 표면처리반의 팀장에게 내 이력서가 건네졌다. '파견'은 인사팀이나 임원들이 채용하지 않는다. 만나지도 못한다. 파견 노동자를 직접 부릴 생산실무팀 팀장이 뽑는다. 30초나 됐을까. "혹시 약품처리 해봤어요?"라고 묻는 팀장의 우습다는 표정과 "약품을 만진다는 얘긴 못 들어봤는데요"라는 나의 우울한 표정이 교차하기까지.

결국 떨어졌다. '약품처리'라는 단어만 귓가에 맴돌았다. 이등병처럼 "뭐든 시켜만 달라"고 해야 했을까? 기사 기획 단계에서 조언을 구했던 서른두 살 여공 출신이 휴대전화 문자를 보내왔다. "표면처리반 1년 이상은 하지 말라고들 해요. 남자는 정자가 줄고 여자는 불임이 된다네요.^^" 팀장은 내 정자를 염려해준 것이라고 안위했다.

첫 면접에서 떨어지자, 당장 일자리를 잃고 분윗값이 떨어진 이들에게 견줄 바는 못 됐으나 혀가 말랐다. 결국 모두 5곳에 신상정보를 등록했다. 주민등록증을 모두 복사해갔다. 그 가운데 4곳엔 부모님 성함 등 가족관계와 경력을 적었다. 한 곳엔 미리 준비한 사진까지 붙였다. 내 정보가 안산 바닥을 어떻게 떠돌지 돌아설 때마다 오싹했다. 그 가운데 한 곳이 날 구제했다. 안산으로 온 지 나흘째, 8월 10일 오후 6시였다.

하지만 뒤에 보니, 시급 4000원짜리 일자리를 구하는 건 그리 어려운 일이 아니었다. 당장 내가 다닌 A사에 인력을 대는 파견업체가 7~8곳이었다. 애당초 이곳에 들렀다면, 공연히 내 정보를 팔고 다닐 이유가 없었다. 이 세계조차 정보력 싸움인가 싶어 쓰렸다.

안산은 거대한 '인력매매 시장'이다. 아침 7~8시 반월·시화공단의 주요 길목인 안산역만 봐도 안다. 버스 환승장 일대에 20대에서 60대까지의 남녀와 다양한 인종이 뒤섞여 발 디딜 틈이 없다.

인력회사마다 주요 알선 업종은 물론 채용 방식도 다르다. 사용주가 면접을 보지만, 내가 일한 A사처럼 파견업체가 채용한 인력을 그대로 '납품'받는 경우도 있다. "서른다섯 살은 안 뽑는다"고 했던 여러 파견·용역업체와 달리, 이곳으로 실려온 파견 노동자들은 10대부터 40대 후반까지 다양했다. 실로 어마어마한 규모로 '날품'이 거래되는 것이다. 물론 '하자'가 있으면 자른다.

하지만 이는 불법성이 크다. '파견 근로자 보호 등에 관한 법률'을 보면, 파견은 200여 개 직무로 한정된다. 건강·안전·건설 관련은 절대 파견 금지다. 제조직접공정도 불법이다. 고용 악화를 초래하기 때문이다. 하지만 실상 불법 파견이 만연돼 있는 상황이다. 비정규직 문제를 가장 폭넓게 담은 현장이 되는 것이다.

안산 시내 파견·용역업체 수만 300곳 이상으로 추산된다. 그만큼 경쟁적이다. 구제금융 이후 기업들의 아웃소싱이 급격히 확산되면서다. 파견업체 사장과의 인터뷰를 담은 책《부서진 미래》에서는 "아웃소싱으로 경쟁시장에서 한몫을 차지하려는 파견회사는 사회 밑바닥층인 노동자들을 끊임없이 퍼내, 보다 싼 임금으로 기업에 대주는 중간 역할을 하고 있다"고 적고 있다.

다른 파견업체가 인력 공급 계약을 새로 따내려면, 기존 업체보다 낮은 임금과 처우 조건을 내걸 수밖에 없다. 당연히 그 손해분은 노동자 몫이다. 실제 직접 문의해본 안산 시내 파견업체마다 중간수수료가 5~7%로 다양했다. A사를 알선해준 ㄷ사는 7%를 떼었다. A사에 비정규직일지언정 직접 고용됐을 때 100만 원을 받는다면, 용역회사가 중간에 개입해 7만 원을 떼고 93만 원만 받게 되는 것이다.

파견·용역 회사는 상당수가 영세하고, 명멸을 거듭한다. 안산시흥 비정규노동센터 박재철 소장은 "2년 전만 해도 확인한 파견업체 수가 230여 곳이었다"며 "오늘 망했다 내일 생기고, 아내와 자신 명의로 한 사업체를 두 곳인 양 영업하는 등 이 세계만큼 복잡한 곳도 없다"고 설명했다.

사실 A사보다 먼저 취직한 곳이 있었다. 방문 첫날(8월 6일) "당장 내일부터 일하러 오라"고 했던 ㅁ인력을 통해서다. 하지만 조건이 상상을 초월했다. 아침 8시~저녁 8시 30분 근무에 잔업이 밤 11시까지 된다는 정수기 조립회사였다. 점심 1시간을 빼도 14시간이다. 그런 노동세계가 있다는 사실에 놀랐고, 난 '필시 일주일 만에 혼절하리라'는 생각에 절망했다. 짐도 안산으로 옮기지 못한 상황에서 무리였다. 다른 자리를 구해달라고 했더니 이아무개 이사는 "정수기 회사에서 일하는 걸 좀 보고 자동차 조립회사에 넣으려고 했다"고 말했다. 전화를 줄 리 만무했다. 직접 신상정보를 등록한 파견업체 5곳 가운데 2곳은 일을 시작한 뒤 자리가 생겼다는 연락을 줬지만, 나머진 지금도 소식이 없다.

초라한 일자리가 많은 건지, 가난한 노동자가 많은 건지 알 수 없다.

두 번째 이야기

절망과 빈곤으로
'완조립' 돼가는 삶들

그는 마지막 날 "정말 이렇게 열심히 일하는 거 보고 놀랐다"며 "여기 사람들, 뭘 시켜도 잘할 사람들"이라고 말했다.

그런가. 알 수 없다.

세상은 이들에게 '다른 기회'를 주지 않기 때문이다.

　　　　　　　　　　악몽을 꾼다. 링을 컨베이어벨트 안으로 떨어뜨린다. 통근버스를 놓쳐 뛰고 또 뛴다. 1초까지 에누리 없이 채워 잔 뒤 새벽 6시 20분에 일어나야 하는데, 뒤척이다 깨버리는 새벽 5시 30분이나 6시 5분은 원망스럽다. 8월 말, 여태 돌던 선풍기가 땀을 다 훔쳐내지 못한다.

　현실이 악몽으로 다시 찾아오는 까닭은 아무래도 '영혼의 복수'다. 제 의식과 영혼을 보호 못한 육신에 던진 경고다. 그래서 난 육신을 보호하기 위해, 하루가 시작될 때마다 머리를 쥔 채 결근을 고민했고, 잔업까지 들어가면 '기자인 게 들통 나라' '단전돼라' 애절하게 주문했다.

　하지만 그 따위 주문은 안중에도 없는 라인 앞에서 육신은 위약하기만 했다. 실제 링을 놓친 건 8월 17일, 야간 잔업에 들어선 뒤다. 손에 힘이 빠졌다. 쨍그랑~. 옆에 있던 8번 공정의 서른한 살 파견직 여성이 다급히 물었다. "(컨베이어벨트) 안으로 들어갔어요? 밖으로 떨어졌어요?" 두 달 넘게 근속해온 것으로 보이는 '베테랑'이다. "모르겠어요, 못 봤어요" 하자 여성은 소리쳤다. "라인 세워주세요!"

쫓겨나거나 스스로 떠나거나

곧 라인이 멈추고 반장이 달려왔다. "이런 ×, 오늘 9시까지 도망가는 놈 하나도 없을 줄 알아." 오늘 야근은 저녁 8시까지라고 이미 공지된 가운데, 군데군데 작업이 느려 화가 나 있던 차다. 얼굴이 화끈거렸다.

결국 컨베이어벨트 밑에서 반장이 직접 링을 꺼내줬다. 링이 잘못 끼이면 라인이 통째로 서는 모양이다. 링은 공기통에 올려놓고 심지의 높이를 확인하는 단순하기 이를 데 없는 도구지만 나 같은 날품 몇몇보단 귀할 것 같다. 아니 귀하다. 나는 비정규직이지만, 7~9mm 높이를 정확하게 재는 링은 정규직이다.

8월 26일 2번 공정을 맡았던 한 여성이 쫓겨났다. 점심 식사 뒤 C타임(오후 1시 30분~3시 30분) 작업 중이었다. 작은 가방 하나 들고서, 지시 없이는 결코 떠날 수 없는 제 라인의 위치를 저벅저벅 벗어났다. 주변에선 "좀 이상한 여잔데, 유명해"라고 말해줬으나, 정확한 이유는 모른다. 무엇이 이상한지, 무엇보다 그의 작업이 서툴렀는지에 대해 듣지 못했다.

8월 19일 30대인 듯한 남성은 A타임(오전 8시 30분~10시 30분) 2시간만 일한 뒤 말없이 사라졌다. 전날 공장에 들어왔다. 1번 공정을 맡다 '용역의 무덤' 10번 공정으로 와 그는 허덕댔다. 반장의 지적을 몇 차례 받았다. "왜 이렇게 느려?" "그것도 못해요?"

2시간 만에 내 옆 사람이 '증발'한 것에 진심으로 뜨악했다. 피곤하다는 이유로 닳고 닳은 '날품'처럼 말 한마디 먼저 붙이지 않은 내 자신이 경멸스러웠다. 그는 이틀 동안 철저히 침묵한 채 일하다 공장에서 사라졌다. 떠나니 말을 건다. "그냥 가면 어떡하느냐"는 험담들. '힘들죠?'라고 한마디만 건넸더라도, 하는 생각이 사라지질 않았다. 미안했다. 그들도 그날 악몽을 꾸었을까, 궁금했다.

한 학기 등록금 대려 137일 일하는 어머니

고된 노동의 종착역이 '빈곤'이 되는 역설에서 벗어날 길 없는 이들에겐 악몽조차 달콤하다. 그것이 현실만 아니라면. ᄌ인력회사를 통해 A사로 들어온 정성훈 씨의 고향은 경북 문경이다. 그의 나이는 40대 후반. 이달로 55R 라인에서 일한 지 석 달째다. 우리 라인의 남성 가운데 '왕고참'이다. 나이도, 근속 기간도 가장 많다.

6월 중순 ᄌ인력의 구인광고를 보았다. 마흔다섯 살까지만 뽑고 있었다. 혹시나 하며 전화했지만 거부당했다. 일주일가량 지나자 같은 내용의 구인광고가 또 붙었다. 쉰 살까지 가능하단다. 당장 전화를 했다.

"첫날 (전동 드라이버로) 너트를 끼웠는데, 다음날 야 이거 니미, 아침에 손이 안 펴지더만. 이거 어쩔까, 한참 생각했지. 근데 뭐 수가 있

나. 니미, 한 주만 더 해보자 했지. 그러다 다른 공정으로 바뀌고."

평생을 육체노동으로 살아왔으나, 몸값은 꾸준히 추락했다. 1988~1998년 괜찮은 중소기업에서 호스를 만들었다. 하지만 금융위기로 공장은 문을 닫았다. 안산 고잔 신도시에서 건설 일용직 등을 했다. 드문드문, 하루 7만 원을 벌었다. 그러다 천장공사 시공사에서 일했다. 올 초부터 돈을 받지 못했다. 결국 나왔다. "나이 때문에 어디 갈 데가 없는 거야, 니미."

반년가량의 실업 끝에 받은 첫 급여는 119만 원. 그는 6월에 생긴 이곳의 난로조립 라인이 다음달이면 없어지지 않을까 걱정했다. 그렇다면 그도 '없어질지' 모른다.

경기 수원 지역 공장에 다니는 40대의 김영순 씨는 15년간 식당에서 일을 했다. 주방과 홀서빙을 오고 갔다. "정말 힘들었다." 임계치를 넘어서자 공장으로 왔다. 1년 6개월이 넘는다. 조금이라도 더 벌려고 2009년 1월부터 야근조를 지원했다. 평균 130만~150만 원을 번다. 택시기사인 남편은 월 70만 원을 벌어온다. 사실상 김 씨가 생계를 책임진다. 저녁 8시 30분부터 새벽 5시 30분까지 일을 하고, 잔업으로 2시간을 더 한다. 하지만 잔업만 좀 줄어도 임금은 곤두박질친다. 6월엔 83만3180원을 받았다. "어처구니없다." 중학생 아들, 고등학생 딸이 있다. 저축은 없다.

A사에서 7년 동안 일한 정규직 김희숙(40대·여) 씨는 아들(24세)이 자라면서 학비 부담이 생겨 공장일을 시작했다. 경기 고양의 자동차수리 공장에 다니던 남편이 화물운송업을 시작하면서 안산으로 이사왔다. 남편의 벌이가 줄긴 했으나, 300만 원가량은 된다. 외아들은 자라

천안에서 대학교를 다닌다. 대학교를 졸업하면 김 씨는 공장일을 그만 두고 싶다고 말했다. 이번에 아들에게 부친 2학기 등록금 440만원은, 김 씨가 하루 8시간 137.5일을 일해야 마련되는 돈(상여금 제외)이다.

'안산·시흥 비정규직 노동자 실태조사'를 보면, 10명 가운데 절반 가량(44.8%)은 "소득으로 필요 의식주만 해결할 뿐"이라고 했고, 20.3%가 "매월 적자를 보는 상황"이라고 답했다. 안산·시흥비정규 노동센터가 2007년 7월부터 4개월 동안 330명을 대상으로 방문 조사 (복수 응답)한 결과다.

'빚-비정규직-빈곤'의 악순환

스물여덟 염철수 씨는 경기 부천에서 공고를 나왔다. 기독교 물품 유통사업을 3년간 했다. 총판이 돈만 갖고 튀었다. 밑천은 어머니가 아들 결혼자금으로 모아뒀던 것이었다. 때때로 유흥업소에서 일을 하 다, 2009년 8월 A사에 들어왔다. 저축? 오히려 3000만 원가량의 빚 이 있다. 이를 갚으려면 하루 11시간 600일을 일해야 한다.

PC방과 부동산중개업을 하다 망한 김정민 씨도 갚고 갚아 남은 빚 이 7000만 원 정도라고 한다. 1400일을 일해야 한다.

한번 수렁에 빠지면 좀처럼 헤어나기 어려운 사회다. '빚-비정규 직-빈곤 노동'의 악성 트라이앵글에 걸린다. 빚진 자가 선택할 수 있 는 직업은 비정규직이고, 비정규직은 일해도 빈곤한 자가 되며, 그는 다시 빚에 노출될 공산이 크다.

'막장 노동'에선 정규직과 비정규직의 차이가 크지 않지만 그렇다고 아주 없진 않다. 빈곤 노동자의 불안정한 삶은, 일거리가 없으면 급여 없이 쉬어야 하는 불안정한 일터와 직결된다. 이것이 빈곤 노동자 사이에 정규직과 비정규직을 다시 한번 가르며 격차를 낳는 요인이 된다.

안산의 인문계 고등학교를 졸업한 상혁(22세)의 첫 직장은 평택의 자동차조립 공장이었다. 반장을 빼곤 모두 이주 노동자였다. 일당 5만 원(시급으로 치면 6250원)짜리다. 아침 8시부터 오후 5시까지 주근, 그리고 보통 밤 11시 30분까지 잔업을 했다. 밤 12시까지 야식을 먹고, 새벽 3시까지 휴게 없이 철야를 하는 날도 있었다. 일이 많은 시기, 이주 노동자들이 기숙하는 회사 컨테이너에서 잔 뒤 아침 8시 다시 라인에 서는 일이 일주일에 한 차례 정도 반복됐다. 그리 해서 버는 돈이 월 160만~170만 원, 잔업이 적은 달은 130만 원 정도였다.

화물운송업에 종사하는 아버지는 자주 다쳤다. 어머니는 안 계시다. 카드빚이 쌓였다. 전세를 월세로 바꿨다. 최근 반년가량을 또 다쳐 누운 아버지는 2009년 5월부터 1톤 트럭으로 바꿔 골판지 운송을 시작했다. 고교 운동선수인 남동생 학비, 빚, 집값, 차 할부금·유지비 등을 내면 둘이 벌어도 남는 돈이 없다.

상혁은 대학교에 가고 싶다. "공부도 꽤 했다"는 그는 "물리학 같은 걸 배우고 싶다"고 말한다. 하지만 아버지는 대학 대신 '첫 공장'을 소개해줬다.

A사로 옮긴 8월 25일, 상혁은 직업소개소에 간다며 집을 나섰다. 그는 다시 급류에 휩쓸리듯 밤 9시까지 라인 앞에서 허우적댔다. 하필 휴대전화도 망가진 그날, 밤 10시께 귀가하자 아버지는 "어디 팔

려간 줄 알았다"며 아들을 혼냈다.

평택에서 1년 6개월을 일했는데도 따져보니 번 돈은 700만~800만 원. 믿기지 않는다는 내게 상혁은 "원청에서 파업하거나 일거리가 줄면 그냥 쉬거든요. 출근하자마자 퇴근하거나 저녁 8시(야근조)에 나갔다가 밤 12시에 퇴근한 것도 꽤 됐어요"라고 설명했다. 결국 2008년 11월 자동차산업이 어려워지자 회사는 상혁 같은 파견 노동자를 일괄 정리했다.

정성훈 씨의 오늘이 20대 상혁 씨와 철수 씨의 내일일지 내다보기 어렵다. 다만 심지의 끝이 겨우 난로이듯, 이들이야말로 정해진 라인 안에서 절망과 빈곤으로 '완조립'돼가는 인생인지 모른다. 라인을 규정한 '경영진'은 누구일까? "잘살려면 성실하라"며 빈곤의 게으름과 무능력만 추궁하는 반장은 자본인가, 국가인가?

9월 11일 약간은 긴장하며 온라인 계좌를 연다. 인력회사가 급여를 송금하기로 한 날이다. 앞서 가불한 20만 원을 더해, 66만7070원이 찍혀 있었다. 8월치다. 9월 첫 주에 일한 건 10월 11일에 받는다. 한참 웃었다. 예상치와는 너무 달라 토해낸 실소이기도 하지만, 한편으론 '다른 사람보다 잔업을 덜 했으니' 하며 '나태'를 스스로 인정하는 태도 때문이기도 했다.

실제 만난 공장 노동자들 사이에선 '사회적 부당함'이나 '인간에 대한 결례'를 그저 삼키는 경우가 적지 않다. 급여가 나와도 그 내역이 무엇인지 따지지 않는다.

내 경우, 8월 31일까지 주근 112시간, 연장근로 25시간을 했다. 화·목요일 잔업을 무조건 걸렀고, 공장의 대응을 살피기 위해 한 차례 결근, 한 차례 조퇴를 일부러 시도한 결과다.

　주근과 잔업을 하루도 거르지 않아야 인력회사에서 '선전'한 급여에 다가갈 수 있다고 앞선 글에서 밝혔다. 그렇지 않을 경우, 급여는 이처럼 극적으로 추락한다. 근무 초반에 만난 다른 라인의 30대 후반 남성은 "지난달(7월) 11시 야근을 12번 했다. 남자가 120만~130만 원을 받아서 뭐하겠느냐"며 "매일 나오는 게 중요한 게 아니라 매일 잔업하는 게 중요하다"고 훈수했다.

　하지만 이게 무슨 행복일까, 나는 의심스럽다. 일만 하는 것이 행복이 되기도 어려울 뿐더러, 하루 13시간씩 머무르는 이들의 일터에는 갖춰진 게 없다.

'날품—정규직—반장'을 구별하는 옷 색깔

　미안한 얘기지만, 규모가 상당한 A사는 교도소를 닮았다. 출퇴근 때마다 지문인식 기계에 날인 등록을 한다. 정문으로 들어오면 넓은 마당이 펼쳐진다. 마당은 ㄷ자 구도로 3~4층짜리 건물들에 둘러싸여 있다. 관리직 사무실이 들어선 중심 건물의 외벽 높이 커다란 시계가 걸려 있다. 딩동, 딩동, 딩동~. 근무 시작 5분 전, 근무 시작과 종료, 휴식 시작, 식사 시작 시각에 정확히 종을 친다. 모두가 그에 맞춰 일을 하고 멈춘다.

　그곳엔 벗도 없고, 선후배도 없으며, 동아리도 없고, 오후 5시 30분 퇴근버스도 (때때로) 없고, 파견 노동자에겐 휴가도 없다. 자녀를 위한 어린이집도 없다.

각 인력회사마다 색깔이 다른 티셔츠를 입힌다. 서로 이름을 잘 모르고 옷 색깔과 인상착의로 구별한다. 날품들의 보라색, 검은색, 빨간색 등이 가득 핀 공장 마당엔 무엇을 위해 일하는지 알 수 없는 이들의 땀내, 그리고 이방인들끼리 주고받는 낯선 눈빛만 가득하다. 그리고 정규직의 초록색, 반장의 주황색. 인력을 식별시켜 관리의 효율성을 높이는 공장 풍경은 교도소에도 없는 것이다.

대부분의 젊은 공장 노동자는 퇴근 뒤 PC방에서 1~2시간 게임을 하는 걸로 스트레스를 푼다. 스물넷 원식 씨는 "하루 종일 공장에서 일만 하는 건 내가 아니고 죽어있는 나"라고 말한다. 그는 그렇게 곧 죽이 된대도, 퇴근 뒤 새벽 1시 남짓까지 영화를 보고 음악을 듣는다. 그는 "유일하게 '자신'으로 돌아가 살아있는 시간"이라고 말한다.

'사회적 멸시'와 '부당'을 내면화할지언정 모르진 않는다. 안산·시흥 비정규직 노동자 가운데 64.9%가 "하는 일에 비해 임금이 너무 적다", 39.8%가 "노동시간이 너무 길어 힘들다", 39.1%가 "복리후생이 빈약해 불만이다", 15.4%가 "관리·감독자가 인격적 대우를 하지 않는다"며 노동조건상 애로 사항을 토로했다.('위 실태조사')

귀마개도 목장갑도 나중에, 치졸한 공장 경제학

금융위기 이후 파견직이 활성화되며 축적된 '공장 경제학'은 한편으론 치졸했고 한편으론 섬세하지만, 하나같이 공고했다. 당연히 유일의 가치는 최대의 생산효율이다.

40대 정규직 여성은 7년 전 A사에 입사할 때부터 정규직이었다.

"정규직이 그만두면 차츰 파견직으로 대신하더니 3년 정도 지나고선 정규직을 아예 뽑지를 않았다"고 기억한다. 요즘도 간혹 공정 검사직은 정규직을 뽑는다는데, 난로 제작 라인에선 내가 맡은 '9번 공정'이 바로 그 검사직 가운데 하나다. 실제 처음 잔업을 빠져야겠다고 말했던 8월 13일 반장은 "(너트 조립 등과 달리) 공정에 이름까지 올라가는 자린데 안 된다"며 "(잔업을 빠지면) 라인에서 뺄 거야"라고 말했다. 그리 중요한 자린가 싶었다. 물론 다른 라인에 견줘 우호적 평가를 받는 반장은 날 보내줬고, 이튿날 라인에서 빠지지도 않았다.

A사에서 심지를 제작하는 이들은 매월 10만 원을 더 받는다. 심지의 재료에서 나오는 먼지나 유해성 물질을 감수해야 하기 때문이다. 우리 라인에서도 심지를 공기통에 끼우는 1번 공정의 경우 만만치 않게 먼지를 마셔야 한다. 그는 토시를 끼고 앞치마를 두른다. 하지만 10만 원은 없다. 마스크도 주지 않는다.

전동 드라이버 회전 소리에 첫날부터 머리가 부서질 것 같았다. 8월 24일부터 휴지로 귀를 막았다. 하지만 그즈음, 공장 벽엔 '귀마개 착용'이란 안내판이 붙어 있었단 사실을 알았다. 알려주지도 않고, 나눠주지도 않고, 도무지 라인만 내려 보며 일을 하니 2주가 지나서야 안내판을 '발견'한 것이다. 근무 1~2주째엔 목장갑도 제대로 주지 않았다. 8번 공정 여성이 "원래 월·수요일엔 새것을 줬는데, 이것도 소모품이라면서 요즘엔 잘 안 주네요"라고 말했다. 3주째가 되어서야 다시 정상 지급됐다. 작업 전 "장갑 가져가"라는 반장의 지시는 노동자들이 가장 반기는 지시 가운데 하나였다.

A사는 지난해까지 밤 11시 잔업이 보통이었다고 한다. 하지만 불량

이 많이 나오면서 결국 밤 9시가 일반화됐다. 인력회사들의 설명이다. '용역'들은 거대한 공사 현장에서 구덩이 하나 파는 삽자루 같다. 새로 온 날품들에게 '전체 공정'을 일러줄 리 없다. 해당 공정 요령조차 자세히 가르쳐주지 않는다. 반장은 기본 요령만 알려준 뒤 하루이틀 지나면서 때론 친절히, 때론 윽박지르며 노하우를 추가적으로 전수해준다. 마찬가지 이유다. 다 알려줘봤자 내일 안 나오면 반장만 헛수고한 것이 된다. 그래서 대체로 추궁당하며 배워나가는 게 많다. 노동자는 언제나 후순위다. 노동과 생산의 효율적 관계만이 이물의 방향을 결정한다.

사업장의 법정 복리후생 적용 여부를 묻는 질문에, 시간외 수당을 적용한다고 답한 이는 54.6%, 주 1회 유급휴일을 준다고 답한 이는 36.1%밖에 되지 않았다. 월차·연차 휴가를 준다고 응답한 이도 34~35%선에 머물렀다. 사내 복지시설 이용이 가능하다고 답한 이는 33.7%밖에 되지 않았다.('위 실태조사')

잔업수당마저 후려치는 회사

이들의 임금이 적정하다는 논리가 있을 것이다. 앞서 말했듯 투자 없이 선택할 수 있는 '막장 노동'이다. 하지만 이들은 이 안에서 정해진 법규나 관례로부터 '기만'당하는 경우도 적지 않다. 숨은 갈취들이 있다.

김영순 씨가 다니는 수원 지역 공장은 잔업 수당의 일부(일주일당 4시간)를 본급의 1.25배만 쳐주는 '영특함'을 유지한다. 개정 당시 원성을 샀던 근로기준법 조항에 근거한다. 주 5일제가 적용되는 업체(현재 20인 이상) 경우, 초기 잔업 4시간의 수당은 1.25배로 칠 수 있다. 하지만 한 달에 4시간만 가능하다는 해석이 있다. 그런데 주 4시간씩 잡는 것이다. 무엇보다 하루 8시간 이외의 연장근로는 무조건 본급의 1.5배를 주는 곳이 많다. 내가 다닌 A사도 그리 줬다. 시급 4000원짜리 일자리에서 일주일에 연장근로 8시간을 했을 때 4만8000원을 받는 게 보통이라면, 이 회사는 4만4000원을 준다. 1.5배인 6000원을 4시간 적용하고, 나머지 4시간엔 1.25배인 5000원을 치는 것이다. 김 씨는 2008년 12월 역대 최저로 60만 원가량을 받았다. 고등학교에 다니는 딸아이의 반년 등록금을 내면 다 털린다. 가히 '김영순의 간을 빼먹는다'고 할 만하다.

대부분의 공장에선 일주일에 5일을 근속하면 이른바 '주차 수당'이라며 하루치 기본급(3만2000원)을 더해준다. 법적으로 명시된 '주휴수당'이다. 그런데 없는 곳도 있고, 이틀치를 주는 곳도 있다. 들락날락하는 날품들을 잡아두는 막강 수단이다. 이는 반대로, 불가피한 사정일지언정 하루만 결근해도 5만~10만 원이 뭉텅 사라진다는 얘기다. 이를 놓치지 않기 위해 병이 나도 새벽 통근버스를 타는 이들이 적지 않다.

내가 받은 급여에선 4대보험 5만4930원이 공제됐다. 첫 주는 의지와 무관하게 화요일부터 일한 탓에 주차 수당을 받지 못했고, 다음 주는 하루 결근해 또 주차를 놓쳤다. 그리고 근무복 값 1만5000원이 또 떼였다. 원가는 7500원이라는데 믿기지 않는다. 인력회사는 이걸로도 이문을 남긴다.

정규직 최민우 씨(32세)는 A사에서 일한 지 2년 6개월이 된다. 1년 근속한 끝에 정규직이 되었다. 자신을 알선해줬던 인력회사는 "정규직까지 되지 않았느냐"며 퇴직금 주길 주저했다. 파견 노동자도 1년을 근속하면 퇴직금을 받을 수 있다. 노동청에 제소한다 만다 며칠을 따진 끝에 79만 원을 받았다. 날품 경력 오래된 이에게 이런 일은 차고 넘친다.

안산 · 시흥의 비정규직 노동자들이 이렇게 일을 해 10명 중 3.6명이 한 달 100만~150만 원, 3.3명이 100만 원 미만의 급여를 받았다. 조사 당시 시급은 3480원이었다.('위 실태조사')

뭘 시켜도 잘할 사람들, 다른 기회가 없는 사람들

8월 19일, 아침 8시 공장 안을 둘러보았다. 이미 제 공정 위치에 서서 드라이버를 만지작거리는 이들이 있다. 짐차로 짐을 나르는 사람도 있다. 통근버스가 나를 공장 마당에 아침 7시 45분에 부리고, 밤 9시 10분에 실어갔으니, 정확히 13시간 25분을 공장에 있던 날이다.

사업이 망해 공장에 왔다는 김정민 씨는 활달했다. 10번 공정을 맡았는데, 주변 작업자에게 불안해 보일 만큼 자주 말을 걸었다. 물론 오후 들어서는 말수가 줄었고, 3일 뒤엔 아예 나오지 않았다. 그는 마지막 날 "정말 이렇게 열심히 일하는 거 보고 놀랐다"며 "여기 사람들, 뭘 시켜도 잘할 사람들"이라고 말했다. 그런가. 알 수 없다. 세상은 이들에게 '다른 기회'를 주지 않기 때문이다.

9월 4일, 근무 마지막 날 퇴근길 기분은 묘했다. 프로젝트를 끝냈다는 안도감, 그러나 나는 여전히 이들 세계에 대한 미지로 가득하다는 불안감이 교차했다. 그날 공장 노동자들과 고깃집에 갔다. "목에 낀 심지 먼지 닦자"며 삼겹살을 시켰다. 딩동, 딩동, 딩동~. 직원 호출 벨소리에 모두가 기겁했다. A사의 종소리, 아 야근인가.

15만 원 남았다, 희망은 남지 않았다

비정규직 공장 노동자로 살아본 한 달 가계부

가난은 '실험'하고 싶지 않다. "가난은 냄새만으로도 끔찍하다"는 말에 동의할뿐더러 한 달 번 돈이 적다 하여 가난해지는 것도 아니다. 하지만 공장 일을 시작하면서 경기 안산으로 거주지까지 옮겼다. 무엇보다, 공장 노동자이자 독거 노총각으로서의 욕망과 실제의 수지타산이 어떻게 맞아떨어질 수 있는지 알고자 했다.

'행복의 조건'을 정했다.

1. 화·목요일, 무조건 야간 잔업을 빠진다: 회사가 휴식을 허락하지 않아 여가를 즐길 수 없다면 행복은 애당초 봉쇄된다.

2. 일주일에 한 차례 과일과 고기를 사먹는다. 아침식사를 하도록 최선을 다한다: 가장 부유한 5분의 1이 전체 육류와 어류의 45%를 소비한다는 지구에서 시급 4000원짜리도 좀 먹어야겠다.

3. 주방과 욕실이 딸린 집에서 산다: 말했다. 가난은 실험하고 싶지 않다. 일하는 동안 고시원에서 지내야 한다면 이 프로젝트는 접는다.

4. 한 달에 한 차례 연극이나 영화를 본다: 영화는 가장 대중적인 여가 수단이다. 공장에 얼마나 많은 청춘남녀가 있는지 아는가.

5. 한 달에 한 차례 도서관과 수영장에 간다: 거의 매주 해오던 서른다섯 살 노총각의 취미다. 얼마면 되겠니. 해야겠다.

물론 이는 누군가에겐 최소한의 '생존' 조건이고, 또 어떤 이에겐 '생활'의 필수 조건밖에 되지 않을 수 있다. 또한 일본에선 빈곤을 주체적으로 받아들여 자유와 쾌락을 향유하자는 주장(마쓰모토 하지메, 《가난뱅이의 역습》)도 폭넓은 주목을 받는다. 소비하기 위해 죽기 살기로 일하는 '자본주의의 노예직'을 거부하자는 것이다. 필요 없다. 오롯이 '수지타산'만 궁금해 하기로 한다.

가장 먼저 타협해야 할 것은 주거였다. 다행히 1년 전부터 안산에서 거주하는 친구가 있어 방을 나눠 쓰기로 했다. 방 2개, 주방, 욕실, 베란다 등이 갖춰진 16평 정도의 다세대주택이다. 4500만 원짜리 전세인데, 한 달에 20만 원을 내기로 했다. 거기다 대부분의 식료품비를 대기로 했다. 친구는 전기·수도세·관리비 등 10만 원가량을 냈다.

8월 7일 이사해 9월 5일 퇴거했다. 그 사이 식료품비로 13만900원을 썼다. 라면, 햇반, 우유, 토마토 주스, 수박, 자두, 바나나, 생수 그리고 맥주와 간단한 안줏거리다. 일주일에 3만2000원 남짓을 쓰며, 과일은 한 차례 이상 먹었다. 다만 수박이 대부분이었고, 딱 한 번 자두 5000원어치를 사먹었다.

공장에서 오전에 허기로 '무아지경'에 빠지는 시점이 점점 빨라지자 3주차부터 바나나를 구입해 2개씩 먹고 다녔다. 그래도 번번이 첫 휴식 시간 이전에 얼이 달아났다.

말 그대로 아침식사를 해먹는 일이 곤욕이었다. 난 아침 6시 20분, 친구는 6시 30분께 일어났다. 30분 아니 10분이라도 더 자려고 아침을 거르는 일은 전혀 무모하거나 어리석지 않다. 공장 근무가 시작된 8월 11일, C타임(오후 1시~3시 30분) 뒤 휴식 시간 10분, 소변이 마려웠으나 오직 앉아 쉬기 위해 참은 적도 있다. 한 달 동안 모두 네 차례 아침식사를 챙겼다. 하루는 전날 먹다 남은 피자, 하루는 전날 먹다 남은 튀김닭으로, 하루는 전날 사놓은 700원짜리 빵으로. 9월 1일 단 한 번 주방기구를 이용했다. 전날 친구와 아침 식사 당번을 정하자고 했다. 누구든 20~30분은 빨리 일어나야 한다. 라면을 끓이고 햇반에 반찬까지 올려 서로의 코앞에 갖다주기로 했다. 가위바위보에서 내가 질 줄은 꿈에도 몰랐다.

이튿날 결국 5시 50분에 일어나서 챙겨 먹었다. 친구는 식사가 끝나자마자 설사, 난 출근하자마자 설사를 했다. 점심 때도 했고, 퇴근 뒤에도 했다. 그러곤 다신 그런 '비생산적인 일'을 시도하지 않았다.

'공장 노동자' '독거 노총각' 임인택 기자의 한 달 가계부				(단위:원)	
구분	수입	지출			결산
8월	+722,000	식료 · 잡화	120,700		
	−54,930(4대보험)	외식	167,670		
		여가 · 책	63,440		
		약값	10,500		
		집세	200,000		
소계	+667,070		−562,310		+104,760
9월	+156,000	식료품	10,200		
	−15,000(근무복)	외식	30,640		
		교통 · 통신	50,000		
소계	+141,000		−90,840		+50,160
최종	+808,070		−653,150		+154,920

남성 노동자는 불편하면 거른다. 그러나 여성들은 그렇지 않다. 대부분의 40~50대 여성 노동자들은 새벽 5시 30분 정도에 일어나 가족의 식사를 준비했다. 밤 9시에 일을 마치고 들어가면 아침에 할 수 없던 설거지까지 할지 모른다. 남성 노동자들은 불쌍했고, 여성들은 위대했다.

그래서 유료든 무료든 아침식사도 제공한다는 일부 회사들이 부러웠다. 아침 8시 30분에 일이 시작하지만, 출근버스가 공장 마당에 내려주는 시간은 7시 40분 정도다. 보통 빈둥대는데, 어떤 이들은 8시부터 라인에 서서 작업을 준비한다. 회사에서 아침만 주더라도 30분~1시간가량을 아낄 수 있다. 그것이 공짜라면 한 끼를 3000원으로 계산했을 때, 한 달 20일 근무일 동안 6만 원을 아낀다.

한 달 외식비로 19만8310원이 들어갔다. 구직 기간 4일 동안 오가며 사먹은 4000~5000원짜리 점심에, 금요일 또는 주말에 먹은 삼겹살값, 식사비도 포함돼 있다. 일하는 동안 시급인 4000원이 넘는 식사는 사먹지 않겠다고 치기 어린 다짐을 했다. 대단히 어려웠다. 집 앞 뼈해장국이 4000원이라 일찍 퇴근할 때마다 그곳에서 식사를 했다. 그마저도 귀신같이 안산 거주 3주차에 4500원으로 올랐다.

사실 외식비엔 라인의 20대 공장 노동자들에게 금요일 근무가 끝날 때마다 사준 고깃값과 술값이 포함된다. 8000원짜리 삼겹살집에 들어갔다 7000원짜리로 옮기기도 했다. 치 떨리는 야근 1시간(6000원)을 해도 고기 1인분을 사먹을 수 없다니, 노동이 끔찍한 것인지 자본이 끔찍한 것인지 알 길이 없다.

어쨌건 이때 먹은 것은 n분의 1로 계산해 지출로 잡았다. 실제 가족이 없는 대부분의 노동자가 주말 한 끼 정도는 식당을 찾는다. 귀찮기도 하지만 밥을 해먹으려면 더 많은 돈을 들여 식료품과 주방기구를 갖춰야 한다.

8월 23일 일요일, 서울 용산 멀티플렉스에서 영화를 보았다. 공장밥에 길들여진 뱃속에 카르보나라 스파게티와 포르시타 피자를 넣었다. 그리고 저녁에 패밀리 레스토랑에서 스테이크를 먹었다. 영화 티켓 비용을 뺀 5만4940원이 내 카드 명세표에 기록됐다. 불과 10시간 만의 일이다. 하루 밤 9시까지 11시간 일을 해도 메울 수 없는 금액이지만, 공장에 부는 가을바람이 한강 강바람을 대신할 순 없다.

그날 본 〈라르고 윈치〉는 액션도, 스릴도, 심지어 여배우의 미모까지도 어중간한 영화였다. 세계 5위의 기업을 물려받은 양자로부터 회사를 뺏으려는 음모 · 혈투가 뼈대였는데, 도대체 5위의 기업을 만들기 위해 물 아래서 갈퀴질 하는 노동자는 보이지 않고, 오직 경영권에 눈 붉힌 이들만 가득했다. 거북했다.

약값 1만500원에 교통 · 통신비 5만 원까지 치면, 내가 한 달 동안 쓴 생활비는 45만3150원이다. 여기에 방값 20만 원을 더하면 65만3150원이다. 집에서 가져온 쌀, 반찬, 선풍기, 돗자리, 과일, 새 목욕용품 세트, 담뱃값 일부는 더하지 않았다. 8월치 급여는 총 66만7070원. 9월 1~4일 일한 대가는 10월 11일 입금될 예정이다. 14만1000원이 예상된다. 수지타산? 정확히 15만4920원이 남는다. 살 만한가.

안산 · 시흥 비정규직 노동자 실태조사(2007년)를 보면, 가구 지출 비중으로 양육 · 교육비(25.3%)와 주거비(21.9%)가 가장 컸다. 밑천 없는 이가 날품에만 의탁해 안전한 주거 공간을 확보하기란 거의 불가능하다. 고시원에서 원룸 → 주택 → 아파트로 옮겨가는 궤적은 그래서 필연적이고, 희망이다.

안산에서 자취가 가능한 주거 공간은 보증금 300만~500만 원에 월세 20만~30만 원짜리가 보통이었다. 친구가 없었다면, 15만원씩 1년 이상을 모아야 겨우 싼 원룸 보증금이 마련된다. 물론 정착 뒤 소비와 지출은 점점 더 줄일 수 있을 것이다.

세 번째 이야기

바람처럼 왔다
이슬처럼 떠나는 섬

'노동'의 목적이 노동이 될 순 없다. 그러나 종종 헷갈린다.

밤 9시 야근을 마치고 집에 가면 항상 10시가 넘었다.

들어가면 대체 할 수 있는 게 없다. 8시간 뒤엔 일어나야 한다는 강박 말곤 없다.

　　　　　　　　　　　　　"덥다고 무조건 찬물만 마시지 말
고 뜨거운 물도 한 잔씩 해야 돼."

"그럼, 나도 그러고 있지."

(난 그럴 수 없다. 애인도 없고, 8월 19일은 정말 미치도록 더운 날이었다.)

연인으로 보이는 이와 한참 통화를 하더니 또 누군가에게 전화를
건다.

"8시간에 150만 원? 야, 좋겠다."

"난 뭐, 난로 만드는데……, 잔업을 풀로 해야(안 빠져야) 130만 원
정도 받는 것 같던데……."

(우리 라인 사람인가? 어, 월급이 그것밖에 안 돼?)

"스트레스가 많나 보네. 야, 이게 뭐가 부러워?"

촉촉했던 20대 후반 남성의 목소리는 친구로 보이는 이와 통화하며

말라갔다. 8월 19일 밤 9시 40분 퇴근길 회사 버스는 피곤만으로도 만원이었다.

그래도 퇴근 버스 안은 식사 시간과 함께 드물게 노동자들의 '말'이 살아나는 때다. 출퇴근까지 하루의 절반 이상을 공장에서 살아가는 '이유'가 비로소 편린으로 전해진다. 공장 밖 사람과 다르지 않다. 연인이, 가족이, 꿈이 그 이유다.

"영어 단어 두 번씩 써놔. 검사할 거야."

8월 11일 점심 시간. 30대 후반으로 보이는 여성 비정규직이 숟가락을 들다 말고 전화를 받는다. 목소리가 커진다.

"오늘 비 오는데 먼지 나도록 맞겠구만."

함께 식사하던 비정규직 여성의 추임새다. 같은 라인에서 일하는 듯 보이는 3명의 여성이 왁자지껄한다.

"아, 미치겠어. 학교에서 아이 갯벌 체험 숙제 있다고."

"그걸 언제 가냐."

"그러니까 아예 사진 날짜 없애고 등만 찍어서 다음번에 또 써먹는 거야."

"야, 우리 아이 염색했어!"

"하하하."

하지만 공장엔 섬 같은 이들투성이다. 식사도, 휴식도 홀로다. 무엇을 위해 일하고 미래를 전망하는지 서로 알기 어렵다. 인사 한 번 안 했으나 눈에 익던 이가 사라지면 불안만 가중될 뿐이다.

염철수 씨는 같은 인력회사를 통해 A사로 온 이들 가운데 술 한잔이라도 나눴던 이들이 공장을 떠날 때마다 안타까워했다. "저 형은 다음 주부터 일산에 있는 회사 기술직으로 들어간대요. 돈도 더 많이 받아요. 다들 가네요"라고 내게 말할 때마다 대꾸를 찾지 못했다. 나 역시 떠날 이였다. 하필 계절조차 가을로 쓸쓸히 건너가고 있었다.

희망이 타들어가는 담뱃재

비정규직은 '사회적 네트워크'라는 게 없다. 제각각 학교를 졸업한 뒤, 정보를 공유하고 고민을 줄이고 기쁨을 배가할 '소속'이 없다. 특히 남성 노동자들은 철저히 파편화돼 있다. 상대적으로 쉽게 '무리'가 형성되는 여성 세계와 크게 다른 점이기도 하다. 그래서 남성 노동자들의 꿈은 때론 비현실적으로 보였고, 때론 소박했다. 하지만 11시간을 서서 일하며 홀로 곱씹고 담금질한 까닭에 다들 절실했다.

A사의 정규직도 염두에 뒀던 정원식 씨는 돈을 벌어 카페를 차리는 게 목표다. 재학 중인 지방대엔 미련이 없어 보인다. "등록금만 비싸다."

염철수 씨는 오스트레일리아에 용접공으로 근로 이민을 가고 싶어 한다. "그곳에선 종일 일하지도 않고, 임금도 넉넉하다"는 게 그의 설명이다.● 그런데 학원비가 300만 원이다. 밤에 부업이라도 할까 계획했으나 "매일 잔업하느라 엄두를 못 내겠다"고 그는 말한다.

● 실제 최저임금 수준을 견주면, 경제협력개발기구(OECD) 국가 가운데 한국은 멕시코와 함께 최저임금을 최저로 주는 국가군에 속한다. 2005년 임금총액 평균값 대비 최저임금 비율을 따지면 한국은 25%, 멕시코는 24%다. 터키는 물론 폴란드, 헝가리, 체코 같은 동유럽 국가보다 뒤진다. 오스트레일리아나 뉴질랜드, 아일랜드는 40~50% 수준이다.

안산 ㅇ공고를 올해 졸업한 하민우 씨도 가게를 갖고 싶어한다. 학교 다닐 때부터 여러 아르바이트를 경험했다. 치킨가게, PC방 등을 오고 갔다. 배달은 밤 근무가 많아 위험하다. 대신 시급이 높다. 그런데도 중고 오토바이 하나 사니 남는 돈이 없다. 그는 '폭주족'이 아니다. 한 푼이라도 모아놓고 군대를 가려고 8월 13일 "꿈에도 생각해본 적 없었다"던 공장문을 두드렸다.

쉬는 시간마다 야외 휴게소가 (대부분) 남성 노동자로 미어터진다. 민우 씨도 원식 씨도, 철수 씨도 한 자리씩 잡는다. 건조한 공장 마당 앞에서, 말없는 낙타들처럼 등을 구부리고 목을 뺀 채 저 멀리 오아시스를 내다보는 것일까. 하지만 담배 하나 물고서, 걸어도 걸어도 라인 위인 것은 아닐까.

여공들의 생일파티

8월 30일 저녁 경기 수원에 있었다. 여공들만의 생일파티가 열렸다. 지인을 통해 소개받은 자리였다. 59년생 '왕언니'가 계셨고, 스물다섯 살 여대생이 있었다. 수원 일대도 단순 제조공장과 인력회사들이 상당하다. 만만치 않은 '인간시장'이다. 전자·휴대전화 대기업들의 하청업체가 많다.

모두 9명이었다. 50대 1명, 40대가 2명, 30대 후반이 3명, 30대 초반이 2명, 그리고 20대가 1명. 노래를 부르고, 박수를 치고, 전등이 켜져 있고, 폭죽을 터뜨리려 하고, "야, 그럼 안 되지" 하고, 전등이 꺼지고, 노래를 또 부르고, 나는 입만 옹알대고, 박수 소리 커지고, 또

폭죽을 터뜨리려 하고, 결국 폭죽이 터지고, "스물다섯 살 맞지?" 하고, 촛불이 꺼지고, 생선회와 튀김이 드나들고, 소주가 한 병, 두 병, 세 병, 네 병 쉴 새 없이 쌓이던 날, 시간은 참 잘도 갔다. 왜 라인만 벗어나면 시간은 빠른가 생각했을 때, 여공들의 화제는 집값부터 모임 운영 방식, 공장까지 더 빨리 오고 갔다.

나명희 씨(50세)는 인력회사에 대한 불만이 특히 컸다. 피자가게를 운영하다 접고 2004년 처음 수원의 공장에 들어갔다.

"처음 일자리 구한다고 갔는데, 난 본사의 인사과인 줄 안 거야. 근데 왜 회사가 따로 있나 했거든. 나중에 보니 인력회사더만."

"나도 그랬어요."

"저도요."

"하하하."

"잠깐 일했던 회사에서 19만 원 정도 예상했거든요. 그런데 16만 원만 주는 거야. 노동청에 제소한다고 했더니 차액을 주겠대. 나 원 참. 그럼 나처럼 말하지 않은 사람은 어떻게 되는 거야. 이런 게 한둘이 아니라니까요."

"전 퇴직금 못 받아서 제소했어요. 그랬더니 주더라고요."

"그래? 나도 200만 원 정도 못 받은 게 있는데, 상황 좀 보고 결정해야겠어."

"우린 수당 계산도 엄청 이상하게 해. 저녁 8시 30분에 일 시작해서 다음날 새벽 5시 30분에 끝나고 잔업을 2시간 더 하는데, 그냥 일괄적으로 4000원에 잔업만 1.5배야. 맞아?" •

비정규직 여성들의 이중고

"모르니까 따지지도 않는다니까. 난 안 그래. 한번은 생산부장이 열심히 해서 목표량 채우면 저녁 8시 40분에 끝내주겠대. 그래서 불량도 최소화하면서 끝내고 정말 가려고 했지. 근데 영업과장이란 자가 와서 소리를 빡빡 지르면서 이 사람들 1시간씩 (급여를) 까라고, 도대체 위계가 없다고 무시하는거야. 그래서 따졌지. 위계는 당신이 없는 거라고, 생산부장 말대로 해 끝낸 건데 뭐냐고. 그랬는데 다음날 사장한테 불려갔어. 하고 싶은 말 다 하고 (회사) 나왔지, 뭐."

화자가 누구냐가 도대체 중요치 않다. 사연들은 겹치고 겹쳐 그냥 '비정규직 날품'들의 것이다.

한 공장에서 만난 비정규직 여성끼리 친분이나 쌓자며 모임을 갖기 시작한 지 7개월이 지났다. 이젠 다른 공장에 다니는 이가 생겼고, 잠시 쉬는 이도 있다. 생일을 맞은 스물다섯 살 나희원 씨는 올해 대학(미용학과)에 들어갔다. 공장에서 4년간 돈을 벌었다. 본인에 대한 최초의 '투자'가 된다. 모임은 이제 경조사까지 챙겨준다.

식당일 하다 1년 6개월 전 공장으로 들어온 김영순 씨. 야근조다. 아침 8시가 넘어 귀가한다. 집안일을 거들면 오전 10~11시가 된다. 그가 사는 임대아파트 위 중천으로 해가 지나면 겨우 눕는다. 그는

● 아니다. 저녁 8시부터 이튿날 아침 6시까지 모두 10시간을 일했다면, 초기 2시간은 기본급, 심야수당이 적용(밤 10시~새벽 6시)되는 밤 10시~새벽 4시까진 1.5배, 심야수당과 연장가산수당(8시간 근무 외 수당)이 적용되는 4~6시까지는 2배다.

"일만 있다면 쉬지 않는다." 그래도 저축이 안 된다. 지난달엔 일요일 딱 두 차례 쉬었다. 그중 하루가 이 모임일이다. 또래 연대나 소속, 소통이 왜 얼마나 중요한지 증거한다.

"(여고생) 딸이 일본어를 잘해서 대학 들어가 공부를 더하고 싶어하는데, 어떻게 될지 모르겠네요. 당장 고등학교 등록금만 해도 한 번에 30만 원 되니까."

김영순 씨는 "여길 어떻게 온 건데, 마셔야지요" 하며 소주 한 잔 털어넣는다.

"겨우 집을 사서 왔는데, 남편이 너무 작아서 안 되겠다고…. 그래서 또 이사해야 할지 모르겠어요." 최은숙 씨(30대)도 음료수 한 잔 턴다.

이들은 가끔 야유회도 다닌다. 공장과 집안, 두 일터에서 시달리는 여성 노동자들이 오직 자신의 관절을 위무하고 제 얘기로 웃고 우는 자리가 된다. '아름다운 세대'가 모임의 이름이다.

절망과 희망이 실시간으로 충돌하는 저들의 대화에 낄 틈이 적다. 난 미안한 마음으로 근로기준법에 관한 각주와 상자기사나 달 뿐이다.

공장의 행복

8월 25일, 공장은 조금 들떠 있었다. 7년차 정규직 김희숙 씨(40대·여)가 단서를 줬다. 두 달에 한 차례씩 지급되는 상여금이 들어온 것이다. 95만 원. 오후 4시 휴대전화로 입금 문자를 확인한 김 씨는 "이때를 보고 일하는 거야, 힘들어도"라고 말한다. 상여금 230%짜리 '날품'도 그의 환한 웃음에 전염돼 웃는다. 그는 "오늘은 내가 남편한테 쏘는 날이야"라며 "저녁 8시에 퇴근할 수 있으면 좋겠다"고 한다.

"따로 비상 주머니는 안 만드세요?"

"난 그런 거 없어. 호호. 남편은 그런지 모르겠지만."

"오늘 9시에 끝나면 어떻게 해요?"

"그래도 맥주 한 잔은 해야지. 하하하."

결국 이날은 밤 9시에 끝났다. 김 씨가 '10번 공정'을 맡은 지 하루만에 붙였던 손바닥만한 파스도 이날 9시까지 꼭 붙어 있었다.

반장은 처음으로 라인 노동자들에게 박카스를 돌렸다. 회사가 준 건지 제 돈을 쓴 건지 모른다. 후자이길 바랐다. 나는 그가 좋았다.

회사는 목표량을 초과 달성한 팀의 순위를 매겨 1위에겐 100만 원, 2위 70만 원, 3위 50만 원의 회식비를 다달이 준다. 실상 비정규직들이 받는 유일한 '가외수당'이다. 우리 라인도 지난 7월에 70만 원을 받았단다. 그래봐야 두당 2만 원꼴이다. 밥 먹고 맥주 한 잔 하면 없다.

'왕고참' 정성훈 씨(40대 후반·남)는 "그거 누구 코에 붙이냐"면서 "차라리 쉬는 시간마다 음료수 하나씩 돌리면 더 안 좋겠냐"고 묻는다. 무엇이든 상상만으로 좋다. 화석처럼 굳은 노동자들 표정에 미소 하나 더하는 일, 참 쉽다.

마흔 넘은 노총각들은 늘어나고

공장은 젊은 남녀로 넘친다. 적잖이 묘한 눈빛이 거래된다. 어떤 여성에 대해 언급하면 염철수 씨도, 정원식 씨도 이미 다 알고 있다. 나만 항상 늦다.

하지만 '행복의 필수조건'이 되는 연애나 연대는 남성 노동자들에게 특히 불리하다. 열심히 눈빛을 보내도 회신이 오지 않는 경우가 많은 듯하다. 돈만이 절대 가치인 시대에 남자의 100만 원과 여성의 100만 원은 크게 다르다. 실제 A사의 반장들 가운데도 노총각이 적지 않았다. 이미 마흔이 넘었다.

한 정규직 여성은 말했다. "남자들이 새로 들어오는 여자한테 작업을 많이 거는데, 잘 안 되는 것 같더라. 여자는 임금도 적고 성도 안 차니까 나가거든."

이들의 '연애 장애'가 한 문장으로 설명되긴 어렵다. 수원 지역 공장에서 일하다 잠시 쉬고 있는 조수미 씨(32세·여)는 연애를 꺼리는 여성을 세 유형으로 정리해줬다.

1. 잔업·철야 등 생산일의 특성상 연애가 물리적으로 쉽지 않다.[•]
2. 시급 4000원짜리한테 연애는 사치다. 돈 벌기 바쁘다.
3. 좀 더 괜찮은 여자가 됐을 때, 좀 더 괜찮은 남자와 연애하고 싶다.

그럼에도 A사의 젊은 노동자들은 볼품없는 근무복의 깃을 세우고, 이른 아침 잠을 쪼개 머리를 단장하고 온다. 욕망은 언제나 현실보다

● 충북 제천 출신의 유지원 씨(30세)는 "남자친구만 있다면 일요일 근무는 안 할 것 같다"고 말했다. 하지만 친구를 사귀려면 일요일 근무를 빠져야 한다는 역설이 존재한다. 그는 대전에서 야간 실업고를 다니면서부터 공장 노동을 해왔다. 7년여 전 수원으로 이사왔다. 언제나 최저임금이었고, 그 상태에서 100만 원을 넘게 벌려면 종종 철야까지 해야 했다. 그는 "워낙 같이 있는 시간이 많으니까 라인 안에서 많이들 사귄다"며 "우리끼리는 달리 보지 않아요. 외부에서 우릴 달리 보지"라고 말했다.

강했다. 때문에 원초적 행복이 좌절됐을 때, '일탈'이 유일한 대안이 되기도 한다. 시화공단 인근의 정왕동(시흥시)과 안산 시내 번화가엔 유흥업소가 즐비하다. 여느 공단 도시 주변과 다를 바 없다. 주점·노래방 등이 넘친다.

정왕동은 일본 관광객까지 찾는다고들 한다. 거기다 이 지역엔 다방이 많다는 점이 달랐다. 이른바 '티케팅'으로 성매매가 가능한 업태다. 1990년대 군부대 도시나 농촌에 유행하던 형태인데, 수도권 복판에서 남성(노동자)들을 유혹하고 있었다. 제 자취방이나 여관으로 커피 배달 여성을 불러 12만~15만 원의 화대를 치른다.

도시는 이들을 노동자로 직접 포섭하기도 한다. 젊은 시절, 유흥업에 근무한 경험을 가진 이들이 공장엔 많았다. C는 남자 노래방 도우미를 했다. 1시간에 3만 원을 받는다. 일주일에 세 차례 '선택'받고 뭐하나 싫어 공장으로 왔다.

D는 3~4년 전 '바다이야기'라는 성인오락실에서 일했다. 한 달에 300만~400만 원을 받았다. 그 돈으로 안마시술소와 노래방을 다녔다. 남은 돈이 없다.

E는 다방 카맨(운전)을 잠시 했다. 선배에게 신세 지는 대신 '여자'를 실어날랐다. 시화 일대에서 가장 큰 다방 가운데 하나로 업소 권리금만 10억 원이라 한다. 명함·휴지·라이터 등 광고비만 매달 2000만 원 정도를 썼다. 여성들은 한 달에 500만 원 정도를 벌었으나 그가 번 돈은 없다.

친구와 살았던 곳(안산 본오동)은 유흥지대에서 멀다. 일대가 모두 주택가다. 그러나 아침저녁으로 문 앞엔 다방 명함들이 흩날렸다. 연애조차 이들에겐 힘든 '공정'이다.

딸 데려오겠다며 웃던 그도 떠나고

'노동'의 목적이 노동이 될 순 없다. 그러나 종종 헷갈린다. 밤 9시 야근을 마치고 집에 가면 항상 10시가 넘었다. 들어가면 대체 할 수 있는 게 없다. 8시간 뒤엔 일어나야 한다는 강박 말곤 없다.

막장 노동자의 여가가 더 적은 이유가 있다. 대체로 일터가 멀다. 공장은 더 값싼 부지를 찾아 점점 더 멀리 간다. 본래 내가 사는 경기 성남의 공단 역시 도시의 가장자리에 있어, 거주 시민들도 보통 40~50분 통근 시간을 감수해야 했으나 이마저도 하나둘 근처 광주로 이전했다.

차를 갖고 다니는 친구의 귀가 시간은 저녁 8시 전후다. 회사가 평택에 있다. 도착하면 그는 항상 신문을 보거나 TV를 보고 있다. 나는 샤워를 한다. 땀에 전 검은색 근무복을 함께 빤다. 털어 널고 '4번 공정'처럼 맥주를 꺼내 마신다. "정말 힘들어서 못해먹겠다"고 투정하면 친구는 사극 〈선덕여왕〉의 덕만 공주에 대해 얘기한다. 노동일기를 적다 잔다. 11시 30분만 넘어도 나는 다음날 피곤할까 불안했다.

8월 24일 A사에 들어와 닷새 만에 자취를 감췄던 옌볜 출신 재중동포. 그는 3년 전 한국에 들어와 다닌 공장만 5곳을 넘게 꼽는다. 추석 이전에 고향에 홀로 남겨졌던 여섯 살 난 딸을 데리고 오기로 했다.

보지 않아도 안다. 딸 얘기를 하며 윗앞니 빠진 입안을 훤히 드러내 보였던 그는, 고되더라도 급여가 조금이라도 더 많은 곳을 찾아갔을 것이다. 실제 그는 친구가 다니는 회사가 화성으로 이사올 예정인데 자기를 소개해주기로 했다고 말했다. 기숙 공장이다. 주근에 야근, 그리고 철야를 한 뒤 다시 주근하는 '살인 노동'이 가능하다.

"아니 그럼, 가족이랑 떨어져 살아야 하네요?"

"주말에 보면 되지, 뭐."

근로빈곤의 유전을 막아보려는 몸부림에선 언제나 단내가 난다. 공장은 무관심하다. 무단결근 2~3일이 되면, 자연스레 근태표에서 이름을 지운다. 공장은 철수, 원식, 지원, 영순, 은숙이 아닌 그냥 '사람'이 필요할 뿐이다.

밤 9시 퇴근을 알리는 종이 친다. 여기저기서 "휴~" 소리가 낮게 퍼진다. 오늘 산 자는 내일 다시 온다. 일을 그만둘 즈음 새벽은 차가워졌다. 출근길마다 보았다. 새벽이 사람을 깨우지 않는다. 사람이 언제나 새벽을 깨운다. 그런데도 악몽은 좀체 깨지질 않는다. 어떻게 해야할까. 답을 알 수 없으나 그 몫은 위정자에 달렸고 경영진에 달렸으며, 나머지가 노동자에게 돌아갈 것이다.

과거엔 '최대치', 지금은 '족쇄'

근로기준법의 역설

노동력을 착취하고 수당을 후려치는 인력회사나 사용자의 '용의주도함'에 대한 불만은 따지고 보면 근로기준법을 겨눈다. 불만을 가진 이들이 잘 모를 뿐이다. 1970년대 살인적인 노동 현실에 분신으로 항거했던 고 전태일이 "근로기준법을 준수하라" 남겼던 외마디가 이젠 때로 족쇄가 된다. 1970년대 근로기준법은 최선이고 최대치였으나, 지금은 필수며 최소치다. 물론 이조차 지키지 않는 기업이 여전히 많다.

이미 전했던, 노동자들의 일부 잔업이 통상 본급의 1.5배가 아닌 1.25배로 계산되는 것도 2006~2007년 개정된 근로기준법의 '연장가산수당' 관련 조항에 근거한다. 주 5일제 적용 기업의 경우, 최초 잔업 4시간은 잔업수당으로 본급의 1.25배를 적용한다는 내용이 담겼다. 불법은 아니다. 하지만 충분히 영악하고 인색하다. 엄연히 1.5배를 쳐주는 기업이 적지 않기 때문이다. 내가 일한 A사도 1.5배였다. 게다가 1.25배 수당 관련 규정조차, '매달 최초 4시간' 내지 '매주 최초 4시간' 따위로 업체마다 제각각 해석해 적용하고 있다.

지역별 차이가 있는 것 같다. 인근 기업이 1.5배를 쳐주면 인력이 필요한 이상 다른 기업도 올려주지 않을 수 없다. 김영순 씨가 일한 B사 인근의 경기 수원 지역 다른 공장들도 1.25배 적용이 일반적이라는 게 이곳 노동자들의 설명이다.

아직 주 5일제가 적용되지 않는 20인 미만 기업은 주 40~44시간을 본급 근무로 간주하고 그 이상 근무를 잔업으로 쳐 1.5배를 주게 돼 있다.

수원의 한 30대 중반 여성 노동자는 "당시 근로기준법 개악의 핵심은 생리휴가가 무급화되면서 사실상 폐지된 것과 연·월차 휴가 통합으로 휴가가 축소된 것, 그리고 1.25배 수당이었다"고 말했다. 그는 과거 일했던 공장의 임금 체불과 부도에 맞서 급히 결성된 노동조합에서 활동한 바 있다.

하지만 거개 노동자들은 제 급여가 어찌 계산되는지 잘 알지 못한다. 노조가 있는 제조업체도 드물다. 당연히 부당함을 발견하기 어렵고, 알아도 따지기 어렵다. 나 또한 서너 차례 인력회사에 전화해 급여 내역을 물었으나 "와서 확인하라"는 답만 들었다. 아직도 내역의 100%를 알지 못한다.

현재의 근로기준법도 버린 이들이 5인 미만 업체의 노동자들이다. 심야수당, 연장가산수당, 퇴직금이 전혀 없다. 실직이 빈곤으로 귀결될 공산이 크다. 당장 안산의 반월·시화공단에서도 적지 않은 이른바 '마찌코빠'(소규모 제조공장)와 수많은 음식점, 대형마트 입점 점포, 개인병원 등의 노동자가 이에 해당된다. 이들은 시급 4000원(법정 최저임금)만 주면 된다.

"실낱같은 희망, 함께 이어가요"

안산을 처음 간 날의 기억이 또렷합니다. 일자리를 구하겠다면서도 안산역 지하보도에 놓인 구인 전단지를 줍지 못했습니다. 누가 볼까 봐요. 인력회사 문을 열기 전 얼마나 주저했는지 모릅니다. 누가 볼까 봐서지요. 서른다섯 살, 같잖은 허위의식은 참 쉽게도 무너졌습니다. 2시간만 일하고선 죽겠다며 바닥에 나앉았고, 허겁지겁 점심밥을 식판에 퍼담았지요. 해소되지 못한 욕망이 식탐으로 방출될 때마다 소스라쳤습니다.

첫 출근을 한 8월 11일 아침 8시, '날품'을 라인에 배정하러 왔던 A사 생산부장이 "똘똘한 사람 좀 있느냐"고 한 인력회사 관리에게 묻더군요. 우쭐했지요. 관리가 "없습니다" 합니다. 괜스레 달아올랐습니다. 직접 한 명을 골라가겠다더군요. 또 우쭐했지요. 부장은 쓱 둘러보더니 가장 덩치 좋고 젊은 이를 찍습니다. 또 달아올랐지 뭡니까. 의식은 위약하고 가치는 그리 자의적인가 봅니다.

그래서 제가 본 아주머니, 아저씨 그리고 젊은 청춘들은 진심으로 대단했습니다. 이렇게라도 살아야 하지 않느냐며, 꼭 작은 가게 하나 열겠다며, 대학 등록금을 마련하겠다며 10년을 또는 수개월을 라인에 선 이들. 그런데도 다른 '가치'는 평가받을 기회가 없는 이들……

여러분의 도시엔 생활DC마트, 외국인, 관광버스, 노래방, 어린이집이 많았습니다. 여러분은 관광버스를 타고 이주노동자와 함께 가난한 일자리로 갔습니다. 아이는 종일 어린이집에서 여러분의 품을 그리워하고 여러분은 주말 밤 값싼 생활용품을 구입하고 노래방에 들러 겨우 지긋한 삶을 털고 있었지요.

이런 시선은 극단적일까요? 외국인은 안산역 일대 원곡동, 정규직은 상록수역 일대, 중·상류층에겐 고잔 신도시가 제 영역이며 계급인 듯했습니다. 중앙동 일대가 휘황한 멜팅폿(Melting Pot·다인종사회)처럼 다양한 층위를 떠안고 있었지요. 한 중국인 노동자가 "원곡동은 외국인이 너무 많고 시끄러워 싫다"며 선부동에 집을 구했다는 말을 듣고 놀랐습니다. '너·나'를 경계짓기 바쁘고, 누군가는 자존을 누군가는 굴욕을 내면화하고 있었지요. 안산만의 얘긴가요? 모든 도시, 그래서 곧 조국이 그런 것을요. 가난(한 자)은 오직 가난(한 자들) 안에서 자유로워 보입니다.

불쾌해 마세요. 전체가 편편한 안산은 비록 한 번도 가보진 못했지만 녹지공원이 많고 한 번도 타보진 못했으나 자전거길도 잘 가꿔져 애착이 갔습니다.

1995년 대학생 시절, 공장에 가본 적이 있습니다. 입대 전 색다른 경험을 하자 했지요. 라인 없이 아주머니들과 소녀들이 모여앉아 종이상자만 접는 가내 공장이었습니다. 하루에 1만 원이란 얘길 듣고 "미친 짓"이라며 오전에 도망쳤더랬습니다. 그리고 주유소에 갔지요. 사장이 고등학생 직원들을 종 부리듯 해 사흘 만에 다투고 나왔습니다.

하지만 이젠 '만용'이 됩니다. 엄마도, 아들도, 딸도 비싼 등록금을 벌려고 버둥대고 있어요. 고액 등록금의 유일한 매력은 '먹고 대학생' 같은 유휴 노동을 원천봉쇄하는 것입니다. 그런데도 근로빈곤은 늘기만 합니다. 생존을 넘어 생활, 생활을 넘어 행복을 좇기가 꿈만 같아집니다.

노동에 허덕이면서도 많은 분들이 친절을 베풀어주었습니다. 결근 다음날 "왜 안 나왔어?" 하며 씩 웃어준 반장이 고마웠고, 말 걸어준 아주머니들이 고마웠고, 적의 없이 여러 질문에 답해준 청춘들이, 어쨌건 일자리를 알선해준 인력회사 ㅇ과장도 고마웠습니다.

사연은 궁금한데 알 길은 없으니, 금요일 퇴근길마다 인사도 안 한 분들께 술 마시자 졸랐습니다. 식사 때마다 혼자 밥을 뜨며, 휴대전화에 '노동일기'를 기록했지요. 누군가는 '미친 녀석'이라고 안타까워해줬을 것도 같습니다. 그 관심도 고맙습니다.

기사를 쓰는 내내 〈타는 목마름으로〉〈청계천8가〉를 들었고, 가수 백지영 씨의 〈사랑 안 해〉〈사랑 하나면 돼〉를 반복해 들었습니다. 시급 4000원짜리 노동과 삶에 대한 기록은 통속이지만 모두가 외면하는 통속이 진실이었습니다.

한 달은 안산 시내버스 노선을 다 외기도 부족한 기간입니다. 하지만 그 기간 일을 하며, 임금을 시급 5000원, 1만 원으로 올리는 일도 중요하지만 빈곤노동이 유전만은 되지 않는 내일을 모색해주는 사회가 더 절실함을 충분히 봅니다. 부르길 '희망'이라 하는, 그것만이 오늘 살아야 할 이유가 될 테니까요.

'이성으로 비관하되 의지로 낙관하라' 따위 얘긴 제 주제에 못하겠습니다. 다들 다치지 말고 스트레칭도 좀 하시고 요령도 부려가며 내일도 건강하게 출근하세요. 찬바람 붑니다. 라인이 수만, 수십만 바퀴를 돌면 다시 봄바람이 오겠지요.

추석입니다. 내내 건강하세요.

2009년 9월 23일

55R 라인 9번 임인택 드림

취재 후기

기자라기보다 노동자 개인으로

새로 만개하는 꽃들 사이 오월은 경쾌하다. 무엇을 다짐하려면 때는 오월이어야 하겠다. 뭐든 해도 좋을 것 같고 가능할 것 같다. 어느새 1년 전 일이 되어간다. 2009년 5월 즈음부터 〈한겨레21〉 몇몇 기자들 사이에선 '하드워크'라는 화두가 돌았다. 〈한겨레〉에서 발령받아 온 지 두 달 겨우 넘어설 즈음이었다. 해야 한다, 해야 할까, 할 수 있나 같은 술어들이 함께 술안주가 되고 있었다. 순배가 거듭될수록 '첫 타자'는 좁혀지고 있었다. 그리고 3개월 뒤 난 안산에 집까지 구해 먹고 자며, 반월공단 내 한 난로 조립공장으로 출근하고 있었다. '노동 OTL' 대장정의 시작이었다.

다짐은 얼마나 무모했던가. 그해 8월 13일 밤 10시 29분 편집장과 사회팀장에게 보낸 메일에다 대고 침을 튀겼다. 8월 11일, 시급 4000원짜리 비정규 파견직으로 취업해 '프로젝트'를 본격적으로 착수한 지 사흘째였다.

"월요일(10일) 원래 취업하기로 한 곳에 떨어지고—공장에서 직접 면접 뒤 연락주겠다고 했으나 안줌—, 저녁까지 여기저기 문의한 끝에 간신히 다른 곳 취업했습니다. A라 불리는 600명 정도가 일하는 가전제품 생산업체입니다.

(……) 이들에게는 (정규직-비정규직에 관한) '차별'이라는 인식조차 없어요. (……) 말 그대로 '푸어 하드워킹'이라고 할 수 있습니다.

피곤해서 쓰다 맙니다. 내일은 야근이라 (보고 메일) 못 보냅니다. 주말에 다시 정리해서 보내겠습니다. 일단 선배는 아무 것도 모르는 상황에서 금요일 메일로라도 상황을 좀 알려달라, 했으니 보내는 겁니다.

아래는 걱정, 불만입니다. 정말 (잠정 기획안을) 이렇게 쓰긴 했지만, 필요하고 의미 있는 시도지만, 지금의 방식이 옳은가 사실 고민합니다. 너무 힘이 드니까요. 그럼에도 많은 이들이 이렇게 살아가고 있다는 사실이 제 자신에게조차 무슨 깨달음처럼 놀랍고 의미 있는 일이어서, 그래서 기사 이전에 '하안거'처럼 생각하자 이런 마음도 갖습니다만, 가장 문제가 많을 걸로 예상했고 고될 걸로 예상되는 공장 노동을 선택한 게 너무 정면승부가 아니었나 싶기도 합니다. (……) 다시 일로 돌아갑니다. 이런 자료 미리 미리 조달할 수 있으면 서울에서 좀 해주시기 바랍니다. (……)"

그때를 떠올리면 지금도 관자놀이가 시큰하다. 도대체 한 달을 넘게 '올인'해야 할 기획의 성패를 가늠하기가 불가능했다. 〈한겨레21〉은 여유 넘쳐 보이는 〈타임〉이나 〈뉴스위크〉가 아니었다. 게다 내 몫은 '노동 OTL'의 이물을 정할, 일종의 파일럿 기획이었다. 좌초 아니면 부양이었다. 누구와도 기사 방향이나 구성 요소를 충분하게 논의하기 어려웠다. '공장' 안에 기자는 나 하나뿐이었으니 당연했다.

그런데도 하필 공장이란 말이냐, 매일 출근하고 퇴근하며 참 많이도 반문했다. 밤새 울고서 누가 죽은거냐 묻는 것 마냥, 기껏 기획해놓고서 왜 여기냐고 따지는 꼴이다.

당초 '노동 OTL' 1부를 전담하면서 4부로 진행될 전체 기획의 밑그

림도 함께 그려야 했다. 최소 4개의 일자리는 한국 사회 빈곤 노동의 몸통을 보여줄 수 있도록 유기적으로 맞물려야 했고, 심장과 허파처럼 동시에 다른 특성들로 개별적인 것이어야 했다.

노동 전문가와 논의했고 노동자를 만났으며 관련 서적을 들췄다. 그리고 추린 것이 가장 흔한 막장 노동(비정규 파견 생산직)과 여성 노동, 실버 노동(노년층), 1020 노동(청년층), 이주 노동이었다. 결과적으로 실버 노동만 빼고 비슷한 영역들을 소화한 셈이다. 불투명하고 부실한 '초안'은 동료 기자들 저마다의 외로운 기획으로 가감되고, 더 외로운 그들만의 구직과 노동이 더해져 겨우 형체를 부지한 거라 할 수 있다. 〈한겨레21〉 사회팀 기자가 5명이었다면 '실버 노동'도 그렇게 가능했을지 모른다.

공장 노동자로 살아가는 지난여름, 회사 통근 버스는 아침 6시 50분께 항상 집 근처(안산 본오동)를 지났다. 같은 곳에서 20대 중반 여성이 함께 탔다. (비하라고 하든 찬사라고 하든) 격조 있는 미모였다. 긴 머리 사이로 새하얀 얼굴이 막 깎은 배처럼 숨어있었다. 아침마다 그녀를 마주치는 일은 기쁨이며 고통이었다. 누구도 주목하지 않는 공장 출근길, 깜냥 매무새를 신경쓰느라 더 피곤했다. 결근하고 싶어도 일어났다. 버스 안에선 다들 시체처럼 자기 바쁜데, 한참을 버티며 능숙치도 않은 곁눈질을 했다. 그녀의 '다소곳'을 확인하고, 곧 곯아떨어졌다.

지난해 8~9월 난로 조립공장에서 일한 한 달 동안 가장 선명한 기억 가운데 하나다. 그런데 마법 같았다. 그처럼 강렬한 인상이 막상 공장에 도착만 하면 사라져버렸다. 다들 작업복으로 갈아입은 뒤다. 그녀를 분간해낼 수 없었다. 작업복은 모든 개성과 인격을 삼켰다. 왜 였을까.

그 뻔한 이유가 나는 오랫동안 궁금했다. 그리고 그 의문만 빼고, 궁금한 대부분의 것들로 기사를 채웠다. 키워드 중심의 기사 얼개를 마련했고 가장 마지막엔 지극히 주관적인 편지로 '취재 유감'을 전했다. 노동 사회가 청년실업자의 수, 최저임금, 88만원 세대 따위 수치와 통계로만 이해되는 시대에, 더는 호명되지 않고 회자되지 않는 수많은 노동자의 개인사를 복기하고 싶었다. 나또한 그 세계를 아는 것이 드물었다는 사실과 그래서 미안하다는 고백도 꼭 곁들이고 싶었다. 기사가 3회에 걸쳐 연재되는 동안 과분할 만큼의 격려와 응원이 있었는데 그와 달리 "기자라기보다…… 그냥 임인택 씨 개인의 글 같다"(한 댓글)는 독자의 비판이 유독 눈에 들어왔다. 도처의 주관적 시선과 지향했던 형식에 대한 지적이었을 것이다. 하지만 누구도 2차대전 희생과 광기를 기억해야 하는 시대에 《안네의 일기》를 '개인적 글'로만 치부하진 않는다 생각했다.

물론 읽는 이가 판단할 몫이다. 비판이 일었던 대목을 마저 더 반추해본다. 안산 근로 빈곤층의 사연과 풍경이 알짬이다보니, 안산시의 이미지를 훼손한다는 항의와 염려가 적지 않았다. 동의는 되지 않았지만 이해는 되었다. 그 독자들께 이렇게 답했다. 이 책을 읽고 의문을 갖는 분들께도 마찬가지 드릴 수 있는 유일한 해명일 것이다.

"(……) 안산의 이야기가 아니라 대한민국 근로빈곤 세계의 이야기라는 것을 대부분 알 수 있으리라 기대하고, 그렇게 이해할 수 있도록 추가 전개할 요량입니다. (……) 물론 그래도 기자는 기사로만 말하는 것이어서 의도나 자세를 떠나 누구도 제 기사로 부당한 상처를 받아서는 안 될 겁니다.

게다 안산은 녹지공원과 자전거길 등이 잘 발달해, 개인적으로도 많은 호감이 가는 도시였습니다. 다만 전 고잔 신도시나 노적봉폭포공원, 수많은 서울 출퇴근자가 안산(시민)이듯 반월공단과 안산역도 안산이며, 도시의 또한 수많은 이주 노동자, 공장 노동자도 안산 시민이라 봅니다. 실제 용역, 인력회사 수는 도시 인구당 안산이 가장 많다고들 합니다.

그것만 부각해 도시 이미지를 깎는 게 가능할지 모르겠으나, 그것만 부정하거나 타자화해 도시 이미지를 제고하는 것도 불가능할 것 같습니다."

본래 기획은 해법과 대안을 배제했었다. 많은 독자들은 대안을 갈구했다. 끔찍한 현실을 진정 부정하고 싶은 몸부림으로 이해됐다.

"때때로 퇴근 버스가 없는 공장에선 퇴근 버스부터 만드는 게 대안"이라고 말하기도 했지만, 본질적이고 총체적인 대안은 알지 못한다. 게다가 희망과 절망이 늘 같은 벡터로 다가왔다.

제 삶을 되돌아보거나 반성하게 되었다는 회사원, 교사, 의사, 변호사, 그것을 학생들에게 가르치겠다는 교수 그리고 사회가 답을 찾아야 할 때라고 말하는 더 많은 독자들의 지지가 희망이었다. 반면 나와 같은 공장에서 일을 했다며 편지를 보내준 대학생도 있었으나 실제 대부분의 공장 노동자는 기사를 볼 수도, 제 현실을 비틀어 볼 수도 없다는 점, 그리고 이명박 정부의 위정자 누구도 기사 속 그런 노동자의 현실에 관심을 주지 않았다는 점은 아주 독한 절망이었다.

지난여름 이력서를 제출했던 안산의 인력 회사들에서 여전히 전화

연락이 온다. 일자리가 생겼다는 것이다. 나는 일을 구했다며 끊는다. 당시 점심시간이나 쉬는 시간마다 기록했던 '노동일기'가 휴대폰에 고스란히 담겨있다. "어제 야근 재작업. (반장 하는 말) 800개 중 100 개, 우리 눈에도 불량. 관리자가 보면 어쩌겠어요. 공정대로 합시다." "아침 조례 길어. 신종 플루 손 세척기 갖다 놓는다고. 오늘서야 처음 얘기. 그새 한 명이라도 걸렸다면 전염성 대단히 컸을 것. 다행 하지만 일종의 운명. 아플 겨를이 없는 이들이다."

결결이 읽어본다. 1만5000원을 주고 구입했던 작업복이 서랍장에 얌전히 접혀 있다.

1년 사이, 무엇이 변했을까. 한 공장으로 사람을 실어나르던, 통근 버스가 정차했던 안산시 본오동의 그 정류장에 가면, 아름다웠으나 작업복만 입으면 분간하기 어렵던 그 여인을 이 계절에도 여전히 만날지 모른다.

"나조차 몰랐던 현실에 놀랐다"

《4천원 인생》은 시사주간지 〈한겨레21〉 '노동 OTL' 시리즈가 바탕이 되었다. 2009년 9월부터 12월까지 4개월에 걸친 연재가 끝난 후, 12월 21일 저녁 〈한겨레21〉의 독자를 대표해서 최고라 · 유재영 씨가 담당 기자들과 대담을 나눴다. 기사로 다 전달할 수 없었던 생생한 이야기를 임인택, 임지선, 전종휘, 안수찬 기자와 '청년 빈곤노동 세대' 최고라 · 유재영 씨와의 대화를 통해 전한다. (이하 정리 유재영 · 최고라 〈한겨레21〉 독자편집위원)

최고라 애초 열쇳말을 '하드워크'나 '비정규직'으로 잡았는데, 기사 안에는 그뿐 아니라 이주노동자, 성, 계급 분화 등 한국 노동 현장의 거의 모든 문제가 집약돼 있다. 기사에 언급된 문제들을 사전에 예상했나.

임인택 첫 기사●에서 '힘들다. 나 죽겠다' 구구절절 썼는데, (웃음) 나머지 세 명의 기자는 연재가 거듭될수록 중복되는 이야기를 피해야 한다는 부담이 많았을 것이다. 그래서 다양한 이야기가 추가된 측면

● 책의 구성과 달리 〈한겨레21〉에서는 1부 안산 난로공장(임인택), 2부 서울 갈빗집과 인천 감자탕집(임지선), 3부 마석 가구공장(전종휘), 4부 서울 A대형마트(안수찬) 순서로 연재되었다.

도 있지만, 실제 그런 다양한 요소가 빈곤 노동을 구성하는 것이었다.

못 박힌 엄지손가락 아직도 찜찜

임지선 30~40대 기혼여성이 급하게 일을 구할 때 주변에서 가장 쉽고 빠르게 할 수 있는 일이 뭘까 고민하다 식당일을 택했다. 자연스레 '여성'에 주목하게 됐다. 여성이 여성 노동 현장에 들어가 손님·사장·남편에 대해 얘기했기에 설득력이 있었다는 독자 의견을 많이 받았다.

임인택 첫 취재를 맡았는데, 공장에서 일하는 동안 누구와도 고통을 나누거나 방향을 논의할 수 없었다. 정말 외로웠다. 안산 공단으로 동료 기자 세 명이 위로 방문했을 때, 가족을 만난 것처럼 반가웠다. 야근까지 해서 받은 그날치 임금을 모두 술값으로 냈다. (웃음) 독자 입장에서 볼 때, 어느 기자가 가장 힘들었을 것 같은가.

최고라 감정노동이라는 측면에서 임지선 기자를 지목하고 싶다. 감정노동, 돌봄노동이 얼마나 피곤하고 소모적인 일인지 공감했다.

임인택 나는 힘들다는 이야기를 누구에게도 하지 못했다. 1부 연재가 끝난 뒤, 현장에 들어간 기자들이 나에게 전화를 많이 했다. 전종휘 기자는 "죽겠다. 내가 여기서 뭘 하는지 모르겠다"고 했고, 임지선 기자는 "죽겠다. 골반이 빠지려 한다"고 했다. 안수찬 기자는 "죽겠다. 당장 술 마시러 와라"고 했다. 내 기준으로 보면, 전종휘 기자가 제일 절실했던 것 같다. 매일 소주 한 병을 마셨다니. 안수찬 기자가 그래도 제일 밝았다. 실제 젊어져서 왔다. (웃음)

안수찬 젊은 사람들과 어울리기 위해 안경도 바꾸고 머리도 스포츠형으로 밀었다. 신문사에 돌아왔더니 "젊어졌다"며 반응이 좋아서 한동안 그 차림새로 다녔다. 다만 후배들은 힘든 일 시키고 자기만 럭셔리한 일터로 갔다는 이야기를 많이 들었다. (웃음) 전종휘 기자는 산재까지 입었다.

최고라 전종휘 기자는 못이 박혔던 손이 다 나았는지?

전종휘 못 박는 기계를 쓰다가 못이 엄지손가락에 박혔다. 정신이 번쩍 들어 손가락을 보니, 못이 7~8mm 정도 살 밖으로 나와 있었다. 못의 전체 길이가 25mm니까 18mm 정도가 손가락 안을 파고든 거다. 못을 뽑고 소독한 뒤 병원 가서 파상풍 주사를 맞고 그날 저녁에 술 마셨다. 지금은 다 나았는데 기분이 켕긴다. 눌러보면 옛날에 아팠던 것보다 조금 더 아픈 것 같기도 하고.

유재영 공장 안에 더 큰 외과적인 상처를 갖고 있는 분들도 있었나.

전종휘 물론 있지만 외과적인 상처는 눈에 보이고 치료를 받아서 나을 수 있다. 그보다는 도색 작업 때 나오는 유해 물질이나 먼지 등이 걱정된다. 이주 노동자는 4대 보험이 안 되고, 아픈 징후가 와도 병원에 잘 가지 않아서 사회적으로 그 문제가 드러나지 않는다. 미등록 노동자는 어차피 투표권이 없으니 정치권도 그들의 건강 문제에 관심을 갖지 않는다. 한국에서 일하다 귀국한 뒤 많이 아파서 치료받는 사람, 또 여기 와서 아팠다가 본국에 돌아가자마자 죽는 사람도 있다. 한국인 노동자라면 산재냐 아니냐를 다퉜을 것이고 인정받을 수 있는 부분도 있었겠지만, 이들은 그런 시선에서 완벽히 벗어나 있다.

'인용 전달' 넘어선 획기적 방식 시도한 것

유재영 짧은 시간 동안만 노동을 흉내 내는 〈체험 삶의 현장〉식의 가식과 과장을 느낀다거나, 노동 문제를 이렇게 선정적으로 다뤄야 하는지 의문이라는 지적도 있었다. 어떻게 생각하나.

임인택 그런 논리라면, 1년을 일했다 해도 '기자들, 시간이 남아도는구나' '선정의 절정이구나' 할 것이다. 우리가 만난 이들은 입이 없는 사람들이다. 누구도 꺼내지 않는 자신의 이야기를 드러내줘 고맙다는 이가 많았다.

전종휘 그동안 우리 언론은 누군가의 말을 사실인 것으로 믿고 그에 근거해 사실을 재구성하는 방식으로만 기사를 써왔다. 그런데 이번에는 같이 땀 냄새를 맡고, 그들의 말을 듣고, 때론 협업하면서 오감을 이용해 취재했다. 노동 현장에 기자가 뛰어듦으로써, '인용 전달'을 넘어 좀 더 객관적으로 기사를 쓸 수 있었다. 획기적 방식을 시도했다는 데 의미를 둔다면 좋겠다. 그것이 이번 4부작을 읽는 온당한 방식이 될 듯하다. '심층 탐사보도 농사'의 첫해로 봐도 좋고.

안수찬 한 달이 부족하다는 지적이라면 옳다. 더 오랫동안 취재해야 한다. 다만 현재 한국 언론의 현실에서는 한 달도 어려웠다. 서민들의 언어는 선정적이고 단말마적이다. 그러나 그 언어에 진실이 담긴 경우가 있다. 우리가 쓴 기사에 서민의 날것 그대로의 언어가 담겼거나, 기자의 감정이 지나치게 개입된 부분이 있을 수 있다. 그렇다 해도 출입처에 기대는 관급 기사의 선정성이 판치는 상황을 생각해야 한다. 서민 이야기의 선정성이 관청 보도자료의 선정성보다 낫다.

술 마시자고 매달려가며 취재

임인택 한 달이면 입에서 단내가 나는 시점이다. 군대 문제는 병장의 눈에는 보이지 않는다. 막 신병훈련소에 입소한 한 달짜리 신참은 병장이 보지 못하는 문제를 볼 수 있다.

유재영 현장에서 만난 노동자들이 쉽게 속내를 털어놓지 않았을 듯하다. 접촉하기도 쉽지 않았을 것이고. 어떤 식으로 취재를 했나.

안수찬 일할 때는 취재가 안 된다. 따로 만나야 한다. 일이 힘드니까 퇴근 뒤 회식을 잘 하지 않는다. 결국 평소에 먹지 않는 맛있는 음식을 사야 한다. 그런데 마트에서 고기 굽는 사람들은 고기를 안 먹었다. 그래서 나는 생선회를 샀다. 보통 4만 원씩 들었다. 돈이 많이 나갔다. (웃음) 우리 대부분은 기자 신분을 끝까지 밝히지 않았다.

전종휘 처음 취업할 때, 출판일 하다가 그만두고 가구일 배우러 왔다고 했는데, 중반 이후에는 이주 노동자들에게 기자라고 이야기할 수밖에 없었다. 이주 노동자는 접근하기가 무척 어려웠다. 숙소에서 같이 지내거나 따로 만나 인터뷰했다. 언어 장벽도 문제였다. 대학을 마친 친구들은 영어를 구사했지만, 속 깊은 이야기를 하기는 어려웠다. 더 다양한 감정의 결을 공감하지 못하는 아쉬움이 있었다.

임인택 나도 술을 많이 마셨다. 첫 주부터, 인사도 미처 못 나눈 사람들한테까지 매달려 술 마시자고 했다. 사람들은 내가 사이코인 줄 알았을 것이다. (웃음) 일할 때는 다들 침묵한다. 그래서 작업 중엔 관계를 넓히기 어려웠다. 계속 거절당하다 2주차 때부터 몇 명과 겨우 술자리를 할 수 있었다. 여성과의 대화는 특히 더 어려웠다. 젊고 귀여운 스무 살 청년이 있기에 나 대신 그분들 이야기를 듣고 전해달라고 부탁하기도 했다. 그 청년한테만 초반 유일하게 기자 신분을 밝히며 술을 샀는데, 며칠 일하다 그만둬서 좌절했다. (웃음)

임지선 술을 사고 싶었는데, 식당 언니들은 어지간해선 술을 마시지 않았다. 식당일이 끝나면 뛰어나간다. 인사도 뛰면서 한다. 집에 가서 저녁하고 청소하느라 아주머니들은 늘 바빴다. 손님이 뜸한 시간이나 식자재를 다듬고 물수건을 정리하는 시간 등에 대화를 했다. 비교적 젊은 나이에 식당일을 하는 내 사연이 궁금해서인지 아줌마들이 먼저 자신의 얘기를 많이 해주었다.

유재영 저임금 노동자들이 정치적으로 무관심한 모습을 비난하는 독자 의견도 있었다. 빈곤 노동자의 정치의식에 대한 대목은 기사에서 일부러 털어낸 건가.

안수찬 현장에서 만난 사람들의 관점·경험·감성에 충실하려 했는데, 막상 그 세계에는 정치가 없었다. 정치가 없는 빈곤 노동의 현장이 사실의 총체에 가장 근접하는 이야기라고 봤다. 다만 노동자들을 투표소로 끌어내야 한다고 이야기하는 이들, 예컨대 민주당·진보정당 심지어 우리 자신을 향해 '이런 식으로 살고 있는 사람들한테 무슨 이야기를 할 것인가' 묻고 싶었다. 그것이 우리가 생각한 '노동 OTL'의 정치성이었다.

임지선 바쁘게 만들면 정치에 무관심해진다고 하지 않나. 이른바 '스펙'의 기준을 강화해 대학생들이 바빠지면서 정치에 무관심해졌다는 이야기도 있다. 식당 아줌마는 투표날에 일한다. 오히려 공휴일이라 식당일이 더 바쁘다.

구조 진단보다 현실 보여주기로 결심

최고라 국회의원이나 공직에 있는 이들이 한 달 정도 노동 현장에서 일하도록 해야 한다고 생각했다.

임인택 노동 문제를 고민하는 위정자들이 현장에서 딱 한 달만 일하면서 어느 노동자건 자유롭게 인터뷰할 수 있는 권한을 갖는다면, 구체적이고 훌륭한 정책 대안이 수없이 나올 거라고 절감했다.

최고라 마트에서 용역업체에 가하는 압박에 대한 언급은 소홀하지 않았나 싶다. 유통업계 전반의 구조적 문제점을 들여다보는 작업도 필요하지 않았을까.

안수찬 일단은 지면과 시간의 압박이 있었다. 한편으로는 우리의 기사를 구조·체계의 문제로 치환시키지 않으려 애썼다. 그런 정보나 기사는 이미 많이 나오지 않았나. 그런 강박에서 자유롭고자 했다. 대신 구체적 현실을 더 세부적이고 적나라하게 보여주자고 결심했다.

최고라 임지선 기자의 글에서는 사장이 너무 악당으로 보인다. (웃음) 사장이라고 할 수 있는 영세 자영업자 중에도 뫼비우스의 띠를 이루는, 구조조정으로 몰락한 이들이 있다. 영세 자영업자를 '악덕 사장'으로 만드는 시스템을 비롯해 자영업에 대한 시선은 일부러 제외한 건가.

임지선 사장 한 사람의 문제가 아님을 알면서도 종업원 위치에 서니까 사장이 싫어지더라. (웃음) 〈한겨레21〉에서는 그동안 '자영업자의 눈물'에 대한 기사를 여러 번 다뤘다. 이번에는 그 밑에서 더 숨죽여 우는 사람들의 얘기를 쓰는 데 집중했다. 이는 우리 모두의 숙제다. 식당일을 마치고 신문사로 돌아오자마자 화장실 청소하고 쓰레기 치우는 용역 아주머니들이 눈에 들어왔다. '어쩔 수 없다'는 이유로 넘겨온 부분에 대해 고민하며 살아야겠다는 생각을 많이 했다.

임인택　임지선 기자는 예외지만, 취재를 마친 기자들 사이에 일종의 '스톡홀름 증후군'이 발견돼 신기했다. 나는 때때로 반장 편이었고, 안수찬 기자도 대목대목 점포 사장을 옹호했다. 노동자의 반대편에 섰다는 이야기가 아니다. 그들도 더 큰 구조 속에선 약자라는 대목이 명확했기 때문이다.

없는 자들끼리 싸우는 '슬픈 현실'

최고라　이주 노동자를 다룬 기사에 대한 독자의 반응이 다른 기사와는 조금 달랐다. 그들에게 일자리를 빼앗겼다거나 그들의 낮은 임금 수준 때문에 우리의 임금 수준이 낮아진다는 댓글도 있었다.

전종휘　독자가 자신의 이야기로 받아들이지 못하는 것은 당연하다. 외국인 노동자의 이야기이다 보니 한계가 있다. 독자의 반응을 보니, 예상보다는 악의적 댓글이 적더라. 무반응이었나. (웃음) 일하면서 느낀 건, 외국인 노동자가 한국인 노동자의 진입장벽이 되는 건 결코 아니라는 사실이다. 그들이 일하는 곳에는 한국인 노동자가 들어오지 않는다. 노동의 환경·조건을 따져보고 한국 사람들이 안 오기 때문에 이주 노동자가 일하는 것이지, 그들로 인해 한국인 노동자가 진입하지 못한다는 건 잘못된 생각이다. 저임금 노동을 충당하는 이들은 그 사회에서 가장 약자 계층이다. 우리나라에 들어온 외국인 노동자가 그런 수요를 감당하고 있다.

임인택 이주 노동자 이야기를 기사로 써서 악플이 달리지 않는 경우가 거의 없었다. 슬픈 사실은, 없는 자들끼리 싸운다는 것이다.

임지선 마트만 빼고, 이주 노동 문제는 모든 일터와 맞닿아 있었다. 내 경우에도 식당 취업을 위해 전화를 걸면 제일 먼저 중국사람이냐고 물어보더라. 이주 노동은 어느 한 곳에 국한된 문제가 아니다. 이주 노동자와 한국인 노동자를 구분해보기 전에 인간이 이런 식의 노동을 하면서 저임금에 허덕이며 살아도 되는지 근본적인 질문을 던지는 것이 더 의미가 있지 않을까.

전종휘 내 기사를 이주 노동자가 읽지는 못했을 것이다. 같이 일한 방글라데시 노동자에게 〈한겨레21〉 인터넷 홈페이지를 알려주긴 했는데 읽지 못했을 것이다. 60~70만 미등록 이주 노동자 중에 몇 명이나 내 기사를 읽을 수 있을까. 결국 한국 사람이 읽으라고 쓴 기사다.

임인택 그쪽 언어로도 번역해서 보내야겠다. (웃음)

전종휘 론스타 같은 해외 투기자본은 마구잡이로 이 나라 저 나라를 돌아다니며 투기로 수조원대의 돈을 벌어간다. 투기는 생산 없이 자본을 증식하는 건데, 그건 국가적으로 장려하고 보장을 해준다. 반면 이주 노동자는 한국에 와서 뭔가 생산물을 만들어낸다. 우리 사회의 위선이 너무나 명약관화하다.

유재영 독자 반응 가운데는 "사람들이 이 글을 읽고 '나는 이렇게 되지 말아야지' 생각할 것"이라는 태도도 있다. 노동 현장을 온몸으로 쓴 기사 이후의 작업이 궁금하다. 많은 이들은 그 구조를 넘어서는 길을 찾아주기를 기대하더라.

안수찬 기사에 등장하는 노동자들을 보고 '이렇게 되지 말아야겠다'고 생각하는 것도 나쁘지 않다. 그 생각을 오래 품다 보면, 막상 그렇게 살게 되었을 때 그 부당함을 절감하고 행동하게 될 것이다. 대안을 보고 싶다는 독자도 있었는데, 굳이 변명하자면, 교육 · 빈곤 대물림 · 일자리 · 실업복지 · 주택 · 육아 · 의료 · 노조 등을 한 두름에 꿰뚫을 수 있는 간단하고 강력한 대안은 없다고 생각한다. 그런 식으로 문제를 단순화해 풀어나가는 건 오히려 무책임하다는 생각이다.

대안이 뭐냐고? 기사 자체가 1차 대안 아니겠나

임인택 쉬운 완결을 제시받고 위로받으려는 일종의 '대안 콤플렉스'가 있다. 예를 들면 이렇다. 내가 일한 공장에는 오후 5시 30분 때때로 퇴근버스가 없었다. 대안은 '퇴근버스를 만들라'다. 그런 걸 보는 시선이 필요하다. 그런 면에서 '노동 OTL' 자체가 1차적인 대안이다.

전종휘 이 시대에 기자의 역할은 사태를 자세하고 쉽게 보여주는 것이 아닐까. 우리가 부족했다면, 그런 문제들이 어떠한 구조 속에서 벌어지는지에 대한 탐구가 아니었을까 싶다. 예를 들어 마트에 들어오는 돼지고기를 두고, 농민의 이야기, 국제 축산자본의 움직임, 사료 제조 과정, 도·소매 유통 과정 등을 모두 보여줬을 수도 있다. 그랬다면 저널리즘이 성취할 수 있는 하나의 완결판, 결정판이었을 것이다. 노동 문제는 금융·자본·복지 등 여러 사회 문제와 얽혀 있다. 그런 고민을 품고 새해에는 좀 더 큰 구조를 보여주는 기사를 준비할 수 있을 것이다.

최고라 마지막으로 취재를 통해 느낀 점을 허심탄회하게 듣고 싶다.

임인택 나조차도 안 보고 안 들었던 이야기였다. 그런 이웃이 너무나 많은데, 못 듣고 못 봤다.

안수찬 기사에 등장하는 철수와 영희 등은 기사의 재미를 위해 일부러 골라낸 사람들이 아니다. 여러 제약 조건 때문에 만날 수 있는 사람이 한정돼 있었다. 그런데 그들 모두가 정확히 기사의 대상이었다. 무척 놀랐다.

최고라 늘 주변에 있는데 우리 눈에서 자꾸 사라지는 사람들을 존재할 수 있도록 다시 불러내줘서 고마웠다.

임인택 (시무룩한 표정으로) 어차피 또 금방 잊혀질 거다. (웃음)

최고라 모두가 대안에 목말라 있다. 그리고 그 대안을 언론에 물을 수밖에 없는 현실이다. 정치가 제구실을 못하기 때문일 수도 있고, 그만큼 언론의 힘이 세다는 방증일 수도 있다. 참으로 뻔뻔할 정도로, 독자인 우리는 언론, 그중에서도 특히 진보 언론에 많은 기대를 짐처럼 지운다.

임지선 '노동 OTL'을 읽은 독자들이 스스로에게도 대안을 한번 물었으면 한다. 사람이 사람을 부리고 노동시키는 현실, 일을 하면 할수록 가난해지는 계층의 벽을 너무 당연하게 받아들이고 있지는 않은가. 나 역시 이번 기획에 참여하며 많이 반성했다. 문제의 해결은 노동의 '인간성'을 찾는 데서 시작되리라 믿는다.

좌담을 마친 뒤 네 기자(이들은 사회팀 소속이다)는 팀 회식을 했다. 송년회였다. 전종휘 기자의 네 살배기 아들이 울면서 전화를 했다. 사람이 죽으면 자연으로 간다는데, 자연이 무엇이냐, 아빠도 자연으로 가는 것이냐고 물었다. 술이 한 잔씩 돌았을 때 전 기자는 '노동 OTL' 기획에서 우리 부모 세대의 노동을 먼저 묻지 못한 것을 아쉬워했다.
필자들(유재영·최고라)은 얼마 전 함께 살아갈 공간을 계약했다. 2년짜리 전세 계약이었다. 4년을 함께 노동한 값으로 계약했고, 은행 대출은 앞으로 3년을 일해야 감당할 수 있다. 노동은 소비의 수단이 아니다. 소비할 때가 아닌 노동할 때 동등함을 느끼는 사회는 어떤 모습일까. '노동 OTL'을 통해 아직 오지 않은 그날의 온기를 곱씹어본다. 두 팔로 땅바닥을 짚고 쓰러진 노동을 당장 일으켜세우진 못하더라도, 어깨를 두드려주며 힘을 나눌 수 있는 사회, '노동 OTL'과 〈한겨레21〉 그리고 우리 새내기 부부가 함께 꾸는 꿈이다. 여럿이 함께 꾸는 꿈은, 현실이 된다.

노동, 우리는 정말 알고 있나

우리가 다룬 주제는 평범하다. 노동이다. 노동은 아주 오래되고 낡은 주제다. 언론은 항상 노동을 다룬다. 언론이 노동을 다루는 세 가지 패턴이 있다. 첫째, 노사분규 현장을 다룬다. 왜 파업을 했고, 공권력은 언제 투입할 것인지 보도한다. 여기서 노동은 갈등이다. 둘째, 숫자를 다룬다. 노동부·통계청 등이 발표하는 실업자·빈곤계층 등의 수치를 다룬다. 여기서 노동은 숫자다. 셋째, 정책을 다룬다. 정부·국회·노동단체 등에서 내놓는 실업 대책을 다룬다. 여기서 노동은 규범과 조항이다. 이런 기사들을 보고 사람들은 노동 문제를 알 만큼 안다고 생각한다. 실업자가 늘고 임금은 줄고 비정규직만 양산된다는 것쯤 누군들 모르겠나 생각한다.

　그런데 정말 알고 있나?─이 질문이 모든 것을 바꾸어 놓았다. 2009년 7월, 우리는 '불안정 노동'에 천착하기로 했다. "직접 취업해서 일해 보면 어때." "하루 이틀 말고, 적어도 월급 받을 때까지, 똑같이 먹고 자고 입는 게 좋겠어." 그때만 해도 우리는 우리가 무슨 말을 하고 있는지 몰랐다. 그것이 거대한 삶의 무게를 다루는 일이 될 것이라고는 미처 생각하지 못했다.

이 책에 적힌 노동은 숫자가 아니다. 복잡한 정책도 아니다. 강력한 구호는 더구나 아니다. 다만 글로 옮기는 것조차 불편한 현실이다. 가난한 노동자는 어떻게 탄생하는가. 그들의 부모와 자식은 왜 가난한 노동자인가. 그들은 왜 아무 말 없이 감정과 의견도 숨기고 닫힌 세계를 인내하는가. 노동의 문제를 구조와 제도로 치환하지 않고, 정책적 대안을 공연히 병렬하지도 않고, 오직 그들의 감정과 경험과 일상을 생생하게 드러내는 데만 애를 썼다.

덕분에 취재 내내 우리들 가운데 누구도 편하지 않았다. 취재 이후, 임인택 기자는 말수가 줄었다. 임지선 기자는 밥 먹을 때 식당 아줌마를 더 이상 재촉하지 않았다. 전종휘 기자는 엄지손가락에 못이 박히는 산재를 입고 수염이 덥수룩해져 돌아왔다. 안수찬 기자는 아직까지도 구운 고기를 먹지 않는다.

기사에 대한 독자들의 뜨거운 반응이 그런 우리에겐 유일한 힘이었다. 어느 독자가 메일을 보냈다. "저는 기사를 대충 훑어보는 스타일인데, 이번 기사는 끝까지 눈을 뗄 수 없더군요. 타인에 대한 방관조의 글이 아니라 그 실체를 알게 하는 진심어린 글이라는 생각이 들었습니다." 노동자의 이야기를 건성이 아니라 몰입하여 읽어주기를 우리는 간절히 바랐다. 많은 독자들이 그 바람에 응답해 주었다.

"저는 스물여덟 살입니다. 실업계 고등학교를 졸업하고 전문대를 졸업했습니다. 마트, 주유소, 편의점, 피시방, 노래방, 공장 일용직, 자동차판매 영업사원, 자동차 테스트드라이버, 국립축산과학원 연구보조, 법무사 사무소 영업직, 그리고 현재는 부동산중개소에서 일을 배우고 있습니다. 그렇지만 받는 돈은 한 푼도 없습니다." 또 다른 독자들은 자신의 이야기를 털어놓았다. 그것은 하소연이었다. 수많은 불안정 노동자들이 자신의 이야기를 공공연하게 나누는 것, 그리고 그 이야기를 우리 모두 함께 듣는 것, 그것 역시 우리가 소망했던 일이다.

"세계화니 유연화니 하면서 노동문제와 관련해 추상적인 논의가 많긴 하지만, 실제로 노동현장에서 어떤 일이 벌어지는지에 대한 연구와 보고는 턱없이 부족합니다. 구체적 현실에 대한 보고와 공감 없이 무작정 큰 이야기만 하다보면, 논쟁의 이쪽이건 저쪽이건 현실성이 떨어지는 것은 마찬가지입니다. 노동문제를 이야기하면서 정작 노동자는 빠져 있는 것이지요." 현장과 현실을 갈구하고 있었던 전문가·지식인 등은 자신의 고민을 진전시키는 데 큰 보탬이 되었다고 격려해주었다. 우리는 정책을 논하지 않았다. 그러나 선하고 현명한 노동정책으로 향하는 길에 우리의 경험이 작은 주춧돌이 되기를 감히 꿈꾸었다.

"너무 절망스럽습니다. 왜 대안과 해법은 말하지 않는 거죠?" 드물게 불편해 하는 반응도 있었다. 그들은 거듭 대안을 물었다. "대안은 노동자들이 편하게 공장에 출근할 수 있는 통근 버스를 마련해주는 것"이라고 임인택 기자는 말했다. 그 버스 안에서 노동자들은 쉬고, 생각하고, 대화하기 시작할 것이다. "대안은 식당 아줌마를 함부로 대하지 않는 것"이라고 임지선 기자는 말했다. 공장의 불안정 노동자가 식당의 불안정 노동자를 따뜻한 시선으로 바라본다면, 그 시선이 곧 연대의 출발점이 될 것이다. 고된 취재 끝에 우리는 작은 혜안을 얻었다. 노동을 바라보는 새로운 눈을 얻었다. 이 책을 통해 그 눈을 나누고 싶다. 대안을 찾는 이들과 혜안을 나누고 싶다. 흠과 티가 있을 것이다. 더 나은 노동 이야기를 펴내려는 사람들에게 우리의 부족함과 잘못을 전하는 것까지가 이 책의 구실이다.

저자들을 대표하여
안수찬

4천원인생

열심히 일해도 가난한 우리 시대의 노동일기

초판 1쇄 발행 2010년 4월 30일
초판 18쇄 발행 2021년 3월 15일
개정판 1쇄 발행 2023년 3월 17일

지은이 안수찬 전종휘 임인택 임지선
펴낸이 이상훈
편집인 김수영
본부장 정진항
인문사회팀 최진우 김경훈
마케팅 김한성 조재성 박신영 김효진 김애린 오민정
사업지원 정혜진 엄세영
디자인 오필민디자인

펴낸곳 한겨레엔(주) www.hanibook.co.kr
주소 서울시 마포구 창전로 70 (신수동) 화수목빌딩 5층
전화 02-6383-1602~3
팩스 02-6383-1610
대표메일 book@hanien.co.kr

ISBN 979-11-6040-963-5 03330